中外名家寫作法

ZHONGWAI
MINGJIA
XIEZUOFA

孙琴安◎著

上海辞书出版社

图书在版编目（CIP）数据

中外名家写作法／孙琴安著．—上海：上海辞书出版社，2022

ISBN 978-7-5326-5952-4

Ⅰ．①中…　Ⅱ．①孙…　Ⅲ．①写作-方法　Ⅳ．①H052

中国版本图书馆CIP数据核字（2022）第150743号

ZHONGWAI MINGJIA XIEZUOFA

中外名家写作法

孙琴安　著

责任编辑　杨丽萍
助理编辑　王伊艺
装帧设计　王轶颀
责任印制　王亭亭

出版发行　上海世纪出版集团
上海辞书出版社（www.cishu.com.cn）
地　　址　上海市闵行区号景路159弄B座（邮编 201101）
印　　刷　浙江临安曙光印务有限公司
开　　本　890 毫米×1240 毫米　1/32
印　　张　10.25
字　　数　223 560
版　　次　2022年11月第1版　2022年11月第1次印刷
书　　号　ISBN 978-7-5326-5952-4/H·749
定　　价　48.00元

前　言

一个人活在世上,总要与他人进行交流。除了用嘴说话以外,便数用手执笔交流为多。如我们从学校毕业,为了应聘或找工作,就得写一份毛遂自荐的求职书;离家远出,会想到给父母写封平安信;突然患病而不能上班,要给单位写个请假条;找了对象,有些心里话当面难以言表,便可写封情书,用文字来倾诉自己内心的情怀……

因而写作绝不只是作家和记者的事,在我们的生活中有着极为广泛的应用。即使在电脑走进千家万户的今天,用文字的方式进行交流仍有着其巨大的生存和活动空间。

也正因为如此,从小学、中学直到大学,学校里都开设有写作课或类似于写作的训练。由此可见,写作也是我们最基本的学科之一,对于我们今后的生活质量和生存能力的提高,都有着千丝万缕的密切关系。

在人类历史的长河里,曾涌现出许多杰出的文学家、思想家和哲学家,他们不仅著书立说,为我们留下了丰富的文化遗产和精神遗产,而且都能写得一手好文章,有着丰富的写作经验和众多的写作方法。长期以来,我一直想把这些经验和方法介绍给大家,总因忙而未能如愿。这次在完成《中外名家读书法》的写作后,干脆一鼓作气,把此书的写作也顺利地完成了。

全书共评述了古今中外八十余位文化名人的写作方法。从中我们可以发现,名家的读书方法千差万别,名家的写作方法也未必完全相同,有的甚至会截然不同或完全相悖,但这些方法却又都有自身存在的合理之处。因此,我们对于名家的写作方法,就如同对于他们的读书方法一样,不要生搬硬套,刻意模仿,而应该根据自己的具体情况,灵活运用,设计出更符合于自身特点的写作方法。

需要说明的是,对于一般的文艺思潮、文学流派或文学观念上的问题和争议,此书则未加评述。因为尽管人类历史上的古典主义、浪漫主义、现实主义、象征主义、意识流、现代派等创作方法各不相同,但它们更多的是属于文学理论的范畴或文艺思潮的流派之争,与我们普通意义上的纯粹的写作方法是有所区别的;即使牵涉到一些流派的代表作家或诗人,如歌德、巴尔扎克、左拉、波德莱尔、郭沫若等,也不把他们放在特定的流派中加以论述,而是纯粹介绍他们的写作方法。

相反,对于一些特殊而饶有趣味的写作习惯,因为它们很能代表一个作家和文化名人的写作个性和风格,所以也将它作为写作方法有选择地介绍给大家,或许会对大家有所启发和帮助。

写作肯定是有方法和技巧的。这里所介绍的写作方法和技巧,主要是供广大青年学生、文学爱好者和初学写作者参考,相信通过对此书的阅读,再加上各自的写作实践,一定能提高大家的写作能力,并形成自己的写作风格。

孙琴安

目录

中 国 名 家 写 作 法

外 国 名 家 写 作 法

中国名家写作法

杜甫写作法

杜甫(712—770)是唐代著名的诗人。字子美。有"诗圣"之称。他所写的许多著名诗篇,如《登高》、"三吏"、"三别"、《春夜喜雨》、《春望》、《茅屋为秋风所破歌》等,千百年来一直为人们所传诵,并深得广大人民群众的喜爱。由于他的诗歌风格丰富多样,诸体兼备,且都达到相当高的艺术成就,所以有人称他是中国诗歌的"集大成者"。

不过,杜甫之所以能获得这么高的成就和殊荣,绝不是偶然的,除了刻苦勤奋的写作精神以外,与他的写作经验和方法也是分不开的。虽然,杜甫从来没有撰文谈过自己的写作方法,我们却从他的诗中发现了一些蛛丝马迹。现经综合,大致归纳为三点。

第一,博采众长,为我所用。

我们知道,诗人在诗歌创作上的排他性是很厉害的,较之小说、散文中的情况突出得多。即使在今天,这种情况仍严重存在,许多青年人总对自己的诗作感觉良好,未必看得起古人或他人的诗作。在杜甫生活的那个时代的诗坛,也有这种情况。但杜甫却没有这种唯我独尊、老子天下第一的思想,能够博采众长,为我所用,对于前人和今人好的写作经验,他都吸收。如他在《戏为六绝句》之五中曾说:

不薄今人爱古人,清词丽句必为邻。窃攀屈宋宜方驾,恐与齐梁作后尘。

他的意思是：我既不鄙薄今人写的好诗，也喜爱古人写的好诗；在写作中常常注意到清词丽句；私下里总想追攀屈原、宋玉，而唯恐仅步齐梁诗风的后尘。

杜甫生活的时代，已是盛唐至中唐的转折时期，有些诗人看不起初唐的诗歌，认为像王勃、杨炯、卢照邻、骆宾王初唐四杰的诗歌已经过时了，没什么价值，但杜甫却不这样认为。他说：

王杨卢骆当时体，轻薄为文哂未休。尔曹身与名俱灭，不废江河万古流。

他的意思是：对于王勃、杨炯、卢照邻、骆宾王这些初唐四杰所创作的诗歌，请不要看不起它，也不要嘲笑它，你们这些嘲笑他们的人，也许身名俱灭，湮没无闻，但他们的诗篇则将“不废江河万古流”，永远流传下去。他也注意从他们的诗体中吸取长处，为己所用。

杜甫有一句名言，叫“转益多师是汝师”。这是他一首绝句中的最末一句诗，大意是：应该学习各种流派的好诗，多方学习求教，只要人家有长处，就可以拜他为师，这是他博采众长、为己所用的写作方法的集中体现。

第二，要“破”万卷书，方能下笔如神。

杜甫有两句诗说：“读书破万卷，下笔如有神。”有些人文章写不出，总以为自己书读得太少，于是又去花钱购书，埋头硬啃，以为只要这样一来，回头再写，就能落纸千言，笔下生花，但结果往往并非如此。这说明这些人还没真正理解杜甫的意思。

所谓“读书破万卷”，无非就是要博览群书，知识面开阔些，但读得多,并不等于就是“破”。如果要“破”,就是要能吸收,要思考,要有自己的见解,并运用在自己写作的实践上。随着阅读的增多,见解的增进,思路的宽广,文章的水平也会逐渐提高,日积月累,久而久之,才会逐步达到“下笔如有神”的程度。

第三,作好一首诗,要边吟边改。

杜甫写诗相当刻苦,也以苦吟得名,几乎到了呕心沥血的地步。他自己也曾写诗说:“为人性僻耽佳句,语不惊人死不休。”这是他写诗状况的自我写照。但是他是如何“耽佳句”的呢?他在《解闷》十二首中有一句诗说:

新诗改罢自长吟。

也就是说,杜甫为了把诗句写好,他常常是边修改,边吟诵,如觉有不妥处,在吟诵后再加修改。他还说:“颇学阴何苦用心。”“阴何”指阴铿和何逊,都是南朝时的著名诗人,都以写诗刻苦著称,注意炼句,所以杜甫也学习他们的写作精神,不断修改和吟诵推敲自己的诗句,从而达到“晚节渐于诗律细”的地步。

总之,杜甫是一位写作经验非常丰富的作家,他在诗中常写到他写诗的方法与情景,如“此身饮罢无归处,独立苍茫自咏诗”、“赋诗新句稳,不觉自长吟”,又如“遣辞必中律”、“诗清立意新”等。上述所归纳的三点,因为带有一些普遍意义,所以做了一些论述,但望我们的学生和青年也能从中学到一点杜甫的写诗方法和经验,提高自己写诗作文的能力。

欧阳修写作法

欧阳修(1007—1072)是北宋著名的文学家和历史学家。字永叔,号醉翁,晚号六一居士。对诗、词、散文皆精擅,而尤长于散文,与韩愈、柳宗元等并列为"唐宋八大家",所作散文《朋党论》《纵囚论》《新五代史·伶官传序》等皆传诵一时,流传至今。其诗的风格与散文相近,语言都比较自然流畅。词则婉丽美妙,继承了南唐词风。此外,他还与宋祁合撰卷帙浩大的《新唐书》,又以个人之力独自撰写了《新五代史》。

由于欧阳修在当时的文坛有很高的威望,向他求教写作经验和方法的人也不少。这里根据各种史料加以梳理,大致归纳为四点。

第一,写好文章,要有"三多"。

欧阳修自幼家境贫寒,从小就爱读书学习。家里买不起纸笔,他就用荻草秆当笔,将沙子铺在地上当纸,因而他从小就养成了多写文章多练笔的习惯,并从中感悟到对自身写作的好处。他曾对人说:

> 为文有三多:看多,做多,商量多也。

所谓"看多",就是指平时要多看、多观察、多留心生活中的各种人与事,以便写文章时可用;所谓"做多",就是指平时要多写作文,多练习写作,以便熟练运用文字和语言;所谓"商量多",就是指平时要与师友多商量和探讨写作之道。他认为有此“三多”，文章一定能写好。

第二，写完初稿，贴在墙上诵读修改。

欧阳修在北宋初年的文坛上，可以说是一位有影响的领袖人物，王安石、苏轼对他都十分敬重，得到过他的赏识或提携，但他对自己的写作却十分认真，从不马虎草率。写完以后，还要诵读和修改。但他的修改方法十分独特：一篇文章的初稿写完以后，他就把它贴在墙上，然后便反复诵读，反复修改，直到自己满意为止。有一次，他写完了《画锦堂记》的初稿，贴在书房的墙壁上，每天读一遍，有不合适的地方，随手拿笔改上几句或几字。日子一多，改来改去，原先初稿上的字几乎一个不剩，全都改掉了。

其夫人见他如此反复修改，就劝他：“何必辛苦到这种程度？你的文章难道还怕那些老先生耻笑吗？”欧阳修笑道：“不怕老先生骂，却怕后生耻笑……”

此文改定后，他就送给了当时的丞相韩琦看。后来他觉得开头两句写得不好，便又写了一份，派人送去，并附了一封信说：“前有未足，可换此本。”

韩琦先后接了两份同样的文章，对照读下，觉得似乎完全相同，感到奇怪，于是再仔细复读，这才发现欧阳修后送的文章开头两句中多加了一个“而”字。

此事虽小，也可看出欧阳修对文章修改的认真严肃，一丝不苟。直到晚年，他仍保持着这种认真的写作态度。

第三，虚心求教，有益文章的提高。

欧阳修在《新五代史·伶官传序》中有句名言，叫“满招损，谦受益”。此话一直流传至今。实际上他本人就是一位很谦虚的人，在写作上也曾向别人虚心求教过。

有一次，宋初诗人钱惟演在洛阳造了一座驿舍，请欧阳修、谢希深、尹师鲁三人各写一篇记叙文。结果谢写了700字，欧阳修写了500字，尹只写了380余字，且语言精练，结构严谨，叙事完备。欧阳修自愧不如，但又不甘落后，于是晚上便打酒去拜访尹师鲁，向他讨教写文章的方法，直到天明。自此，他才悟出自己文章的缺点是“格弱字冗”。于是，他又将此文重写了一遍，不但比尹师鲁的文章少20个字，而且比他更完整、更精练。尹师鲁不禁称赞道：“进步真快，简直一日千里。”

这便是谦虚的好处，也印证了欧阳修“谦受益”的话。

第四，打腹稿的“秘诀”。

欧阳修虽说自幼贫寒，但后来靠着他的刻苦学习，官做得很大，在朝廷中担任枢密副使、参知政事等要职。有一次，他到太学里去，一群学生围着他，要他谈谈写文章的方法。其中有个学生问：“您的文章写得又多又好，而您在朝廷中的公事又那么繁忙，哪来这么多的时间写呢？”

欧阳修笑道：“公事忙，杂事多，我写文章的时间全靠挤出来的。”

另一个学生又问：“怎么个挤法呢？”

“我有个‘秘诀’。”欧阳修答道：“就是用‘三上’的时间打腹稿，腹稿打好了，文章就能一挥而就。所谓‘三上’，就是‘马上’‘枕上’和‘厕上’。”

经他这么一说，学生们恍然大悟。原来欧阳修所说的“三上”，就是说他平时公务繁忙，文章腹稿多是在马背上哼诵成，或是入睡前在枕头上思索成，或是在如厕时构思成。实际上就是希望学生们平时要多利用时间打腹稿，一旦形成文字时，便能及时完成。

当然，欧阳修是个大作家，也是个大学问家，他对于写作的看法和要求，在《答吴充秀才书》《书梅圣俞稿后》等许多文章中也可看出，只是其中有些问题牵涉到一些文艺理论问题，与直接的写作方法还有些区别，这里就不再展开，仅总结了上述四点。不过，他的“三多”“三上”，已足够我们受用；而他把文章贴在墙上加以诵读修改的方法，也极为有趣，可谓写作史上的美谈了。

苏轼写作法

苏轼(1037—1101)是北宋著名的文学家。字子瞻,号东坡居士。他在文学、书法、绘画方面都有很高的造诣。即以文学方面讲,他的散文为"唐宋八大家"之一,流利畅达;词开豪放一派,对后世辛弃疾、陆游、陈亮等都带来不小的影响;诗则清新豪健,在唐诗之后另开一派,自成面目。有《东坡七集》等。他在诗、词、文、赋方面的一些名篇,至今仍在流传。

苏轼的人生道路并不平坦,屡被贬谪,但他一直坚持写作,也积累了相当多的经验。这里综合了他本人的著作和其他文献的记载,大致归纳为三点。

第一,该写下去时就写下去,该停笔时即停笔。

苏轼学问渊博,多才多艺,且才思敏捷。每临写文章,往往汪洋恣肆,左右逢源,潇洒自如,下笔千言而不觉得累。初读其文或对他不了解的人,总以为他一任才气挥洒,无章法可循。实际上,苏轼的文章虽然自然流畅,一泻千里,但他仍知道自己何处可泼墨,何处该停笔。他在《文说》中说:

> 吾文如万斛泉源,不择地而出,在平地滔滔汩汩,虽一日千里无难。及其与山石曲折、随物赋形而不可知也。所可知者,常行于所当行,常止于不可不止,如是而已矣。其他虽吾亦不能知也。

苏轼的意思是，他写文章虽然能达到“万斛泉源”“一日千里无难”的地步，可谓热烈奔放，势不可遏，但实际上他还是知道行文的方法，常能在该行文时行文，该止笔时止笔，用我们现在的话来说，就是舒卷自如的意思。该舒展的时候就舒展，该收卷的时候就收卷，相当自然，了无痕迹。应当说，苏轼的这一作文方法，是相当重要而又十分聪明的。我们试看他的不少散文，几乎都能体现出他的这一方法的运用。

第二，写文章先要立意，则经、史皆为我用。

宋代周煇《清波杂志》中有一段话，是记载苏轼当年如何教学生作文的：

> 东坡教诸子作文，或辞多而意寡，或虚字多，实字少，皆批谕之。又有问作文之法，坡云：“譬如城市间，种种物有之，欲致而为我用，有一物焉，曰钱。得钱，则物皆为我用。作文先有意，则经、史皆为我用。”大抵论文，以意为主。

这段话的大意是，苏轼教学生们写文章时，每看到文章中有只讲究辞藻而意味浅薄的地方，或虚字太多而实字太少的情况，都批改出来，使他们理解并引起注意。有人问苏轼作文方法，他以钱在城市中购物为例，实际上就是叫人们在写文章前先立题意，如题意立好，则以往所读经、史都可为自己所用，就好比有了钱，想买什么就买什么的道理一样。所以周煇认为苏轼谈论如何作文，基本上是“以意为主”，也就是先确立一篇文章的题意。应该说，苏轼的这一主张还是极有见地的。

第三，写文章不要轻视平淡，平淡或许是一种更成熟的标志。

不少初学写作的人，每见一些设色绚丽、光彩流动的华丽篇章，便为之目眩，并加以赞叹和欣赏，不少人还加以模仿，追求这样的文风；

对于一些朴素平淡的作品，反而不加以重视，甚或予以轻视和排斥。苏轼对此却不以为然，他对平淡的文章似乎有着一种更为深切的理解。他在《与二郎侄》的书信中说：

凡文字，少小时须令气象峥嵘，彩色绚烂，渐老渐熟，乃造平淡。其实不是平淡，绚烂之极也。

他的意思是，不少作家，少年时的文章气象峥嵘，光华灿烂，激情洋溢，色彩缤纷；到年老以后，所写文字趋于“平淡”，没有了早年的“彩色绚烂”，实际上这不是平淡，而是“绚烂之极”的表现。所以，他不主张写文章一味追求辞藻的华丽，也应注意平淡的风格，写一些外表平淡，实则意深的文字，这种写法的转换，也许对自己文章水准的提高更有好处。如陶渊明的诗素以平淡清远见称，一点也不华美绮丽，但苏轼却偏偏认为他的诗“质而实绮，癯而实腴”。与他人的见解显然不同。由此可见，写文章不要一味追求华丽的外表，平淡而意深或许是一种更成熟的标志，也可以说是苏轼一贯的写作主张。

苏轼是大家，他对诗、文、词、赋都很精擅，积累的写作经验也很多，前人有关这些方面的记载也不少，他本人还有许多精深的见解，有关的方法还可举出许多。如他在《与李方叔书》中谈起作文方法时曾说：“但以道自守，当不求而自至。”在《题柳子厚诗》中说：“诗须要有为而作，用事当以故为新，以俗为雅。好奇务新，乃诗之病。”前者讲写文章只需有自己的思想观点和见解，方法“不求而自至”，自然会来；后者劝青年人作诗不要“好奇务新”，如果一味追求字句的新奇，只能是徒有其表，成为作诗的弊病。应该说，这些经验之谈对我们都有教益，需要我们自己去理解和体会。

梁启超写作法

梁启超(1873—1929)是近代著名的社会改良主义者,同时也是著名的散文家。字卓如,号任公,又号饮冰室主人。他的《少年中国说》等名篇,曾激发过无数青年人的爱国热情。其政论文也流利畅达,感情奔放,颇有特色,当时许多青年人如毛泽东、邹韬奋、徐志摩等都爱看他的文章。他曾编过《时务报》《清议报》《新民丛报》等多种报纸,晚年则在清华学校讲学,集学者、作家、社会活动家于一身。其《饮冰室合集》,几乎收入了他全部的著作。

在梁启超看来,“文章做得好不好,属于巧拙问题;巧拙关乎天才,不是可以教得来的。如何才能做成一篇文章,这是规矩范围内事;规矩是可以教可以学的”。

正因为这样,梁启超特意写了《中学以上作文教学法》的长文,专讲中学以上(包括对写作有兴趣的人)文化程度者的作文方法。实际上也就是教初学写作者的一些方法和经验。因初学写作一般都以记叙文为主,所以我们这里仅论述梁启超有关记叙文作法的见解。

我们今天所说的记叙文,梁启超称之为“记载文”,认为“凡叙述客观的事实者为记载文”。他把记载文分为四大类别:

A. 记物体之内容或状态;B. 记地方之形势或风景;C. 记个人

之言论行事及性格；D. 记事件之原委因果。

但不管哪一种类别，梁启超认为有两个原则总是必须要遵守的。

第一，要客观的忠实。

梁启超所说的“客观的忠实”，既包括材料搜集要完备，可鉴别出真与伪，而且观察要精密，具有普遍意义。概括起来，他的要求即是：

> 凡作一篇记载之文，便要预备传到后来作可靠的史料；一面对于事实负严正责任，一面对于读者负严正责任。学生初学作文时给他这种观念，不惟把“文德”的基础立得巩固，即以文体论，也免了许多枝叶葛藤。

梁启超认为，能养成“客观的忠实”并以此作为写记载文的态度，不仅使自己有责任感，对后人负责，而且能打好培养“文德”的基础，一开始就有一个良好的写作品德。

第二，叙述要有系统。

由于我们目之所触的生活与事实，总是零碎的、散漫的、片段的或断续的，但写文章的人，就是要把这些散漫琐碎的片段根据自己的意图排列组合起来，如果要做到这一点，就必须“叙述要有系统”。梁启超还提出了如下一个具体操作方法：

> 未动笔以前，先要观察事实和事实的关系，究竟有多少处主要脉络，把全篇组织先立出个系统，然后一切材料能由我自由驾驭。教学生作文从此入手，不惟文章容易成就，而且可以养成他部分的组织能力。

根据他的意思，在下笔之前先观察事物的关系，然后依照“主要脉络”来组织安排，理出个系统，这样不仅训练了文章写作，而且也锻炼了一个人在生活或其他方面的组织能力。

在论述了记叙文的两大基本原则以后,梁启超认为记叙文的记叙方法主要有四个:

一、侧重法;二、类概法;三、鸟瞰法;四、移进法。

所谓侧重法,按照梁启超的意思是:“侧重法专注重题中某一点或某几点,其余或带叙或竟不叙。”为了使人们更好地掌握侧重法,他还对操作方法进行了具体说明:

凡遇着一个廓大的题目,应该叙述的有许多部分,最好专择一部分为自己兴味所注者以之为主,其余四方八面的观察都拱卫着他,自然会把这部分的真相看得透说得出。别的部分,只好让别人去研究说明。这种方法,虽然可以说是文家取巧,其实也是做学问切实受用的一种途径。

所谓类概法,就是把文中所要叙述的事情分类叙述。梁启超认为:“凡记载条理纷繁之事物,欲令眉目清楚,最好用这方法。用这方法最要注重的工夫是分类。”而如何分类,也有原则,第一是要“包括”,第二是要“对等”,第三是要“正确”。具体如下:

包括是要所分类能包含该事物之全部;对等是要所分类性质相等;正确是要所分类有互排性不相含混。

最后,梁启超又特意提示道:要想学好记叙文中有条理有组织的叙述,“分类便是最重要的一步工夫了”。

所谓鸟瞰法,梁启超认为与侧重法、类概法都是不同的。他说:

前两法都要精密的观察,鸟瞰法只要大略观察。像一只鸟飞在空中,拿斜眼一瞥下面的人民城郭;像在腾高二千尺的飞机上头用照相镜照取山川形势。

在梁启超看来，无论是做学问，还是著书立说或写文章，都要学一下鸟瞰法。在学问上，如果仅有部分的精密观察，而没有笼罩全局的鸟瞰法，“结果会闹成显微镜的生活，镜圈里的情形虽然看得无微不至，圈子外却是茫然”。所以，“鸟瞰法虽然是只得着一个朦胧影子，但这影子却是全个的”。至于在著书或作文上，梁启超认为鸟瞰法似乎更为重要。因而他强调：

> 这个方法，凡做一部书的提要或做一个人的略传、一件事的略记，都要用他。而且在一篇长文中总须有地方用他。所以要学。

所谓移进法，梁启超认为与前三种方法又有所不同。他说：

> 前三项都是立在一个定点上从事观察。或立在旁边，或立在高头；或精密的观察局部，或粗略的观察全体。……移进法恰与之相反：作者不站定一点，循着自己所要观察的路线，挪动自己去就他。自然也邀同读者跟着自己走，沿路去观察。

不过，梁启超又进一步指出，移进法有两种：“所写对象本来有空间时间的层次，作文时一步一步移进去，自是这一类作法的正格。亦有本身原无层次，作者自己创造出层次来移进。”

对于第一种“正格”的移进法，我们还比较容易理解，就是按照事物的原有顺序逐渐写出来即可，如写一座城市或庙宇，由外及里或由小至大、由下到上均可；对于后一种“作者自己创造出层次来移进”，实际就是强调了作者本人的观察点，以他的观点来串材料，逐渐移进，而打破了事物原有的顺序，这样，文章的跳跃性较大，但也可以错落有致，别有风味。

不过，梁启超最后也说明，以上所说的侧重法、类概法、鸟瞰法和移进法四种方法，对于记叙物体的内容和状态或描写地方风景和形势的两类记叙文更为适用。

也许后来从事讲学和治学的关系，梁启超无论谈读书、谈治学、谈历史等，都喜欢追求系统化、整体化，其谈写作也是如此。仅记载文一项，他就洋洋洒洒地写下许多文字，从类型到方法，说得头头是道。如果把其他文体也罗列起来，那就更多了。也许，他的写作经验和文章作法之类的话在我们今天看来显得有些陈旧，但他是位有丰富经验的作家，有些方法如侧重法、类概法、鸟瞰法、移进法等，似乎仍有可借鉴之处。

鲁迅写作法

鲁迅(1881—1936)是中国现代文学的巨人。原名周树人,字豫山,后改字豫才。他的散文和小说在新文学中都占有极其重要的地位。特别是他的散文,尖锐泼辣,圆熟老到,更非一般的作家可比。尽管他一再奉劝当时的青年人不要相信“小说作法”“小说法程”之类的书,认为这些书是“专掏这类青年的腰包的”,但他写文章,做小说,还是有自己一定的章法的。可大致归纳总结为五点。

第一,多留心各种事,多看,不要看到一点就写。

1931年,丁玲担任《北斗》杂志的主编,给鲁迅写去一信,希望他谈谈关于创作的经验,鲁迅回信给以回答,这就是著名的《答北斗杂志社问——创作要怎样才会好》。在第一条中,他就说:

留心各样的事情,多看看,不看到一点就写。

这里所谓的“留心各样的事情,多看看”,主要是指生活中的事情,然后加以选择。鲁迅曾经说过:“选材要严,开掘要深”,也就是不要看到一点就写的意思。

第二,写不出的时候不硬写。

也是在这篇文章中,鲁迅在第二条就说:“写不出的时候不硬写。”他本人也的确是这么做的。在写《呐喊》中的小说之前,鲁迅有一段时间相当沉默，总是在抄古代的碑刻之类，并不勉强去搞文艺创作，后应友人之约，自己也感到有话要说，才给《新青年》杂志写起小说，正如他在《呐喊自序》中所说："从此以后，便一发而不可收，每写些小说模样的文章……"说明他当时写小说，完全是有感而发，并不是写不出来的时候硬写出来的。

第三，小说中的人物可以在社会生活的众人中凑合而成。

鲁迅在小说中塑造过不少人物形象，有人曾按图索骥，依照小说中人物去一一寻找生活中的原型。如果鲁迅地下有知，或许也不会完全赞成。因为他有一个写作方法，也就是回答《北斗》杂志社问题的第三条经验：

模特儿不用一个一定的人，看得多了，凑合起来的。

由此可见，鲁迅写小说，构思和塑造人物形象，虽也是从生活中来，但他不是照搬原型，只用固定的人物，而是"看得多了，凑合起来的"。用文艺理论上的话来说，就是对生活中的人物形象根据自己的创作需要进行整合、选择、加工、剪裁和虚构，最后形成自己想要塑造的人物。

第四，在动笔前，往往有一个酝酿期，先打好腹稿。

据鲁迅的夫人许广平回忆："鲁迅在写作前不写提纲，甚至写一些较长的文章也不写提纲；当他拿起笔来的时候，文章已有几分成熟了。"

鲁迅之所以能如此，并不是他写作态度马虎，而是因为他在动笔写这篇文章之前，已进行了酝酿和思考，或者先打好了腹稿。许广平回忆道：

鲁迅在写一篇稿件前，常常有一个很长的酝酿时期。有时候遇见朋友，他就会谈起来，说他看了什么材料，想写个什么东西；有时候也不讲，静静地读书，默默地思索，或者暗自打腹稿。有时候，看起来鲁迅写得很快，但这是日常不断地、多方面地学习、积累的结果，是勤学苦练的结果。

有趣的是，鲁迅打腹稿，不是在散步的时候，也不是在房里来回踱步，而是喜欢坐在一张躺椅上，一个人静静地思考，成熟以后，才坐到桌边操笔挥写起来。许广平在《鲁迅先生的写作生活》一文中回忆道：

至于创作，更是加倍地当心的，就算三五百字的短评，也不是摊开纸就动手。那张躺椅，是他构思的好所在，那早晚饭前饭后的休息，就是他一语不发，在躺椅上先把所要写的大纲起腹稿的时候。每每文债愈多，腹稿愈忙，饭前饭后脑筋愈不得休息。

由此可见，鲁迅写文章虽不写提纲，但他的写作态度则很认真。打腹稿时虽不动笔，但已是全神贯注。

第五，写完文章要修改，至少看两遍。

由于鲁迅写文章之前有先打腹稿的习惯，所以文章多一气呵成，文稿的卷面也很整洁。尽管如此，他仍有修改文章的习惯。他说：

写完后至少看两遍，竭力将可有可无的字、句、段删去，毫不可惜。宁可将作小说的材料缩成 Sketch，决不将 Sketch 材料拉成小说。

写完文章，再行审阅，至少可以文从字顺，使文章更流畅；而进行删节修改，则又可以使文章更加精练。鲁迅的文章之所以比较凝练，这与他毫不可惜地删改有关。所谓“Sketch”，便是“素描”的意思，他所说的“宁可将作小说的材料缩成 Sketch，决不将 Sketch 材料拉成小说”，也是为了使文章写得精简凝练，其用意是一样的。

作为一位大作家，鲁迅的写作经验和写作方法还有不少，如“不生造除自己之外，谁也不懂的形容词之类”；如“不可将一点琐屑的没有意思的事故，便填成一篇，以创作丰富自乐”；如反对空洞、标语口号式的写作，“不是作品后面添上去的口号和矫作的尾巴，而是那全部作品中的真实的生活”；又如“油滑是创作的大敌”，等等，都很值得我们警觉和借鉴。不过，以上五点是比较主要的，也便于操作和理解。其他像“为人生”或“遵命文学”之类，恐怕要说上一大堆题外话，还不如以上几点来得具体和实用。

夏丏尊写作法

夏丏尊(1886—1946)是现代著名的作家和教育家。名铸,字勉旃。早年赴日本留学,返国后长期从事教育工作,曾在杭州第一师范学校、暨南大学等校任教。教学之余,从事文学创作,写些散文。但他的主要精力,却都投入在如何教学生阅读和写作等教学问题上。早在1926年,他就与刘薰宇合作撰写出版了《文章作法》一书,对如何作记事文、说明文、议论文、小品文等,都有详尽的论述。到1934年,他又与叶圣陶合著《文心》一书,其中以故事和对话的方式,教学生们如何写文章,涉及题目与内容、修辞、推敲等多方面问题,深入浅出,颇有新意。到1938年,他又与叶圣陶合作出版了《文章讲话》一书,其中除了《开头和结尾》出自叶圣陶的手笔,其他如《句子的安排》《所谓文气》等篇,均出自他的笔下。由于夏丏尊在写作方法问题上有着一系列、一整套的论述,这里无法逐一展开,只择其要者,大致概括为四点。

第一,写作分三种,而习作是基础,先得写好。

夏丏尊与叶圣陶合著的《文心》,专讲文章作法,其中有《习作创作与应用》一文,出自夏丏尊之手。在这篇文章中,他把写作分为三种,即:习作、应用之作和创作。如学生在课堂上所作的命题作文,即为习作;我们平时所写的书信,便是应用之作;而如果有意识地去写一篇小说之类的文艺作品，便是创作。这三者的性质也各有不同，用夏丏尊的话来说：

> 习作只是法则与手腕的练习；应用之作只是对付他人和事物的东西；创作才是发挥自己天分的真成绩。

在夏丏尊看来，写作总得先从习作开始，先把基础打好，文从字顺，条理清楚，然后再转入写书信、写报告之类的应用文，而小说创作之类的文艺作品，则又应该放在应用之作的后面，因为里面的文学性更强，有着修辞、人物、情节、布局各方面的综合，更不易写好。他曾说：

> 三者之中，最基本最重要的是习作，习作是练习手腕的基本工夫，要习作有了相当的程度，才能谈得到应用，才能谈得到创作。近来有许多青年想从事创作，我知道诸君之中，也有这样的人。如果想创作，非先忠实地在习作上做工夫不可。学绘画的先在形象及色彩上用功，学文章的先求文从字顺，熟悉种种文章上的普通法则。习作是一切的基础，应用之作和创作都由习作出发。

平心而论，夏丏尊对习作、应用之作和创作三者之间关系的论述，还是有一定道理的；对这三者顺序的排列，大体上也比较得当。

第二，如何发现题材？

夏丏尊在长期的教学工作中深切地感到，学生写作文，首先碰到的就是一个题材问题，不少人觉得题材难找，无从下笔。于是，夏丏尊又启发道：

> 题材的发见，并非一定是难事。能够留心，随时随地都可发见的。诸君平日在街上行走会碰到各种各样的人物和事件，平时读书或独坐，会起各种各样的心念和情感，这种时候，事物的新鲜的意味会

电光似的忽然自己投入到头脑里来。随时把它捉住了就是题材。

按照他的意思,日常生活中到处都有题材,就看我们平时是否留心,是否善于发现和捕捉。如果学会了这个本领,我们就会感到有许多东西可写,并且还会作一些选择,尽量选一些与主题相关的题材去写。所以,题材未必都是惊心动魄的大事,而是我们日常生活中经常碰到的小事,寻找题材并不困难。

第三,写文章不必面面俱到,可有选择地写。

夏丏尊认为:"世间的万事万物都有着无限的内容,任何一件小东西,如果要写得周遍无遗,听凭你写几十万字也写不尽。"在这种前提下,他特地写了《文章的省略》一文,认为写文章不必面面俱到,可以有选择地进行详写和略写。他说:

> 凡是一种事件,方面很广,内容很庞杂,作者只能选写一部分一方面,其余让读者自己去补足想象。有许多事件,像战争之类,不实写,表达的效果倒反完全,挂一漏万地写出来,事件本身就倒反会有欠缺的。

接着,他又以绘画为例,认为绘画中的"空白"有时反比画出来更好、更有味,此意义基本与作文相同。

夏丏尊认为文章的省略可分三种:字面的省略,意义的省略,事件的省略。究竟该如何省略,要由写文章的人视情况而定了。

第四,写作文时要考虑到读者和读者的心情。

自现代派文学流行以来,有些作者写文章强调是给自己看的,别人看得懂看不懂与己无关,美国作家福克纳也主张作者写东西时脑子里只有作品,不要老想着读者。但是,就大多数作者,特别是受传统影响较深的作者来说,却认为一个人写东西时应该考虑到读者,想到别

人是否看得懂。夏丏尊也是这样认为的,他在《关于国文的学习》中有《关于写作》一节,其中就谈到了作者与读者的关系。他说:

> 我们写作文字,当然先有读者存在的预想的,所谓好的文字就是使读者容易领略,感动,乐于阅读的文字。诸君当执笔为文的时候,第一,不要忘记有读者;第二,须努力以求适合读者的心情,要使读者在你的文字中得到兴趣或快悦,不要使读者得着厌倦。

在夏丏尊看来,我们写东西,不仅心里要装着读者,而且要努力使自己的文字“以求适合读者的心情”,不要让读者嫌弃或厌倦。这是夏丏尊的写作态度,也是他的写作经验和方法之一。

在如何写作和写作方法问题上,夏丏尊有着非常丰富的经验,而且自成体系。这种全面性和完整性,恐怕也只有叶圣陶、朱自清等少数人能与他相比。正因为如此,这里无法将他的体系全面加以论述。只是就我们写作中通常碰到的问题,简要地谈论一下,难免挂一漏万,旨在使大家对他的写作思想和方法有一个粗略的了解。如大家有兴趣想作进一步的了解,则可去读他的《文章作法》《文艺论 ABC》《文心》《文章讲话》诸书,这些书基本上都是为在校读书的大中学生而写的。

胡适写作法

胡适（1891—1962）是现代著名的学者。字适之。在学术上的成就比较高，影响大，如他的《中国白话文学史》《红楼梦考证》等书，至今在学术界仍享有一定的声誉和地位。他在文学上的成就尚不能与鲁迅、郭沫若、茅盾等人相比，但他却提倡写新诗，有新诗集《尝试集》。此外，还写有不少散文。其文风自然朴实，在当时有一定影响。正因为如此，他在诗、文的写作上也积累有一定的经验。只是由于成就不是很高，所以他也很少谈自己的创作经验。不过，由于他长期从事教育工作，反倒对学生的作文问题十分关注，并就此发表过一些见解和入门方法。归纳起来，大约有四点。

第一，可以多练习一些翻译，即把白话文作成文言文，或把文言文作成白话文。

胡适早年是新文化运动的主将，提倡白话文与新诗，得到大多数人赞同，但也有少数人反对。当时文言文与白话文的优劣之争也很厉害，有些人甚至把这两种文体对立起来。在这种情况下，胡适认为文言文和白话文都要学，二者之间是有联系的。他虽然提倡白话文，也不偏废文言文，二者是一整体。为了使当时的学生能全面掌握中国的语言，提高写作能力，他在 1920 年所写的《中学国文的教授》中，特列

《文法与作文》一节。其中讲到如何写好作文时,首先建议的便是:"应该多做翻译,翻白话作古文,翻古文作白话文。"也就是把白话文改作成文言文,或把文言文改作成白话文。他认为这样做至少有两个好处:一、可以练习文法的运用;二、译长篇可使学生练习有材料的文字。他说:"做文最忌没有话说。翻译现成的长篇,先有材料作底子,再讲究怎样说法,便容易了。"

他的这种作文训练方法,在当时的历史条件下,无疑是有一定的作用和意义的。

第二,给学生出题目写文章,要切合学生的实际,使他们有所发挥。

由于胡适曾在北京大学等校任教,所以非常关注学生的写作问题。他认为"若是出题目做的文章",应该注意以下几点:

> (一)最好是令学生自己出题目,(二)千万不可出空泛或抽象的题目,(三)题目的要件是:第一要能引起学生的兴味,第二要能引学生去搜集材料,第三要能使学生运用已有的经验学识。

应该说,胡适在有关作文命题上的主张和见解,都是比较符合实际的,也比较有利于学生在写作能力上的提高、发挥和进步的。

第三,提倡学生写日记,给杂志写文章或长篇通信。

胡适自己有写日记的习惯,数十年不断,而且也喜欢通信或给杂志写稿。在这一过程中,他深知写日记和写信等对练习写文章能带来不少好处,因此也积极鼓励青年学生们这样去做。他说:

> 学生平日做的笔记、杂志文章、长篇通信,都可以代替课艺。教员应该极力鼓励学生写长信,作有系统的笔记,自由发表意见。这些著作往往比敷衍的课艺高无数倍。

所谓“课艺”，也就是学校老师在课堂上布置给学生的一种作业和作文，以议论文为主，或者是针对某一教材中的课文发一通议论或作出评价等。胡适认为，如有学生平时就写有读书笔记或长篇通信的，就可代替这类“课艺”，实际上也就是鼓励学生们平时多写这类文章，这样也可提高自己的作文能力。

第四，作文时间不可过多，最好不要在课堂上做。

胡适在讲到中学的作文教育和训练时，曾提出如下一条建议：

作文的时间不可多，至多二周一次，作文都该拿下堂去做。

平心而论，胡适所设想的这个“二周一次”的中学作文间隔时间，还是比较合理的。因为间隔太久，学生得不到训练；间隔太短，学生会感到压力甚至厌弃。而“二周一次”，较易引起学生的兴趣，且没有压力，又能得到训练。当然，至于不必在课堂上完成，而可带回家去做，这个建议虽可让学生有较多时间去自由发挥、驰骋想象，但也要因人而异。如果有些学生回去抄录一篇，或改头换面、偷工减料地混一篇，那还不如在课堂上完成了。当然，这主要看学生的素质和自我要求如何而定了。

不过，胡适尽管在有关学生的作文方面提出了以上四点方法和要求，但他也承认“完全是理想的”。是否适合于学生，特别是适合于现在的中学生，那也是值得研究的。但这至少也是他的一家之说，在这里加以论述，也只是供今天的学生和老师参考而已。

郭沫若写作法

郭沫若(1892—1978)是现代著名的作家和诗人。字鼎堂。曾任政务院副总理、中国科学院院长、全国人大常委会副委员长、全国政协副主席。他博学多才,在文学、历史、考古、书法、社会活动方面都有极大成就。他的诗热烈奔放、雄奇灿烂,历史剧则激情饱满、气势磅礴而亲切动人。此外,他也写小说与散文,各有特色与成就。

毫无疑问,在郭沫若长期的文学创作道路中,是积累了比较丰富的创作经验和写作方法的,他自己也有意无意地谈起过。归纳起来,其写作方法大约有四点。

第一,不要好高骛远,而要面对现实。

写作究竟写什么?人各一词,众说纷纭。郭沫若则主张写自己生活中所熟悉的平常事即可,不要以为写什么都必须是重大题材,结果反而忽视了自己身边有意义的平常事。他在《今天的创作道路》一文中说:

> 究竟应该写些什么呢?应该赶自己所最能接近、最能知道的东西写,这是最妥当的办法吧。不要好高骛远,应该脚踏实地的凝视着现实。……你只要注目的观察,你可以看出有不少的种型、无限的生态。最平常的东西说不定是最新奇的东西,最微末的存在有可能是最伟大的存在。

在《写尔所知》一文中,他又说:

> 在这儿,似乎也并没有什么好了不起的秘诀。主要的似乎就在能降心相从,能够集中自己的注意力,能活用自己的感官。一个人能够办得到集中注意力和活用感官的话,你在极平常的事物里面,便可以发现出极新奇的现象和极深远的道理。

总之,在郭沫若看来,在平常的事物中时常蕴含着一种深刻的道理,就在于你本人能否注意和会不会发现;一味地忽视日常生活和“好高骛远”,则是“一种错误”。

当然,郭沫若希望写作者注意自己所熟悉的平常事,并不是反对人们去想象和追求高远的东西。他说:“但也不是说高远的东西便不应该追求,相反的,我们是应该对于低近的东西也和对于高远者的一样,一样用心去追求。”他只是希望人们要关心现实罢了。

第二,对于初学写作的人来说,要多练习写作。

郭沫若认为初学写作的人,除了多读名家的著作,多向有经验的人请教以外,还应该多练习写作。他说:

> 应该时常练习写作。开始不必一定图巧、图妙,应该尽力求其正确。把自己所见到、所听到、所想到的东西,正确地写下来,这是很必要的事。写得多了,写得久了,自然也就会巧起来、妙起来。

他所说的多练写作,并不是胡乱地瞎练,而是先求正确,然后再图巧妙。他认为,写日记是适合于初学写作者练习写作的一个具体而有效的办法,“这不仅是练习写作的机会,而且使人能够集中注意力。一个人如能有写日记的习惯,对于自己有无限的好处,倒不仅只有益于创作。但要作为一个作家而不写日记,那是极不应该的事”。

郭沫若提倡用写日记的方法来练习写作，提高写作能力，的确可以一试。

第三，写作的语言文字要讲究。

与许多著名的作家和诗人一样，郭沫若对于写作的语言也很讲究，有一定要求，因为只有这样才能使自己的作品有生气、有特色。他在《怎样运用文学的语言》一文中，曾对小说、戏剧文学、诗和抒情散文的语言要求，分别作过考察和论述，但不管哪一种文学体裁，他对写作的语言文字都有一个总体要求。这就是：

> 言语文字必须熟练，要力求其大众化、近代化、明确化、精洁化，要绝对地能操纵自如，并不断地采用或制造新武器。

第四，诗文写后要多读、多修改。

如同列夫·托尔斯泰、高尔基等许多作家一样，郭沫若也很重视文学作品的修改问题。他曾说：

> 自己写出的东西要读得上口，多读几遍，多改几遍，先朗诵给自己亲近的人听，不要急于求发表，这也是绝好的办法，这便是古人所说的“推敲”。

在《如何研究诗歌与文艺》一文中，他又说：“多写作，多改润，多请教”，再一次提出了修改的重要性。在《诗作谈》中又说：“立即挥成即成佳作的也有，有的随后必得再加修饰。至于朗读，那是常事。”凡此，都说明郭沫若也是一位重视修改的作家，而且喜欢边读边改。

由于郭沫若首先以诗人得名，他曾经多次谈到过写诗的方法，别人也多次请教他，所以这里再想谈一下郭沫若的写诗方法。郭沫若对写诗的方法谈过很多，似乎以1922年给其弟的一封信最为简明扼要，后此信以《做新诗的原则》为题发表。其原则有七：

一、要有纯真的感触，情动于中令自己不能不“写”。不要凭空白地去“做”，所以不能限题做诗，是诗成后才有题。

二、表现要力求真切，不许有一毫走碾。

三、要用自己所有的言词，不宜滥用陈套语和成语。

四、不要拘于押韵，总要自然。要全体都是韵。

五、作一诗时，须要有个前无古人后无来者的心理。要使自家的诗之生命是一个新鲜鲜的产物，具有永恒的不朽性。这么便是“创造”。

六、全体的关系须求严密，不得用暧昧语……暧昧与深邃不同，不要误会。抒情的文字惟最自然者为最深邃，因为情之为物最是神奇不可思议的天机。

七、要有余韵，有含蓄。

这里照录不误的目的，只是想让读者有一个较全面的了解，从而知道郭沫若对写新诗的具体要求和原则究竟有哪些。

洪深写作法

洪深(1894—1955)是现代著名的剧作家。字浅哉,号伯骏。自幼爱好文艺。早年在清华学校(今清华大学)毕业后,曾赴美留学,归国后曾在复旦大学、暨南大学、山东大学、中山大学、厦门大学等校任英文教授及外文系主任。主要从事戏剧和电影的编导工作。所作剧本《赵阎王》,改译剧本《少奶奶的扇子》,以及创作的电影剧本《劫后桃花》等都很有名。又有四卷本的《洪深文集》等著作多种。

由于洪深主要是剧作家,所以他所谈的写作方法和经验,主要是剧作方面的,但对我们也有启发。概括起来,他的写作方法约有三点。

第一,在写作之前,先得有"写作欲"。

洪深对自己的写作经验曾有意识地总结过。他觉得在动笔写作之前,必得有一个"写作欲"才行。如果没有这个"写作欲",要他坐在家里凭空想出一篇文章来,他是难以做到的。因此,他在《我的经验》一文中曾说:"在我写作之前,先得引起我的'写作欲'。"

所谓"写作欲",实际上就是指写作的欲望。而这种写作欲望的引起,主要来自两个方面。他说:

> 一种是在我阅历人生、观察人生的时候,偶然遇到一件现成的具有戏剧性的故事,引起我强烈的同情,使得我不能不将这件事实,加以

解释而告之大众。

随后他便举例说，自己在第一次直奉战争后，曾遇到军阀自相残杀后残存的几个士兵，他们说起了在长辛店等处活埋敌方人员的残酷行为。此事对他触动很大，禁不住引起写作的欲望，从而写下了《赵阎王》一剧，以同情的态度去描写了一个士兵一生的罪恶与痛苦，获得了较好的效果。接着，他又说：

还有一种是在我继续地阅历人生、观察人生之中，对于某一种人事、某一个情形，有了一个主张或结论。

这情况与前一种情况恰好相反，前一种为人生中某一件事所触动，且这件事本身就有戏剧性，因而引起"写作欲"。这后一种情况则是在不少的人生阅历中，形成了一种思想，"一个主张和结论"之后，再"从人生中寻取适当的材料，凑成一个足以发挥我的结论的故事"。但是，如果一时找不到或凑不成一个适当的材料，"那便是有剧旨无剧情，只好暂时搁起不写，创作便不能完成"。

由此可见，洪深所说的"写作欲"，也并不是随心所欲地乱编乱写，实际上在写作冲动之外，也有他的写作构思或主题构思在内的。

第二，写作时必须要对所写的事实做一番调查研究的工作。

洪深认为，即使有了"写作欲"，但如果对自己所写的人物、事件和社会背景不了解、不熟悉，那还是不行的，还必须要对所写事实有一番调查研究才行。他说：

不论是有了现成故事而去寻觅补充的材料，或是仅有结论主张而去寻觅发挥的材料，我一定要去做一番调查研究事实的工作。因为对于人生事实、社会背景不是完全了解，不但空气不似，剧本失去"可信性”；即使能“自圆其说”，故事也是没有根据，不现实，或者似是而非的；远人生，歪曲人生，“想当然耳”的作品，无论如何巧妙，到底是没有价值的。所以调查研究，我是坚定地履行的。

如他在写《如此天堂》的电影剧本时，为了写舞场中的对话，特意几次到跳舞场去跳舞，熟悉舞场中的生活，感受舞场中的气氛；又如他为写《香稻米》的剧本，为了知道农村经济破产的原因，他去翻阅了许多有关农村经济破产的报告、资料和书籍报刊，终于使剧本的内容更符合实际，贴近生活。

第三，人物是戏剧的生命，写剧本先得把握好人物的性格。

洪深一生写过许多剧本，根据他的写剧经验，剧本的故事并不是主要的，而剧中的人物才是最主要的。如人物性格确立，则自然会有故事和情节，剧本完成便不成问题了。他说：

至于编制故事，我是从来不用力在故事本身上，而去了解认识剧中人物的性格。有人物自然会弄出故事来的。并且一切人物，都是时代的产物，非是正确地认清人物，决不能把握住时代。人物是戏剧的生命。当我将几个剧中人完全了解，而和他们做了密切朋友的时候，纵然一个字未写，我的创作已经可说是完成了。动手实际地写在纸上，至多费时一两星期而已。

他的这种以人为中心的剧本创作方法，实在是他个人的经验之谈，甚至可以说是他的创作诀窍。许多初写剧本的人不知这一诀窍，反在故事和情节上精心构思，却把人物及人物性格的塑造给忽视了，结果往往得不偿失，导致失败。对于这种情况的剧作者，洪深的这一经验可以说是一帖灵丹妙药了。

洪深是一位有着丰富创作经验的剧作家,他所谈的剧本创作经验和方法,虽多从大处着眼,不及细枝末节,但对搞剧本创作的人仍有不小的参考价值。特别是第一点和第三点,对他人的启发尤大。但望喜欢剧本创作或热衷电视剧和戏剧创作的人,不妨都可试着借鉴一番,多少都会有些好处的。

叶圣陶写作法

叶圣陶(1894—1988)是现代著名的教育家、作家和出版家。原名叶绍钧,字秉臣、圣陶。曾任全国政协副主席、中国民主促进会中央主席。诗、散文和小说都有涉及。短篇小说集《隔膜》、长篇小说《倪焕之》、童话集《稻草人》等都有一定的影响。在主编《中学生》杂志时,曾注意培养过许多青年学生和青年作家。他写作的风格比较朴素平易,追求自然本色,从不去搞那些华而不实、浮艳轻巧的文风。他从青年时代起就主张"为人生"的艺术,至老不变。

由于叶圣陶长期从事教育工作,又在教育部门和出版部门担任领导职务,所以他写过很多有关如何写作的文章。别的不说,单是他的《和教师谈写作》一文,从之一到之八,每篇一题,共八篇,就都与写作方法相关。但他的写作方法又不仅限于这八篇文章,其他文章中也谈到过,因此我们以此八篇文章为主体,再加上其他文章,综合起来加以梳理,大致归纳为六点。

第一,可写可不写的,就不写。

为了改进当时的文风,叶圣陶在1958年曾一连写了好几篇谈如何改进文风的文章,其中《可写可不写,不写》一文,也写于此时。他在文章中说:

可写可不写，不写，这是就一方面说。就另一方面说，就是所有写下来的，必须是非写不可的东西。无论一个词一句话，多到几百字、几千字的一大段，如果人家来问，都说得出个要它存在的理由。这样叫“要言不繁”。我想，“要言不繁”是好文风。

由此可见，叶圣陶所说的“可写可不写，不写”，不仅是指一篇文章或小说可写可不写的问题，而更重要的是指在我们写文章过程中，有关材料的取舍，一句话、一个词的可用与否。在他看来，可以省略和精简的，也就是可以不写的，就坚决不写；而写下来或被留用的，则都是必须的，能说出“要它存在的理由”的，这样一来，文章就会显得简洁，“要言不繁”。否则废话连篇，水分极多，这都是不可取的。

第二，想清楚了再写。

叶圣陶写《和教师谈写作》的八篇文章，第一篇就是以《想清楚然后写》为题的。他说：“不想就写，那是没有的事。没想清楚就写，却是常有的事。自以为想清楚了，其实没想清楚，也是常有的事。”他认为，如果写文章之前不想清楚，或者“边写边想，边想边写”，那是很难写出一气呵成的好文章的，而且有时会半生不熟，在增删或改稿方面带来许多麻烦。如果想清楚了再写，就会省却许多麻烦。那么，怎样才算想清楚了呢？叶圣陶说：

什么叫想清楚呢？为什么要写，该怎样写，哪些必要写，哪些用不着写，哪些写在前，哪些写在后，是不是还有什么缺漏，从读者方面着想是不是够明白了……诸如此类的问题都有了确切的解答，这才叫想清楚。

那么，如何才能使学生达到“想清楚”的效果，以便使他们能动笔

写起文章来呢?叶圣陶认为:那就是先写提纲。他说:

> 教学生练习作文,要他们先写提纲,就是要他们想清楚后写,不要随便一想就算,以有点儿朦胧的印象为满足。先写提纲的习惯养成了,一辈子受用不尽,而且受用不仅在写作方面。我们自己写东西,当然也要先想清楚,写下提纲,然后按照提纲顺次地写。提纲即使不写在纸上,也得先写在心头,那就是所谓腹稿。

总之,在叶圣陶看来,想清楚了再写的好处很多,而先写提纲或打腹稿的办法,则有利于我们“想清楚”,“这样写下来的东西,基本上达到了要这篇东西的目的,作者自己总不会感到太不满意”。

第三,写完以后,把稿子念几遍。

叶圣陶认为:“写完一篇东西,念几遍,对修改大有好处。”那么,为什么写完一篇东西不仅要看,而且还要念呢?叶圣陶认为这并不难理解。他说:

> 念下去顺当,就因为语言流畅妥贴,而语言流畅妥贴,也就是意思的流畅妥贴。反过去,念下去不顺当,必然是语言有这样那样的疙瘩,而语言的任何疙瘩,也就是思想上的疙瘩。写东西表达意思,本来跟说一番话情形相同,所不同的仅仅在于说话用嘴,写东西用笔。因此,用念的办法——也就是用说话的办法来检验写成的稿子,最为方便而且有效。

叶圣陶所说的“念”的方法有两种,一种是念出声来,另一种“也可以不出声念,只在心中默默地说”,也就是我们通常所说的默念。如果养成写完稿后念几遍的习惯,对我们训练文气的连贯性也会大有好处。

第四,写东西也要靠平时的积累。

叶圣陶承认："写任何门类的东西，写得好不好，妥当不妥当，当然决定于构思、动笔、修改那一连串的功夫。"但如细想一下，我们究竟凭什么在构思和动笔呢？也就是我们所作文章的内容来自何处呢？这就牵涉到叶圣陶所说的平时的积累了。叶圣陶说：

> 写一篇东西及至一部大著作虽然是一段时间的事，但是大部分是平时积累的表现。平时的积累怎样，写作时候的努力怎样，两项相加，决定写成的东西怎样。

平时的积累既然如此重要，那么，怎样才叫积累，平时究竟积累些啥呢？叶圣陶认为"平时的积累"大致包括两方面的内容：一个是生活的积累，也就是多注意观察和留心生活中的人与事，甚至包括"草木鸟兽的形态和生活"，这样一旦要写那方面内容的东西，这些情景自会闪现眼前，浮现脑际；另一个是语言的积累，如果平时自己多注意积累各种语汇和成语，包括一些语言知识，也就是知识性强的专用语汇和概念，这样写起文章来就会感到轻松自如、左右逢源，不会产生词不达意或表达不出的困顿。如果有了这两方面的积累，我们写文章就不会感到太困难了。

第五，写文章要准确、鲜明、生动。

叶圣陶凭他多年的写作经验，认为如要把文章写好，就得注意文章的准确、鲜明和生动，并以《准确，鲜明，生动》为题，专门写了一篇文章谈这三者的重要。他说：

> 准确性这个标准极重要。发言吐语，著书立说，都需要用这个标准来衡量。具有准确性的话才是真话、实话，才值得拿来通知别人，才可以拿来影响别人。

在说明了"准确"的重要性以后,他又说:"除了必须具有准确性而外,还要努力做到所写的东西具有鲜明性和生动性。"那么,怎样才算是"鲜明"和"生动"呢?叶圣陶解释道:

> 鲜明性的反面是晦涩、含糊。生动的反面是呆板、滞钝。要求鲜明性和生动性,就是要求不晦涩、不含糊、不呆板、不滞钝。

在说明了"鲜明"和"生动"的含义以后,他又觉得这"鲜明"和"生动"从表面看似乎只是修辞方面的事,其实与思想认识也有关联,"总因为思想认识有欠深入处、欠透彻处,表达出来才会晦涩、含糊。总因为思想认识还不能像活水那样自然流动,表达出来才会呆板、滞钝"。所以,在叶圣陶看来,"鲜明性、生动性跟正确性分不开",三者是互有联系的一个整体,只有三者都处理好了,文章自然便好,别人也爱看。

第六,要挑自己熟悉和能写的题目写。

叶圣陶曾写过一篇《写什么》的文章,建议学生应挑选有意义的事写成文章,但又觉得有些事情意义很大,有些学生未必熟悉或未必了解。如学生不熟悉或不了解,意义再重大,也无法写,即使写了也不容易写好。为此,他又写了一篇文章,题为《挑能写的题目写》,也就是建议学生们尽量挑自己熟悉和能写的题目写。他说:

> 总之,不但要挑值得写的题目,还要问那个题目自己能不能写。题目既然值得写,自己又能写,写起来就错不到哪儿去。辨别能不能写,只要问自己对那个题目是否了解得比较确切,感受得比较深刻。

所以,叶圣陶认为,考虑或者挑选一个作文题目,不仅要考虑这个题目是否有意义,还要考虑这个题目自己是否熟悉或有了解和感受。如"题目虽然值得写,作者了解得不怎么确切,感受得不怎么深刻,就没法写”，而如果是“没法写而硬要写，那不是练习写东西的好办法，得不到练习的好处”。为此，他主张：

咱们要养成这么一种习惯，非了解得比较确切不写，非感受得比较深刻不写，这才练习一回有一回的长进。

作为一位德高望重的教育家和文学家，叶圣陶所积累的写作经验和方法还有很多，如怎样修改文章，如何写儿童文学，如何在文章中表现技术工程的内容，以及关于文章的语言修辞等方面，他都发表过许多精彩而中肯的意见。这里只是归纳了人们写作中普遍碰到的几个问题，加以论述，相信无论对于初学写作的人，或是有一定写作经历的人，多少都会带来一定的启发作用。

邹韬奋写作法

邹韬奋(1895—1944)是现代著名的新闻记者、政论家和出版家。本名恩润,曾用名李晋卿。他先后主编的《生活周刊》、《大众生活》周刊、《生活日报》和《抗战》等报刊,受到广大民众的普遍欢迎。著有《海外萍踪》《经历》等,后来他的作品几乎都编进《韬奋文集》之中。

邹韬奋一生几乎都在与文字打交道,在他几十年的写作生涯中,积累了不少写作经验。但他本人谈得并不多,只是在自传《经历》的有关章节中,才谈到了一些。现进行梳理和综合,归纳为三点。

第一,寻找写作的技巧和方法。

邹韬奋出身贫寒,家境穷困,所以当他从福建到上海求学时便尝试着写作,冒昧地给报馆投稿,这样一则可以锻炼自己的写作能力,二则也可以改变一下自己的生活困境。根据他在《写作的尝试》一文中的体会,他觉得写作在初学时最重要的不外乎两点:"一是写的技术,二是写的内容。"

在写的技术方面,邹韬奋虽然觉得略有一些把握,但由于生活阅历的薄弱,一时感到没什么东西好写,好在他的英语不错,他就到图书馆去看几种英语杂志,选译一些几百字的短篇材料,多为体育或科学杂志中谈健康和卫生方法之类的内容,或者便是科学上形形色色的有趣发明。在选译的过程中,他就注意和寻找别人的写作技巧,如短文的一般结构特点,如何突出文章的中心和题意等,并尽可能地予以吸收,化为自己最初的写作方法。尽管开始投稿总是有去无回,石沉大海,但后来终于被刊登出来了。这对一位尚在求学的学生来说,的确是一个莫大的鼓舞,既练习了写作,又找到了不少材料。更重要的是获得了一些最初的写作技巧和方法,对他以后走上写作道路,起到不小的作用。

第二,要重视写作的内容。

有不少初学写作的人写不出文章,往往只觉得自己缺少写作能力和技巧,却忽略了写作内容这个关键。而邹韬奋从自己的写作经验中体会到,写作的技术和内容"虽同是不可少的,但是第二点似乎比第一点还要重要"。

邹韬奋之所以把内容看得比技术更为重要,与他自发投稿有一定关系。因为他投稿的报刊在选登文章的过程中,除了要求文从字顺和基本的写作能力以外,主要的就是看这篇文章的内容是否符合该杂志或报纸的要求,如果所写内容是他们需要的,他们马上就会采用,即使文字略有小疵,编辑加工一下也就行了。然而,随着写作的深入,他还发现,一篇文章总要有一定的内容作支撑,否则内容空洞,言之无物,技巧再好、文辞再漂亮也没有用。正因为如此,邹韬奋才切身体会到文章内容的重要性。后来他在主编《生活周刊》时,也很注意文章内容的选定,特别是他所写的《海外萍踪》一书,篇篇文章都有极丰富的内容,因而受到广大读者的喜爱。所以对于每个初学写作的人来说,似乎也都有一个对写作内容进行选择和把握的过程。

第三，要写自己最清楚或印象最深刻的事情。

对于初学写作的人，邹韬奋所强调的主要是写作的技术和内容，也就是我们在上面所讲到的两点。随着写作的深入和文章在报纸杂志上登载数量的增多，他又有了一个新的体会，这就是尽量要写自己最清楚或印象最深刻的事情。他说：

在这个杂志里所投的稿不像在“自由谈”上的只有数百字，一来就是几千字了。……比以前译述健康方法和科学小品的内容又有不同，在组织材料和构思方面比较地多得一点训练。我从这里又得到一个教训，就是我们要写自己所知道得最清楚的事情，尤其是实践或经验中感到最深刻印象的事情。

他这里所说的“这个杂志”，是指当时商务印书馆出版的《学生杂志》。由于文章的篇幅加长，内容增多，所以邹韬奋感到，如果不写自己所熟悉的或印象深刻的事情，写到一半必定写不下去，以致产生文思枯竭的现象。如要避免这种现象的发生，唯一的办法就是要写自己最熟悉、最清楚或印象最深刻的事，这样才能左右逢源，文章才能顺利写好。

邹韬奋曾写有诗句自勉道：“题残稿纸十万张，写秃毛锥十万管。”可见他写作之勤奋。对于这样一位勤奋、多产而又文品、人品均得到人们公认的名作家和名记者，他的写作经验和方法自然应该引起我们的重视。

林语堂写作法

林语堂(1895—1976)是现代著名的作家。原名和乐,后改名玉堂,又改语堂。他学贯中西,既能以中文写作,又能以英文写作;既能写古文,又能写白话文;既能写散文,又能写小说。文笔机智幽默,语言流畅自然,有"幽默大师"之称。其所著《生活的艺术》《京华云烟》《吾国与吾民》《苏东坡传》等书,都颇受读者欢迎,影响很大。

关于读书的艺术和方法,林语堂谈得很多,关于写作的艺术和方法,虽然他也写过《写作的艺术》《怎样洗炼白话入文》《论文》《做文与做人》《今文八弊》《小品文之遗绪》等一些与写作有关的文章,但毕竟不如他的读书方面的文章影响大。好在他也谈到过写作方法和技巧的问题,这里也不妨总结和归纳一下,大约有四点。

第一,作文如妇人育子,必先受精怀胎,然后产出。

与其他许多作家一样,林语堂写作也有一个先打腹稿和脑中构思的习惯,至成熟方落笔。他把这个过程形象地以妇人生育怀胎来作比喻。他说:

> 文人作文,如妇人育子,必先受精,怀胎十月,至肚中剧痛,忍无可忍,然后出之。

那么,怎样算是"受精"呢?他认为是"多读有骨气文章,有独见议论”。有两种情况易造成死胎，一种是“时机未熟，擅自写作，是泻痢腹痛误为分娩，投药打胎，胎则死”；另一种是“出卖良心，写违心话，是为人工打胎，胎亦死”。如能“及时动奇思妙想，胎活矣大矣，腹内物动矣，母心窃喜，至有许多话，必欲迸发而后快，是创造之时期到矣”。自古以来，还没有人像林语堂这样来比喻写作现象的，不仅生动，而且贴切。

第二，写作时要有自己而无圣贤。

林语堂主张一个人在写作时不要忘了自己，他提倡表现自我。曾说：“怕在文章中用‘吾’字者，必不能成为好作家。”他所说的“吾”字，并不是叫人们在文章中人为地去添加几个“吾”，而主要是鼓励人们去表现自我，要有我在，不要老去想着圣贤之言或文章作法之类。他曾警示人们：

> 古来文学有圣贤而无我，故死；性灵文学有我而无圣贤，故生。

他所说的生与死，可指为死文学或活文学，也可指为文章的死气沉沉或活力处处。总之，文章有我则有生气和活力，无我则全无生气和活力。

第三，写作一定要抒发真性灵，贵“真”。

林语堂曾和周作人等提倡明代的小品文，他特别推崇明代的“性灵派”，认为袁宏道、钟惺等提倡独抒性灵，大有可取。而他本人也竭力主张文章要“真”，要抒发真性灵。他在《论文》中说：

> 发抒性灵，斯得其真，得其真，斯如源泉滚滚，不舍昼夜，莫能遏之，国事之大，喜怒之微，皆可著之笔墨，句句真切，句句可诵。

在林语堂看来，如果文章“真”了，则“不故作奇语，而语无不奇，不求其必传，而不得不传”。所以，林语堂认为文章的“真”字相当重要，有了“真”,文章便会有奇妙无穷的魅力。

第四,写作归根结底还是要敢于表露灵魂深处的东西。

林语堂把敢不敢表露灵魂深处的东西这一点看得很重要,认为这是能否成为“创造一个为作家基础的真正的文学性格”的关键所在。他在《写作的艺术》中说:

> 事实上,如果你能告诉一个希望成为作家的初学者,第一步不要过分关心写作的技巧,叫他不要在这种肤浅的问题上空费工夫,劝他表露他的灵魂的深处,以冀创造一个为作家基础的真正的文学性格;如果你这样做,你对他将有很大的帮助。当那个基础适当地建立起来的时候,风格自然而然地成形了,而技巧的小问题便也可以迎刃而解。如果他对于修辞或文法的问题有点困惑不解,那老实说也没有什么关系,只要他写得出好东西就得了。

从这段话可以看出,林语堂对于写文章、当作家之类的事,还是比较务实的。他不喜欢空谈大道理,而注重一个人写文章的才能和是否能“写得出好东西”。只要文章成熟而又有风格,说明他具体的技巧问题早已解决而不复存在。

看来林语堂是个挺有意思的人,他说读书无所谓方法,但还是谈了一大套读书的方法,并冠以《读书的艺术》;他尽管劝人们“不要过分关心写作的技巧”,认为“世间无所谓笔法。吾心目中认为有价值之一切中国优秀作家,皆排斥笔法之说”,但他不知不觉中仍谈了一大套有关写作的方法问题。这里所罗列的四点,恐怕仍有挂一漏万之虑,暂时先梳理出来供各位参考吧。

郁达夫写作法

郁达夫(1896—1945)是现代著名的作家和诗人。原名郁文,字达夫。以小说驰名,《沉沦》《春风沉醉的晚上》等小说曾激动过无数青年的心。实际上,他的旧体诗和散文也都极为出色,堪入名家之列,同时也搞翻译。他谈过不少有关文学创作的话题,对小说、自传、报告文学、戏剧、散文、诗词、评论等各种文学体裁,也都发表过意见。这里无法面面俱到,一一涉及,只能就其创作和写文章的一般经验,作一些概括,大致有五点。

第一,写作总以自己亲身经历过的事情为主。

《沉沦》是郁达夫的成名作,发表以后引起轰动。不少人曾问起他的写作方法,他回答得很简单,主要是经历过的,“在感情上是一点儿也没有勉强的影子映着的;我只觉得不得不写,又觉得只能照那么地写,什么技巧不技巧,词句不词句,都一概不管,正如人感到了痛苦的时候,不得不叫一声一样”。

这就是说,促成郁达夫小说《沉沦》的产生,技巧和语言都不重要,而经历和思想感情上的冲动和痛苦则是最重要的。因此,说起自己的创作态度时,他说:

至于我的对于创作的态度,说出来,或者人家要笑我,我觉得“文学作品，都是作家的自叙传”这一句话，是千真万真的。

有些人也许不一定同意他的这一态度和方法，但他还是坚持自己的主张，认为“没有这一宗经验的人，决不能凭空捏造”，并言之凿凿地说：“所以我对于创作，抱的是这一种态度，起初就是这样，现在还是这样，将来大约也是不会变的。我觉得作者的生活，应该和作者的艺术紧抱在一块。”不过，平心而论，郁达夫的文学创作，无论是小说、散文、诗词、日记，的确都是他所经历过的，都是他自身生活的写照。他的确是照这一准则来进行写作的。

第二，多读，多想，多练习。

20世纪30年代初，有编辑约郁达夫谈谈写作经验和方法。他倒也爽快，立刻写了《再来谈一次创作经验》的文章，并在文章中坦率地说：

> 关于创作的经验谈，也是一样。虽则说戏法人人会变，各人巧妙不同，但大抵的做诗做小说剧本的人，总逃不出多读多想多练习的一个死律，此外的个人经验，如还是在早晨写好呢还是在晚上写好？还是用毛笔呢还是用钢笔？还是做书简日记式的文学呢还是用第三人称的体裁之类，却是无关大体的事情。

在郁达夫看来，一个人的写作习惯并不重要，都是“无关大体的事情”，而“多读多想多练习”，却是每一个成名成家的人都难以回避的，也是古今中外宗匠文豪的必经之路，而且比一个人的写作习惯重要得多。他所说的“多读”，就是多读书，特别是古今中外的经典之作；他所说的“多想”，就是不但要多读，而且读后要多想，能消化，启发出自己想写的东西；他所说的“多练习”，就是在多读多想的基础上，还得动笔多练习，多写。只有这样，才能有收益，容易获得成功。

第三，对初学写作的人，以从试写记事文章入手为好。

也许是受到西欧，特别是法国文学家的影响，郁达夫也主张初学写作的人不要急于写议论文或其他文体，最好是从叙事的文章开始。他在《事物实写与人物性格》一文中写道：

对于初学写作的人，我唯一的忠告，就是以从试写记事文入手为最妙。一件事情的写实写得好了，然后再来练习人物个性的描写，是普通的路程。反之，若专欲在小说创作上用工夫的人，那又当别论。

在郁达夫的眼里，一个人能否叙事或叙事的好坏，那都是写作的基本功，如这一基础打好，再考虑如何写好人物的个性，或是人物与环境的关系等。登高总得一个台阶、一个台阶地上，而叙事是开始的第一步，对于初学写作的人来说尤为重要。

第四，文章要详略得当。

无论是写小说、散文、戏剧，或是日记、报告文学等，总要碰到叙事，但叙事并不是面面俱到、样样都写的流水账，这里面也有主题和重点的问题，也有不少的讲究和做法。郁达夫认为详略和轻重便是其中应该注意的一个方面。他说：

在实写事物的时候，我们第一也要分别一个重心或要点出来，凡足以烘染、影托这重心的记事，可以不嫌详尽，拼命地细写。其次与这重心不相干的末节，只教能点出一段联系，就可以不必琐叙。这就是写实的经济方法，也就是一般作文的旨趣。

如果用我们现在通常的话来说，就是写文章要注意详略得当，该详写的就详写，该略写的就略写，否则重心和主旨就无法突出。

第五，写不下去时，可以读些别人的书。

对于写作，特别是文学创作，郁达夫是反对模仿的，认为“当从事于创作的中间，去读他人的著作，多少是带有危险性的”。也就是说容易受到感染，对创作绝无利处。不过，他认为如写不下去，或思路堵塞，或感觉疲倦时，倒不妨读读别人的作品。他在《再来谈一次创作经验》中说：

> 但思路不能开展，或身体感到疲乏，或周围的环境起了变化，一时不能继续创作下去的时候，读读他人的书，是很能够促进创作力的复活的。

也就是说，在自己的创作思路不通畅时，读些别人的作品，也许会得到意想不到的启发和收获。他本人就尝到过这种甜头，所以也把它作为一种经验和方法介绍给别人。

当然，郁达夫也谈到过文章开头的重要性以及文气等一些问题，但总起来说，他所谈的创作经验和写作方法，多从大处着眼，而不拘泥于修辞、造句等一些细小具体的问题，甚至连篇章结构、谋篇布局之类的问题也很少谈到，这或许与他潇洒的性格有关。实际上，在他写文章、小说、诗词的时候，肯定会有章法结构、修辞造句之类的问题，只是他没有多谈，而只就一些基本问题谈了些体会，但也足可供我们参考和作借鉴之用了。

茅盾写作法

茅盾(1896—1981)是现代著名的作家和评论家。原名沈德鸿，字雁冰，笔名茅盾。曾任中国文联副主席、中国作协主席、文化部部长、全国政协副主席。生平著述甚富，有长篇小说《子夜》、《蚀》(三部曲)等，另外还写有《林家铺子》《春蚕》等小说及大量散文随笔。

茅盾是一位相当勤奋的作家，在他漫长的一生中也积累了许多写作经验，并写过不少这方面的文章，如《创作的准备》《我的回顾》等。在这些文章中，他结合自己的创作实践，谈到过一些写作方法和经验。这里根据他本人的回顾或总结，以及别人对他的评说，大致归纳为七点。

第一，写小说先得从"人"以及"人"与"人"的关系上着手，方能有落笔处。

我们知道，一般剧作家在考虑和构思剧本作品时，常常先从人或人物的性格考虑起。有趣的是，茅盾是小说家，从不写剧本，但他却主张写小说也得先从"人"以及"人"与"人"的关系开始。他在《谈我的研究》一文中说：

> "人"——是我写小说的第一个目标。我以为总得先有了"人"，然后一篇小说有处下手。

不过，他又认为仅有"人"还不够，因为一个人在不同的人面前表现不一样，是多侧面的，在卧室里与妻子聊天，在客厅里接待亲友，在办公室里和上下属面谈以及一个人独处，等等，面目各不相同。因此，他进而认为要研究好写人，就一定要涉及人与人的关系，并确认这是研究人的第一要义。于是，他告诫人们：

我以为一个写小说的人如果要研究的话，就应是研究“人”，不应是“小说作法”之类。

第二，想好人物，再拟一个写作大纲。

既然茅盾如此重视人物，把“人”视为小说写作中的第一个目标，那么，如果人物想好了，酝酿成熟了，下一步该怎么办呢？茅盾认为，那就以人物性格为中心，再拟一个写作大纲。至少他写小说《子夜》是这样做的。他在《〈子夜〉是怎样写成的》一文中说：

先把人物想好，列一个人物表，把他们的性格发展以及连带关系等等都定出来，然后再拟出故事的大纲，把它分章分段，使它们连接呼应。

茅盾自己承认，他的这种写作方法，本不是他的创造发明，而是从巴尔扎克那里学来的。但不管巴尔扎克也好，茅盾也好，这种写作方法，实际上与狄德罗、易卜生，乃至中国的洪深等人写作戏剧的方法十分相似，都是先根据塑造人物的性格需要来构思情节。当然，这仅仅是茅盾写作《子夜》的主要方法，他在酝酿《子夜》时还考虑到当时农村经济破产和城市经济的复杂情况等诸问题，由于那些问题牵涉到的是作品的时代背景问题，与本文所说的具体写作方法问题关系不大，故这里不作详述。但茅盾先想好人物再拟写作大纲的写作方法却是实实在在存在着的，这一点连他本人也直言不讳，并说：“我有时一两万字一章的小说，常写一两千字的大纲。”

第三，写作应该是有计划的。

在写作方面，有些作家喜欢订计划，有些作家特别是有些诗人，却未必肯订计划，只是凭自己的才气，想到写就写，个别人甚至生活浪漫，连文字都随心所欲地“乱舞”，那就更谈不上计划了。但茅盾作为一个名作家，他却一向有着自己的写作计划。他曾说：

写作是一定有计划的，到了很成熟的时候才能写的。

那怎样才算成熟了呢？他接着说：

假定我们要写一个知识分子，我时常在那里想：写怎样一个人物，怎样一个事件，事件本来是由人创造出来的，这个人物碰到了些什么事情，碰到了事情怎样对付，怎样用一种很精彩的对话把这个人物的性格表现出来。这种种，想之又想，待到十有八九，似见这人物清晰地站在面前了，此即所谓腹稿已得，那就可以说是到了成熟的地步。

由此可见，他的所谓“成熟”，要求是相当高的，是一种真正的“成熟”，而不是半生不熟。有了这一成熟的计划，写起来就方便多了。关于这一点，他的老友叶圣陶也可作证。他在《略谈雁冰兄的文学工作》一文中说：“他作小说一向是先定计划的，计划不只藏在胸中，还要写在纸上，写在纸上的不只是个简单的纲要，竟是细磨细琢的详尽的记录。”并认为：“他的态度是个可取的模式。”

第四，搞文艺写作，有三种功夫必不可少。

茅盾认为，作为一个作家，应该具有广博的知识和深厚的修养，其中有三方面的功夫是必不可少的。他在《对于系统的经济的介绍西洋文学的意见》一文中说：

我以为创作文艺，有三种工夫，似乎必不可少的：（一）是观察，（二）是艺术，（三）是哲理。换句话说，（一）就是用科学眼光去体察人生的各方面，寻出一个确是存在而大家不觉得的罅漏；（二）就是用科学方法整理、布局和描写；（三）是根据科学（广义）的原理，做这篇文字的背景。

在这三种功夫中，茅盾认为第二种最难，所谓“写实派、表象派、唯美派”等各种流派，几乎都由第二种功夫中派生出来的。

第五，应该多读各种流派的文学名著。

有些初学写作的人，包括刚刚开始文学创作的人，往往只是先读了一本书或一个流派、一种风格的文学著作，在有所触动后才开始动笔的。其中有些人从此便照这一方法或路子写作下去。茅盾认为仅有这样的阅读而去从事文艺创作，方法未免太单一，而且是远远不够的。他在《关于文艺修养》一文中说：

一个准备从事写作的人，他的文学名著的诵读范围，也应当广博。只诵读了一家的著作固然不够，诵读了一派的著作，也还是不够。诵读宜广，而研究则宜专。广泛地诵读了各派各家的名著，然后从中择取最博大精深最有现代价值的名著来研究，这是有利无害的方法。

他的意见是，各个流派中都有好作品，一个作家应该先广泛浏览各种流派的文学名著，从中进行选择和研究，这对自己的写作肯定会有所帮助。如果视野狭窄，路子单一，就很难成为大作家。

第六，写作态度必须认真，不要“粗制滥造”。

茅盾是从1927年9月开始写小说的，1932年12月，他曾对自己五年来的写作情况进行了一次总结，写了《我的回顾》一文。其中写道：

我所能自信的，只有两点：一，未尝敢“粗制滥造”；二，未尝为要创作而创作，——换言之，未尝敢忘记了文学的社会的意义。这是我五年来一贯的态度。

这说明，茅盾一开始从事小说创作，写作态度就相当严谨认真。其实何止这五年，纵观其所有的写作生涯，他的写作态度一直是非常认真的。就是到了晚年，在写回忆录《我走过的道路》一书时，他仍是认认真真、踏踏实实。诚如他在此书的《序》中所说的：

所记事物，务求真实。言语对答，或偶添藻饰，但切不因华失真。凡有书刊可查核者，必求得而心安。凡有友朋可咨询者，亦必虚心求教。他人之回忆可供参考者，亦多方搜求，务求无有遗珠。已发表之稿，或有误记者，承读者来信指出，将据以改正。其有两说不同者，存疑而已。

历史上写回忆录仅凭个人印象而写的大有人在，而茅盾却要做如此大量而又周密的工作，其写作态度的认真负责，由此可见一斑。同时也说明了，茅盾一生都是以严谨的态度和方式进行写作，而从不肯“粗制滥造”的。

第七，在文艺作品中，作者不要去“发议论”和“作结论”。

茅盾不仅是位著名的小说家，而且也是一位相当出色的评论家，对许多作家的作品经常“发议论”“作结论”。但他却反对作者在自己的文艺作品中“发议论”“作结论”。他说：

作者千万不要将自己的嘴巴插进书里去“发议论”，也不要将自己的嘴巴插进书里去“作结论”。

这是什么道理呢？他接着说：

因为他是作家而且写的是文艺作品,所以他应当把他的“世界观和人生观”融合在他的艺术的形象中,就是要从作品中“人物”的行动上表白出来,而不是用作家自己的嘴巴插进书里去“发议论”。

他的这种观点,与福楼拜、莫泊桑、屠格涅夫等人的观点是相同的,也就是用形象来说话。茅盾早年曾阅读和译介过许多西方文学作品,很了解西方文艺理论中的精华,他如此强调,正说明他完全接受并主张文艺作品要以形象说话,作家不应在自己的文艺作品中表态度、发议论。

茅盾是大作家,写作经验相当丰富,他本人也曾总结过不少,这里拈出的七点经验和方法,仅是其中的一部分。他在其他方面也发表过不少有价值的见解,如怎样练习写作,如何收集材料,人物和环境的关系,作品写完后再起题目,一部小说究竟该如何开头,自己如何检验自身的作品……不过,我们如能对以上所归纳的七点有所吸收,便也可受益良多了。

朱光潜写作法

朱光潜(1897—1986)是现代著名的美学家和翻译家。字孟实。其《诗论》《谈美》等论著思维缜密、逻辑性强,其随笔散文如《给青年的十二封信》等则舒卷自如、清淡有味。他对如何写作的问题,发表过不少很有益的见解。

朱光潜所说的写作方法,主要是针对青年和初学者的。概括起来,大约有三点。

第一,写文章应该多练习。

写文章是否必须练习,对于一些天赋较高而自我感觉特好的人来说,也许未必首肯,但朱光潜却非常坚信这一点,认为写文章应该而且必须多练习,强调"古今许多第一流作者大半都经过刻苦的推敲揣摩的训练"。并举法国小说家莫泊桑为例,说莫泊桑辛辛苦苦写了十年小说,到福楼拜处登门求教,福楼拜叫他把以前所写文章和小说全都烧掉,依照他的要求从头开始练习作文,且从描写实境开始。结果莫泊桑成为举世闻名的小说家,文字极其自然、流畅和轻巧自如,但他这支笔头硬碰硬是苦苦训练出来的。所以,他建议初学写作的人,一定要不怕苦,不怕累,耐得住寂寞,多加练习,一定能够写出一手好文章的。并开导人们,在一切艺术里,包括文学创作在内,"天资和人力都不可偏废”。

第二,在练习写作的过程中,特别要注意写生和记叙。

既然写作应该多练习,那么究竟应该练习什么?怎样练习呢?朱光潜认为在多读书的基础上,除了一边读一边练习作文以外,最主要的是要多练习描写类和记叙类的文章。他反对中学生或初学写作的人一开始就写议论文。其理由有二:一、中学生的知识面还不够宽,较贫弱,理解能力还欠成熟,“胸中没有议论,何能做得出议论文?”二、他认为“初学作议论文是容易走入空疏俗滥的路上去”。因此,他不赞成初学写作者一上马就写议论文,而“许多国文教员们叫学生入手就做议论文,这是没有脱去科举时代的陋习”。在说明了初学写作者练习的重点应是什么的同时,他还特别指出:

> 真正学作文,还要特别注意写生。要写生,须勤做描写文和记叙文。中国国文教员们常埋怨学生们不会做议论文。我以为这并不算奇怪。……我以为初学作文应该从描写文和记叙文入手,这两种文做好了,议论文是很容易办的。

由此可见,他是主张初学写作者先练习和写好“描写文和记叙文”,在此基础上,再写议论文就不难了。

第三,初学写作者,不妨可有一点模仿。

朱光潜因翻译过《美学》《拉奥孔》等许多西方美学论著,故精熟西洋绘画。他认为初学画者多从临摹或素描开始,转而写生,学习写文章又何尝不可如此。所以他提出“学文如学画”的观点,并认为中国古代文人学习写文章大半都是用的临帖法。他说:

> 从前中国文人学文大半全用临帖法。每人总须读过几百篇或几

千篇名著，揣摩呻吟，至能背诵，然后执笔为文，手腕自然纯熟。

而且，他还发现，西方许多著名文学家起初写作也有一个模仿的过程。他说：

> 许多第一流作者起初都经过模仿的阶段，莎士比亚起初模仿英国旧戏剧作者。布朗宁起初模仿雪莱。陀思妥耶夫斯基和许多俄国小说家都模仿雨果。

他所谓的模仿和临帖，实际上就是指的多读书。如你喜欢哪一个人的文章，那你就先去读他的书，根据他的写作风格加以模仿；熟练以后，你再思考和探索如何走自己的路子，再形成自己的文章风格。这种方法的提倡，也许有些人未必赞成，但也不失为一种学习写作的方法和路子。

朱光潜所说的写作方法，虽然传统了一些，但有两个好处：首先，比较适用于初学写作的青年，特别是仍在学校读书求学的学生；其次，他的方法比较便于操作和运用。我想，那些能够脚踏实地、勤奋写作而天赋又不很高的青年人，不妨试一试。如果实践一段时间，相信必定是会有收获的。

朱自清写作法

朱自清(1898—1948)是现代著名的作家。字佩弦。他在诗和散文创作以及中国古典文学研究方面都取得了相当高的成就,而尤以散文驰名文坛。他的《背影》《荷塘月色》等文早就被选入中学语文教材,成为散文方面的名篇。由于他长期担任语文教学工作,所以他一边写作,一边也不断注意总结写作方面的成败得失,写过不少这方面的文章。倘归纳起来,他的写作方法大约有六点。

第一,写文章要"文脉"清晰。

朱自清一生以教学为主,常年在清华大学任教,经常批改学生的作文,日积月累,"觉得他们最大的毛病是思路不清。思路不清就是层次不清,也就是无条理。这似乎是初学作文的人不能免的毛病"。朱自清则把这种现象视为"文脉"不清。他说:"因为注重'思路'怎样表现在文字里,所以别称它为'文脉'。"

针对学生作文"文脉"不清和"容易跑野马"的弊病,朱自清提供了两个改进方案,首先是请别人听、看、改。他在《写作杂谈》(一)中说:

> 在这种情形下,要改进作文,最好先读给人听,再请他看,请他改,并指出听时和看时觉得不同的地方,但是这件事得有负责的而且心细的教师才成。

其次是提倡作文前先写出详细的纲目。他的具体办法如下：

> 再次是在作文时先写出详细的纲目。这不是从声调上下手，而是从意义上、从意念的排列上下手。这是诉诸逻辑。细目最好请教师看看。意念安排得有秩序，作起文来应该容易通顺些。……还有，作文时限制字数，或先作一段一段的，且慢作整篇的，这样可以有功夫细心修改；但得教师个别的指正，学生才知道修改的路子。这样修改的结果，文脉也可以清楚些。

除了以上两个办法以外，朱自清认为克服“文脉”不清的根本办法，还是要“多看、多朗诵、多习作”。

第二，要注意正确使用标点符号。

谈论写作方法的作家和教师很多，但专谈如何注意作文中标点符号使用问题的人却很少，而朱自清在《写作杂谈》(一)中却专门列出《标点符号》一节，细加论述。这说明他把标点符号的正确使用是视为写作方法和内容之一的。

根据朱自清在清华大学等校任教时批改作文的情况来看，大学一年级的学生对标点符号的使用很不在意。他说：“现在的学生乃至一般人往往乱用或滥用标点符号，结果标点符号真成了可有可无的东西似的。”他对此相当不满意，特意指出：

> 自己写作，特别是白话文，标点符号正是支持我们达意表情的方式的，不充分利用，写作的效果便会因而减少。我们说话时得靠种种声调姿势帮助；写作时失去这种帮助，标点符号可以代替一部分。

正因为标点符号可以支持和帮助我们在写作中“达意表情”，增加“写作的效果”，所以朱自清才一再强调写作中标点符号正确使用的重要性,希望学生们"养成随文标点的习惯……学习正确的用法才成"。

第三,初学写作者,可先注意把话写清楚,把句子写通顺。

对于初学写作的人,有些人基础还未打扎实,便学着铺陈排比,浓妆艳抹,堆砌了一大堆华丽的辞藻,或者硬学某人的风格,似是而非,还洋洋自得,结果漏洞百出,连基本的文理也不通。对此,朱自清提出了自己的主张。他在《关于散文写作答〈文艺知识〉编者问》中说:

> 初学写作,似乎该从广义的散文下手。先把话写清楚了,写通顺了,再注重表情,注意文艺性的发展,这样基础稳固些。否则容易浮滑,不切实。

他所说的"广义的散文",是包括了说明文、记叙文等一些文艺性不强的散文在内的,也就是劝人们先从说明文等开始入手,先训练自己的文字功夫,能文理通畅、文从字顺即可。然后在此基础上,再进入到小品文、杂文等一些文艺性较强的散文写作中去,这样可以避免"浮滑,不切实"的弊端。

第四,写作时不要任意放松文字,要适当控制。

朱自清是一位非常谦虚的作家、学者和教授,一般不轻易用上"经验"之类的词汇。但在《写作杂谈》(二)中,他却说:

> 我的写作的经验有两点也许可以奉献给青年的写作者。一是不放松文字,注意到每一词句,我觉得无论大小,都该从这里入手。控制文字是一种愉快,也是一种本领。据说陀思妥耶夫斯基很不讲究文字,却也成为大小说家。但是他若讲究文字,岂不更美?……为一般写作者打算,还是不放松文字的好。

很显然,朱自清这里所说的"不放松文字",实际上就是他所说的

“控制文字”，不要使自己多写上一些不必要的或可有可无的废话。依照他的要求和意思，最好连一句废话也不要有。诚如他自己所说：“我注意每个词的意义，每一句的安排和音节，每一段的长短和衔接处。”用这样的态度来写作，何愁写不好？难怪他的散文《背影》《荷塘月色》都达到了相当精致和完美的程度，原来他对文字是相当讲究和严加控制的，否则就难以达到这样的效果。他在文字的把握和控制上几乎已认真到了一丝不苟的地步。他把此作为“经验”的第一点奉献给大家，我们还有什么理由不引起重视呢？

第五，写作速度不要很快。

朱自清的写作讲究字斟句酌，所以他的写作速度不快。他说：

我写作很慢，平均每天只能写两千字，每次写作的持久力只有两小时左右。

我早年写作，都先起草，如《笑的历史》《桨声灯影里的秦淮河》都是逐节起草的。后来觉得起草太费工夫，做作气也重，便直写下去。因为得随时斟酌字句，所以写得很慢。

由此可见，他早年和晚年在写作方法上尽管有变化，但他的写作速度一直不是很快的。朱自清自认为“很慢”，并且也说出了“很慢”的原因。

第六，写完后隔两三天复审一下有益处。

朱自清也有修改稿件的习惯。不过，他觉得稿件写完后先搁个两三天再看比较好。他说：

但是我若能将稿件留两三天再看一回，往往也还有修删的地方。我觉得稿成后隔两三天复审一回是很有益处的。

朱自清把复审文稿的间隔时间定为两三天,恐怕有一定道理。如果间隔时间太久,时过境迁,对原稿会有所生疏,又得重新熟悉起来;如果相隔时间太近,写后就复审,又跳不出原来的思维定式和写作氛围,不容易发现问题。所以相隔两三天,对于修改稿子也许是一个较好的时间差,也不影响稿子的及时发出和刊用。

作家写作有两种情况:有些只顾写,不多考虑如何写和作法之类;有些则一边写,一边研究如何写和作法之类。朱自清属于后者。在他的写作生涯中,由于不断总结,所以也的确积累了不少写作经验和方法。如果我们一边品读他的作品,一边也注意并学习他的一些写作方法,对于我们肯定会有加倍的帮助。

庐隐写作法

庐隐(1899—1934)是现代著名的女作家。原名黄淑仪,又名黄英,笔名庐隐,以写小说和散文为主,曾先后出版过中篇小说《归雁》《女人的心》《象牙戒指》等,短篇小说集则有《海滨故人》《灵海潮汐》《曼丽》《玫瑰的刺》等,散文集则有《东京小品》《云欧情书集》等。她的作品以自然流畅取胜,只可惜因难产,在35岁时便不幸去世。

在庐隐短暂的写作生涯中,积累并留下了一些写作的经验和体会,她在少数几篇文章中曾谈起过。这里为了适合一些学生和初学写作者的需要,略加梳理,大致归纳为三点。

第一,写作的态度要“诚恳”。

诚恳本是一种写作态度,但庐隐却把它作为一种经验提出来,可见不容忽视。她在《我的创作经验》一文中,第一点提出的便是“诚恳”,明确指出“一个作家必具‘诚恳’的态度”。至于写作为何一定要“诚恳”,她解释道:

> 因为小说家所表现的,是真实的人生,这种真实的人生,不是虚夸的态度所能表现得出的。所以要作品含有真实性,使读者感受深切,那么作家必具有诚恳的态度,当然毫无疑义了!

不过,平心而论,作为一个作家,就如同一个科学家或艺术家一样,“诚恳”应该是最起码的要求和必备的条件,如果写作态度不诚恳,所写东西不真实,要想打动读者,感动人心,实在是难以想象的。

第二,要有长期的忍耐力。

记得鲁迅说过,要想成为一个作家,必须得有一个“韧”字。庐隐似乎也很强调这一点,并把此作为自己的一个写作经验和方法介绍给大家。她说:

> 作家应具有“忍耐”之条件。佛罗贝尔之言曰:“文学天才仅为长期的忍耐。”这所谓忍耐自然指着修养而言,因为一个作家,要以人间的事实,采为作品的材料,第一对于事物不能无精密的注意,细心的审办,以发现众人所未窥到的另一面;而这种的努力非有忍耐心者不办。

庐隐这里所说的“忍耐”,不仅仅是指长期的坚持和努力,而且还包括了平时积累的诸多修养和对事物的观察能力;而这种观察能力,绝非一朝一夕所能获得,而必须得有长期的训练和努力才能达到。应该说,每一位达到一定成就而又比较成熟的作家,在这方面几乎都有一个长期“忍耐”的过程。

第三,要不断充实自己的生活。

除了以上两点,庐隐也非常强调一个作家的生活基础和经验,认为必须不断充实自己的生活,否则时间一长,作品将苍白贫弱。她在《我的创作经验》一文中说:

> 除以上所说的两项以外,作家还应当充实个人生活,因表现人生,当以作家生活经验为基础。虽然经验有间接的、直接的分别,但无论如何,作家生活经验越丰富,其作品的真实性也越浓厚,反之则其作品不免空虚无力——虽然有时想象的真实,会胜过实际的真实,

但想象的根据，仍不能离去既往的经验，所以一个优秀的作家，其生活经验必定是丰富的。

至于如何来充实自己的生活，自然是八仙过海、各显神通，各人有各人的方法，如巴尔扎克、狄更斯会主动走向自己所想了解的社会阶层和生活圈子，巴金、艾青会主动提出自己所要深入的生活内容……但一个作家必须不断地充实自己，不仅充实自己的书本知识，同时充实自己的生活经验和生活感受，这的确是相当重要的。

庐隐是一位有才华的女作家，在写作上的确有一定的经验，以上只是她自己所重视的三点。除此之外，她对写作的技巧训练、文字功夫等也略有提及，并专门写过如何写小说的文章。可惜她这颗文星过早陨落，否则不仅会有更多的文学作品传世，也必将会有更好的写作经验和方法传授给我们。

俞平伯写作法

俞平伯(1900—1990)是现代著名的作家和学者。原名俞铭衡,字平伯。早年热衷写新诗,曾出版《冬夜》《西还》《忆》等新诗集,后又转入做学问和写散文,有《红楼梦辨》和《读词偶得》等,散文集有《杂拌儿》《燕郊集》《燕知草》《古槐梦遇》等,也自成风格。

由于做学问,吟诗,写散文,久而久之,俞平伯对写文章也积累了不少经验,有一些体会。他本想写一组《文章四论》的文章,专谈做文章的问题,后终因各种原因而未成,但他的基本经验和方法在《关于治学问和做文章》一文中却大致披露了出来,我们不妨来进行一点归纳和总结。

约略地说,俞平伯的写作经验和方法有四点。

第一,文无定法。

俞平伯很特别,他写了一辈子的文章,著书立说加起来将近一千万字,但他写到最后的体会却是"文无定法",真是令人有点瞠目结舌了。他说:

> 文章没有一定之法,比如天上之云,地上之水,千姿百态;文章就像行云流水。别人问我"文法",我说我不懂文法。

说"不懂文法",这显然是俞平伯的自谦豁达之词,出身于书香门第,毕业于北京大学文科专业,又曾在上海大学、燕京大学、清华大学、北京大学教了这么多年的书,怎么会不懂文法呢?只是他不想条分缕析,以种种写作中的清规戒律束缚自己而已。这样反而能让自己自由发挥,以得“行云流水”之趣。

第二,文成法立。

俞平伯先说“文无定法”,意即写文章未必存在固有的一定之法,但一篇文章如果写成,那自然便有一定的写作方法在内。他说:

> 二是文成法立。行云流水看来飘逸不可捉摸,实际上有一定之规,万变不离其宗。

在这里,俞平伯实际上也承认文章还是“有一定之规”的,而这种“一定之规”,即文章的写作原理和基本方法又是大同小异,“万变不离其宗”的。而他本人或许也没跳出这个“一定之规”,只能以一定的法则来进行写作了。

第三,声入心通。

俞平伯所说的前两点经验,即“文无定法”和“文成法立”,似乎还好理解,这第三点“声入心通”好像就有点玄乎了,此处未免要做一点解释。实际上他这话是从《诗经》中《大序》里的一段话引申发挥而来的。这段话是:“情动于中而形于言,言之不足,故嗟叹之;嗟叹之不足,故永歌之。”照俞平伯的理解,“古人做文章时,感情充沛,情感勃发故于形之于声。作者当日由情思而声音,而文字”。也就是说,古人作诗文都是吟咏而发出声音来的。所谓“声入心通”,其中既指作诗文可发声而成,又指读古人诗文最好能发音吟哦,同声相应。只要注入声音,情感自会溢出,这便是俞平伯“声入心通”的基本含意,也是他所总结出来的第三点经验。

第四,得心应手。

俞平伯认为写作一定要“得心应手”,不能勉强,勉强了就不易做好。只有心有所得,才能手有所应。如心无所得,文思不畅,那支笔就僵在手中,难以应对而下。用俞平伯本人的话来说,就是“得于心,则应于手;与一切外物相遇,不可著意,著意则滞;不可绝缘,绝缘则离,那种况味正在不离不著之间”。对于前一句,我们好理解,对于后两句,初学写作的学生也许一时难以理解,但也不必去深究,因为俞平伯经常会说一些比较玄妙的话,到一定程度,学生自会心领神会。这里无非是为了保存俞平伯原话意思的完整性,为说明他的写作方法,才把它引用出来的。

俞平伯自己也承认,以上四点,是他“写文章的一点体会”,他本想以此写成四篇一组文章,分别细论,可惜他后来终未写成。好在他的基本意思都已说出,我们也可大致窥见他的写作观点。至于他在其他地方所说的,写作要诵读、修改,以及何处要辞藻、何时应白描、如何古为我用等,那都在这四点经验之外,这里就不再作详细探讨了。

冰心写作法

冰心(1900—1999)是现代著名的女作家。原名谢婉莹。曾任中国文联副主席、中国作协名誉主席、中国民主促进会中央名誉主席。她成名很早,在小说、诗歌、散文三个领域中都取得了很高的成就。她的小说典雅清丽;诗歌《繁星》《春水》中的一些篇章也都语短情长,意味隽永,充满哲理;散文作品也如醇酒佳酿,令人读来如坐春风,无限舒畅。她的文学作品几十年来之所以能产生如此深广的影响,并经久不衰,这无疑与她的写作经验和方法是分不开的。冰心虽然曾多次谈到过她写作的经历,以及她是如何走上文学创作道路的,却很少谈她自身的写作经验。我们这里综合了她许多谈文论艺的文章,加以梳理,大致归纳为四点。

第一,写作要有科学态度。

冰心一直关心学生们的学习与生活,同时也包括他们的写作。一旦发现有问题,就必定加以指出。例如,有一次,有位学生在作文中描写夜景,开头写道:"我走出门来,抬头一看,呵,月圆如镜,繁星满天……"冰心一看,便发现"月圆如镜"和"繁星满天"连用在一起是不符合古人所说的"月明星稀"的道理的,也不符合天象常规。于是便指出道:

“月圆如镜”“繁星满天”，这两句话分开来说，都是很好的形容夜景的句子，但是一连起来写，就成了“荒唐言”。我怎么敢这样说呢？因为我从前也写过这样荒唐的句子，后来我因病到医院疗养，躺在床上看了许许多多夜晚的月亮和星星，我才体会到曹操的诗：“月明星稀，乌鹊南飞”的写景是多么真实！因为“月”一“明”了，“星”自然就“稀”了，甚至看不到了。

还有一位学生，在写国庆节的北京游园时，开头写道：“国庆节的公园，是多么丰富多彩呵，迎面的花坛上的菊花和牡丹，争妍斗艳，我的心也随之而怒放……”冰心一看，又有了问题，因为牡丹是春天开的，菊花是秋季开的，这两种花不可能同时在一个季节“争妍斗艳”。于是，她又婉转地指出：“这几句话，如果描写的是春节广州的花市，也还有可能，但在国庆节的北京，菊花和牡丹是不可能在花坛上争妍斗艳的，因为牡丹不是在北方十月开放的花朵。”为此，她建议学生们写作文一定要有科学的态度才行。她说：

> 我要说的是写作文也要有科学的态度，也就是认真诚实、实事求是，没有科学的态度，一定写不出真挚感人的文章。

第二，要在一粒沙中见到一个世界。

冰心是小说家，她早期的短篇小说《寂寞》《超人》等在当时都很有影响。1982 年，有家报纸给她送来了《一分钟小说》征文中选出的一些作品，她看了以后，写了一篇《我喜欢短小精悍的作品》的文章，并谈了短的好处和难处。她说：

> 我从来认为短篇小说是应该短的，因为短，布局必须精炼，文字必须简洁。我们年轻时所奉为模范的是都德的《最后一课》、莫泊桑的

《项链》和鲁迅的《狂人日记》等……我也希望年轻人多写些短些的好的小说，当然写短小的东西，更不容易，一粒沙中能见到一世界，是要花些剪裁筛选的工夫的。

她这里提到了“一粒沙中能见到一世界”，也就是以小见大的意思。其实这种以小见大的写作手法，不仅表现在短篇小说中，在散文、诗歌等其他文学体裁中也同样存在着。冰心在这里特意向广大青年和学生提出来，实际上就是希望大家能明白这个道理，掌握这种手法，使我们的文艺作品能更短小精悍，容量更大一些。

第三，在写作之外，也要多研究哲学社会学，至少要有一两门专业的学问，广泛了解人的生活。

早在1921年，年仅21岁的冰心就注意过造就作家的几个必要条件，其中有一条就是要多研究哲学社会学，懂一两门专业知识，广泛了解人的生活。她说：

文学家要多研究哲学社会学。我们现在承认文学是可以立身的，然而此外至少要专攻一两种的学问，作他文学的辅助，——按理说，文学家要会描写各种人的生活，他自己要“三教九流，无所不通”的……文学是要取材于人生的；要描写人生，就必须深知人的生活，也必须研究人的生活的意义，做他著作的标准。

冰心在这里所谈的条件虽然是针对作家的，但对于有志于文学的青年学生来说，也是大有裨益的。她告诉我们，作为一个作家，仅立足于文学是不够的，还应懂得各种学问，熟悉社会和各种人的生活，这样才能写出好的作品，成为一个好的作家。

第四，心里有什么就写什么，只求其“真”。

冰心早年曾参加文学研究会,并提倡“真”的文学,怎样才算“真”呢?她在《文艺丛谈》一文中说:

“真”的文学,是心里有什么,笔下写什么,此时此地只有“我”——或者连“我”都没有……除了那一刹那顷融在我脑中的印象以外,无论是过去的、现在的、将来的,都屏绝弃置,付与云烟。只听凭着此时此地的思潮,自由奔放,从脑中流到指上,从指上落到笔尖。微笑也好,深愁也好,洒洒落落、自自然然的画在纸上。这时节,纵然所写的是童话、是疯言,是无理由,是不思索,然而其中已经充满了“真”。

所以,冰心所谓的“真”,不仅仅是真实的意思,其中还包含着真情实感、真挚诚恳的态度等意思在里面。总之,自己想怎么写就怎么写,心中全是一片真诚,容不得半点杂质和虚伪。

冰心多年在大学任教,如燕京大学、清华大学等,她一直关爱学生,所以,她的一些写作经验,很值得学生和青年写作者借鉴。因为她始终信奉着爱的哲学和人生态度,对在学校的学生爱得更多、更真,所以我们切莫辜负了她的一片真诚和爱意。

梁实秋写作法

梁实秋(1902—1987)是现代著名的散文家和文学评论家。原名梁治华,字实秋。他的散文洗练老成,含蓄有味,时杂幽默,很有自己的特色和风格,《雅舍小品》《槐园梦忆》《看云集》等散文集都极受读者欢迎。此外,他的文学评论也以见解独特而著称。在数十年的写作生涯中,他积累了相当多的写作经验和方法,但他说起来总很简单。根据归纳和梳理,其写作方法大约有三点。

第一,作文通常有三个阶段,必须合理地处理好。

梁实秋根据自己写作的经验,曾写过一篇文章,叫做《作文的三个阶段》,认为一般写作文大致都有三个阶段,即:文思不畅的阶段、洋洋洒洒的阶段和知道割爱的阶段。所谓文思不畅的阶段,是指初学为文难以落笔的现象,“一看题目,便觉一片空虚,搔首踟蹰,不知如何落笔”。造成的原因,则是“想象不充,联想不快,分析不精,辞藻不富”。

如果“渡过枯涩的阶段,便又是一种境界”。提起笔来,已不觉文思不畅,笔头枯涩,而是洋洋洒洒,可以写许多。梁实秋形容这种现象时说:“对于什么都有意见,而且触类旁通,波澜壮阔,有时一事未竟而枝节横生,有时逸出题外而莫知所届,有时旁征博引而轻重倒置,有时作翻案文章,有时竟至‘骂题’,洋洋洒洒,拉拉杂杂,往好听里说是班固所谓的‘下笔不能自休’。”然后,梁实秋又提醒道:“不过就作文的艺术而论,似乎尚大有改进的余地。”

梁实秋认为:“作文知道割爱,才是进入第三个阶段的征象。”所谓“割爱”,就是要把那些看似可爱,实则不必要的东西割除掉。他说:

> 须知敝帚究竟不值珍视。不成熟的思想,不稳妥的意见,不切题的材料,不扼要的描写,不恰当的词字,统统要大刀阔斧地加以削删。芟除枝蔓之后,才能显着整洁而有精神,清楚而有姿态,简单而有力量。所谓“绚烂之极趋于平淡”,就是这种境界。

也就是说,如果到了第三个阶段,知道如何割爱,那么一个人在写作上也可以说是到了成熟的阶段了。

第二,文章的好坏与长短无关。

有些初学写作的人,对于文章的篇幅有时难以掌握,有时想写长些,但长到如何地步?有时想写短些,但又短到如何地步?或以为长好,或以为短好,一时难辨。但梁实秋却认为:

> 文章的好坏,与长短无关。文章要讲究气势的宽阔、意思的深入,长短并无关系。长短要求其适度,性质需要长篇大论者不宜过于简略;性质需要简单明了者不宜过于累赘,如是而已。所以文章之过长过短,不以字数计,应以其内容之需要为准。

由此可见,文章的长短与否,是根据内容的需要来设计的,如性质需长些,则不必过于简略;如性质需短些,则不必过于冗长。所以,初写文章者,不要先考虑字数多少,而应先考虑要写哪些内容。内容既定,篇幅和字数自然随之而出。

第三,文章的好坏与写作的快慢无关。

各人的写作速度各有不同,有人快些,有人慢些。通常都是慢者羡慕快者。实际上即使写作速度快的人,有时也会有文思不畅、落笔艰难之时。不过,梁实秋却提示人们不要去计较写作速度的快慢问题,因为这与文章的好坏并无必然关系。他说:

> 文章的好坏与写作的快慢无关。顷刻之间成数千言,未必斐然可诵,吟得一个字拈断数根须,亦未必字字珠玑。我们欣赏的是成品,不是过程。……文不加点的人,也许是早有腹稿。

正因为这个缘故,梁实秋劝人无需去注意自己写作速度的快慢,关键是要把文章写好。他奉劝人们道:"我们为文还是应该刻意求工,千锤百炼,虽不必'掷地作金石声',总要尽力洗除一切肤泛猥杂的毛病。"

可以这样说,梁实秋在写作方法上所发表的一些意见,都是独特而切实可行的。特别是第一点,对一般从事写作的人尤感亲切,因为在我们的写作经历中,也许程度不同地都会碰到。梁实秋不仅解释了这些写作弊端和情况存在的原因,而且替我们找到了克服这些弊端和情况的方法,使我们日益走向成熟。如果我们能够深刻地理解和体味梁实秋的这些话,并在写作中加以注意和贯彻,相信我们的写作能力会不断得到提高,并逐渐成熟起来。

丁玲写作法

丁玲（1904—1986）是现代著名的女作家。原名蒋伟，字冰之。曾任中国作协副主席。她所写的小说《梦珂》《莎菲女士的日记》等刚一发表，便引起了文坛的注意。以后又写有长篇小说《韦护》《太阳照在桑干河上》等。她的小说描写细腻，感情充溢，善于揭示人物的内心世界，有自己的独特风格。这些独特风格的形成，并不是与生俱来的，而是与作者的创作经验分不开的。

由于丁玲以写小说为主，所以她的写作方法多集中在小说方面，约有三点。

第一，在写作前喜欢先构思好人物，脑子里有个大致的人物谱。

丁玲是个直爽而坦率的作家，她说自己早年"开始写文章时，差不多总是一写两三年；总是先写一个头，搁下，后来再受了感触，觉得非写不可，于是再写下去"。于是出现了"从头再写，几次再写"的现象。后来她发现这一写法对自己创作不利，因此改变了方法，在写作之前先把人物考虑好，然后再动笔。如她在 1932 年冬所写的《我的创作经验》一文中曾说：

> 我有一个习惯，每写一篇小说之前，一定要把小说中出现的人物考虑得详细：我自己代替着小说中的人物，试想在哪时应该具哪一种

态度，说着哪一种话，我爬进小说中每一个人物的心里，替他们想，应该有哪一种心情，这样我才提起笔来。

她这一方法，与洪深创作剧本的方法可以说是不谋而合，都是先着重考虑人物和人物之间的关系，把这些人物和人物关系的细节都想清楚了再开始动笔。她的这一写作方法，一直保持了几十年，即使在“四人帮”粉碎以后，当《开卷》杂志的记者问她：“你创作有什么习惯？构思时间长吗？”她仍坦率地回答：

我不习惯打提纲。脑子里有个大致的人物谱，这些人物的层次、布局，做些什么事，怎么发展，都在脑子里酝酿。然后就一面写一面改。酝酿得够了，写来改动就少，否则改动就多。

由此可见，直到晚年，丁玲在写作前仍有先考虑人物的习惯。也就是说，丁玲一生的创作生涯，都有着先考虑人物，等人物形象考虑成熟了再动笔的习惯。

第二，喜欢把写作素材装在脑子里。

凡作家，都有重视素材、搜集素材、积累素材的习惯，以便创作时能用上。有些作家怕生活中的素材忘掉，都备有笔记本，养成记笔记、写素材的习惯，如巴金、郭风等人都是如此。丁玲也注意观察生活，搜集素材。但说也奇怪，她不喜欢做笔记，而是把素材装在脑子里，临创作时再选用。她说：

我也不习惯作记录，素材都装在脑子里。喜欢的用得上的东西我听进来了就再也不忘；不重要的，当时就排除了。大约因为我很年轻就开始写文章，至今经历了五十多年，虽说最近二十年放下了笔，但因从年轻时就写，多少养成了一种职业性的习惯和能力，比较能够摄取和记住生活中的一些素材，甚至有时一句话、一个动作印象都很深。

不过丁玲也承认：“但因为不做文字记录，光凭脑子，一些有用的、好的素材被忘掉，也是常有的。特别在年纪老了的时候。”由此看出，年纪轻时不作素材记录尚不碍事，但到年老时，似乎仍有记素材的必要。

第三，态度是写作方法的要义之一。

丁玲十分看重一个作家或作者的写作态度。她在《我的创作经验》一文中说：

> 至于写作的方法，第一就是作者的态度。

那么，怎样才算是作者的态度呢？丁玲接着解释道，例如“对于罢工，资本家和工人，就能够生出不同的见解（态度）。这时候的作者，站在哪一个见解上写，可以在他的作品中非常清楚地看出，他是无法隐瞒，无法投机的”。用过去的行话来说，就是站在什么立场上来写。由此可见，丁玲所谓的写作态度，并不是指写作态度的认真或马虎，而是指一个作者对生活、对人民的态度，对所写的人与事是如何见解、持什么立场的问题。她把这作为“写作的方法”来看待，既说明了她对此问题的重视，也说明她所说的“写作方法”实际上与我们理论上通常所说的“世界观与创作方法”中的“创作方法”一词是同义的。

丁玲是一位有着几十年写作经历的老作家，她曾经在《一点经验》《我的创作生活》《谈自己的创作》《我的生平与创作》等许多文章中都谈到过她的写作经验和方法，例如材料的积累、读与写的关系、如何体验生活等，都有可借鉴的地方。这里只是粗浅地作了一些总结，归纳出以上三点，但也足够我们参考和启发的了。

艾芜写作法

艾芜(1904—1992)是现代著名的作家。原名汤道耕。曾任中国作协顾问。以小说驰名,如《南行记》《江上行》《山野》《故乡》等均出自他的笔下,另写有《浪花集》《初春时节》等不少散文。他是一位非常刻苦勤奋的作家,在最艰苦的流浪时期,他就把墨水瓶挂在脖子上赶路,一空下来就抓紧写作。所以,他也是一位写作经验相当丰富的作家。这里进行了一些梳理,对他的写作方法大致归纳为五点。

第一,学写作的人应该阅读文学杰作。

在《怎样获得文学的技巧》一文中,艾芜首先提到的就是要读文学杰作。他说:"我以为第一应该读文学杰作。"至于有些人也读过不少文艺作品却对写作帮助不大,他认为这是由于读的时候未经仔细选择。他说:

凡是一些古典的杰作,经过许多年,经过许多人的批评,成了定论的,我们都不妨拿来读,更可选择我们特别喜欢的,拿来仔细研究。

艾芜之所以首先强调要阅读文学作品,还有两个最根本的原因,那就是:其一,这是走向文学之路的一条捷径;其二,在注重阅读文学杰作的环境里容易产生作家。他还举例说明了他的这两个论点。

第二,在写作上不要害怕受别人的影响。

也许有人会说:读了别人的作品,受到了别人的影响,那自己的写

作特色又从何谈起呢?针对这种顾虑,艾芜又作了耐心的解释。他说:

> 实际上每一门职业,要学习它的技巧,最便利的方法,便是向一个师傅学习,观摩他做出来的东西,看他做东西时候的手法,拿着材料照他那样去做,这就是纪德所说的模仿。学习了师傅的长处,然后才能进一步,精益求精,胜过师傅,青出于蓝而胜于蓝。

在他看来,后人总是在学习前人经验的基础上才发展起来的,如果不去学习,只凭自己的意向去做,那就等于暗中摸索,白费时间,说不定费了许多精力,还赶不上"那些有资格做师傅的人"。所以,艾芜的理论是:在写作上不要害怕受别人影响,只有先向师傅学习,然后才能超过师傅。

第三,如何从别人的影响中达到自己的创造。

如果要想超过师傅,就必须要有自己的创造。那么,究竟有什么办法能从别人的影响中来达到自己的创造呢?艾芜认为有五种具体办法:

> 我以为第一,就该向多种杰作学习,不应停在一两种杰作上面。……第二,应该研究现实社会、现实人生,选择真实的题材。因为社会人生,是变动不已的,我们所取题材也就绝不和先前的题材一模一样。第三,我们要切实使用当时民众所说的语言。第四,我们要扩大我们的认识,加深我们的思想,建立我们自己的宇宙观、人生观。第五,写作的时候,要让题材本身应完成的样式去表现它,不要拿我们心中已有的样式去套它。

在艾芜看来,如果有谁大约进行了这五个办法的尝试,就可以超过别人的影响,从而来达到自己所向往的一种创造,也就是具备了自己所特有的创造能力了。

第四，要看作家所谈的创作经验，包括论创作的文章。

艾芜认为，如果想学会创作，仅仅阅读文学杰作还不够，还得看作家谈自己写作经验的文章，其中也包括论创作的文章。他说：

> 举凡文艺作家写的创作经验，都应该拿来仔细地看，尤应该和作品对照着看。这比一个纯粹的文学教师，给我们的益处大得多。

记得鲁迅等不少作家，在说到写作方法或经验时，都建议人们不要去相信小说作法之类的话，但艾芜却不同，他既建议人们应该去读一些文学大师所创作的文学杰作，同时也建议人们应该去读他们一些谈写作经验的文章，认为两者都要看，"作家本人说出他们写作那篇作品的原因过程，以及创作的方法等等，我们不是更加欢迎的么？"他还说：

> 论创作一类的文章，多半是向作家的创作经验、作家的笔记簿、作家的作品去取材。内容当然很丰富，研究也比较有系统，初学写作的人读了，就自然容易了解。

也许艾芜读过许多这类论创作的文章，并从中获得不少益处，所以才向人们极力推荐。应该说，他的建议和主张是比较全面，也比较实事求是的。因为有一些写作者是直接阅读文学作品，并从中受到启发才开始写作的；但也有相当一批的写作者，他们一方面读了文学作品，一方面又读了作家论创作、谈经验之类的文章，在此双重影响下才开始写作的，而且后者的情况可能更多。

第五，必须练习写作。

艾芜认为："要学得写作技巧，单是看文学杰作、创作经验、创作方法一类的书，还是不成的，必须一面看，就一面拿笔来写。"持这种观点的人很多，道理很简单，只看不写，没有实践，怎么能学得会写作？而艾

芜的道理似乎说得更亲切朴实,明白易懂。他说:

> 因为技巧这种东西,不是藏在脑筋里,而是要练习在手上的。好比我们写字,不仅要把一笔一画记在心里,而且要不断地写它,一直到非常熟练了,只要写那个字,不消怎样思索,就能马上写了出来。我们练习写作的技巧,也是要做到这样才对。

那么,怎样来进行写作练习呢?许多人都采用写日记或记笔记的方法,而艾芜则提供了这样三种练习方法:

1. 人物素描。他认为这是练习写作的第一步功夫,要把我们所见的人,用语言活灵活现地写在纸上,只要别人读到这段文字,便仿佛真正见到过这个人。

2. 世态速写。所谓"世态速写",用艾芜的话来说,"人和人之间发生的事情,凡是我们身经目击的,都可将它速写下来。要使没有经过这种事情的,也能身临其境一样"。另外,有一些风景速写,对于练习和提高写作能力,也会带来不少帮助。

3. 寻找适当的字句。艾芜认为:"所谓技巧,就是要把我们看见的人物,经过的事情,以及因而发生的情感,用适当的字句表现出来。"所以,学会寻找适当的字句,也是写作的一种基本功训练。

这便是艾芜所主张的练习写作的三种方法。

纵观以上文字,可见艾芜对于写作的技巧、方法和经验有他自己的一套看法,也比较有系统性。平心而论,倒是比较适合于初学写作的青年和在校读书的学生参考的,建议他们不妨可参照自己的实际情况,有选择地尝试其中的一点或几点,相信对自己的写作多少会带来一些帮助和提高的。

巴金写作法

巴金(1904—2005)是现代著名的作家。本名李尧棠,字芾甘,笔名巴金。曾任中国文联副主席、中国作协主席、全国政协副主席。他所写的中长篇小说《灭亡》《家》《春》《秋》《雾》《雨》《电》《寒夜》等,在读者中曾产生广泛的影响。他的散文集《随想录》,以其真诚和知识分子的良知,也曾赢得过无数读者的心。除此之外,他也搞翻译,曾翻译过屠格涅夫、普希金、赫尔岑、高尔基、阿·托尔斯泰等人的著作多种。

早在年轻的时候,巴金就不止一次地声明:“我不是为了要做作家才写小说,是过去的生活逼着我拿起笔来。”并谦虚地说,我只是有话要说,才拿笔写文章,也无所谓写作的技巧与方法等。但实际上,在他漫长的文学写作生涯中,还是形成了他自身的写作方法和习惯。归纳起来,约有三点。

第一,要写自己所熟悉的人物和生活。

巴金的小说《灭亡》《家》《春》《秋》等发表以后,在社会上产生很大影响,不少读者和编辑很希望他能谈谈是如何写出这些小说来的。每遇这类问题,巴金总是反复强调:“书中人物都是我爱过和我所恨过的。许多场面都是我亲眼见过或者亲身经历过的。”也就是说,他小说中所写的,几乎都是他所熟悉的人物和生活。他在《谈〈家〉》的文章

中说:

> 我可以说,我熟悉我所描写的人物和生活,因为我在那样的家庭里度过了我最初的十九年的岁月,那些人都是我当时朝夕相见的,也是我所爱过和我所恨过的。

并且,他还坦率地承认,他的小说《家》中的许多人物,都是有生活原型的,有的甚至就是自己从小一起长大的哥哥,然后再根据小说情节的需要加以充实、润饰和虚构。总之,不论是写小说或散文,巴金都主张要写自己所熟悉的人物和生活,如果不熟悉而硬写,不仅自己写得很累,而且也不容易写好。

第二,制订自己的写作计划。

早在巴金20余岁于法国留学时,就开始写作和从事翻译工作,并在读书之余,制订自己的写作计划,如他在1927年和1928年就写作中篇小说《灭亡》,1929年在上海,又开始翻译克鲁泡特金的《自传》和《伦理学》下卷。以后他写《激流三部曲》等长篇小说,也都有自己的写作计划。到了中华人民共和国成立以后,他仍有制订写作计划的习惯。如他在1980年4月11日在日本京都举办的"文化讲演会"上,所作的《我和文学》的讲演中就说:"我一次一次地订计划叫嚷要为争取写作时间奋斗,然而计划尚未实现,'文化大革命'来了。"

由于"文化大革命"使巴金遭受了厄运,浪费了他十年的写作时间,为了把流逝的岁月抓回来,即使到了晚年,他仍在紧张地制订自己的写作计划。他在《文学生活五十年》中说:

> 我今年已七十六岁。八十岁以前的岁月我必须抓紧,不能让它白白浪费。我制订了五年计划,我要写两部长篇小说,一部《创作回忆

录》，五本《随想录》，翻译亚·赫尔岑的《回忆录》。十三本中间的两本已经出版了，其中一本就是赫尔岑《回忆录》的第一册，我还要为其余的十一本书奋斗，我还要避免各种干扰为争取写作时间奋斗。

巴金制订写作计划，绝不是信口开河，或是言而无行，只订不做。只要在精力和身体许可的条件下，他都会尽力照自己所制订的计划去做，并尽可能地完成自己所制订的计划，哪怕是减少会客、缺少娱乐，他都不在乎。他是一个极其认真的人，正是在这种认真态度的支配下，他完成了《随想录》，翻译了赫尔岑的《回忆录》，一步一个脚印地朝自己的计划迈进。

第三，有修改文章的习惯。

说来有趣，巴金从小读四书五经、《古文观止》等，但没有专门学过中文的修辞学，却从欧美的小说和散文中“学到了一些遣词造句的方法”，还“念过大半本英文修辞学”。结果有一段时间里，他写作中的文字欧化倾向很严重。为了克服这一倾向，他就不断地修改自己的文章。再说他本来就有修改文章的习惯，为要克服文字欧化倾向，就更注意修改。他在《谈我的散文》中写道：

有一个时期我的文字欧化得厉害，我翻译过几本外国书，没有把外国文变成很好的中国话，倒学会了用中国字写外国文。幸好我有个不断地修改自己文章的习惯，我的文章才会有进步。最近我编辑自己的《文集》，我还在过去的作品中找到不少欧化的句子。我自然要把它们修改或者删去。

当然，这还仅仅是就他文章中文字欧化倾向而言的，除此之外，对于自己所写的文章和小说，只要有不满意之处，巴金都会加以修改和删除。这也是他长期写作以来所养成的一个良好习惯。

关于巴金的写作方法和习惯,我们还可以总结出一些,例如,他比较习惯于夜间写作;有时激情上涌,会一忽儿蹲在椅子前写,一忽儿站在方桌前写,一忽儿又坐在沙发前写。但主要还是以上三点。其中第一点似乎尤显突出,是巴金在回顾写作生活、谈写作体会时一再提及的,或许更应该引起我们的重视和参考。

臧克家写作法

臧克家(1905—2004)是现代颇负盛名的诗人。曾任中国作协名誉副主席。他的《老马》《有的人》诸诗,早已脍炙人口。《烙印》等诗集也颇有地位。此外,他也写散文与小说,散文的影响也较大。正因为如此,有些朋友和报纸杂志的编辑也向他请教有关写作的经验和方法,他在有些文章中也谈过一些。根据梳理和归纳,他的写作方法大约有四点。

第一,写作之前,先得把内容选择好。

无论是写诗,还是写散文、小说,臧克家始终认为,对于写作来说,最重要和最先碰到的,是写作对象,也就是选什么东西、选什么内容来写的问题。他在《诗的技巧》一文中曾经这么写道:

> 我们可以这么说,内容是顶顶重要的,是一个作品的血肉。

在《新诗答问》中,他甚至表达了这样一个思想:宁可选取"一个是内容好的,但在技巧上留着遗憾"的作品,也不要选取"技巧上'天衣无缝',但没有内容"的作品。其对写作内容的重视,由此可见一斑。不过,他所说的内容,并不是从生活中随心所欲地照搬照拿,而是有自己的选择标准的。当然,各人有各人的选择标准,这倒不必强求一律。但他所提倡的这一写作思想,却是具有一定的普遍意义的。"哪些值得写，哪些不值得写”，多数作家在动笔之时，几乎都有这么一种选择和考虑的。

第二，技巧也是很重要的。

臧克家虽然强调内容第一，但并不是说技巧就不重要。恰恰相反，他对技巧也是很重视的。甚至认为：“一个作品的内容与表现它的技巧是不可分的。没有能力表现，或表现得不够，再充实的内容也是白费，决不会单单因为你思想的伟大、感情的热烈、经验的丰富，而说你的作品是艺术品。”对于技巧以及内容与技巧的关系，他还说过这样一段话：

> 技巧是为了表现内容而存在，而有重大的意义的。内容可以刺激表现力，而待技巧来完成。

至于写作的技巧和表现力的问题，这牵涉的面就更多了。形式、比喻、语言运用等都可纳入其中，但臧克家至少向我们广大写作者提出了这么一个写作思想和方法，即：一旦写作内容确定以后，一定要注意写作技巧，任何一种对写作技巧的忽视，都是错误而有害的。

第三，好的诗文是不断地敲打和磨炼出来的。

臧克家承认，有时创作感情冲动起来，灵感突如其来时，“把笔如走龙蛇，若有神助。发其所当发，止其所当止，事先来不及覃思苦吟，而写就之后，不须更改一字，便是一篇完美的作品，就连产生它的人，自身也觉得惊异”。但这样的创作情景，并不是很多的。即使有，也是有一定的积累和突发过程的，对于大多数的作品来说，还是经过不断磨炼和推敲出来的。他在《一个作品的诞生》中说：

> 创作不是摹仿，不是依傍，而是新鲜的，独出心裁的，恰合适的。

把它写在心上,用灵魂的眼睛去审视,度量,敲打它,一遍又一遍,仔细地,认真地,毫不留情地。涂改了,抹掉了,加添了。再审,再量,再敲,又是一次新的涂抹。最后,这才把它从心上搬到纸上。再照着在心上那样,如法炮制多少次。不要怕麻烦,多一次麻烦,少一次反悔!

臧克家这话并不仅是对别人的要求,他写诗作文,本身就处处严格要求自己,他早期所写的诗集《烙印》《运河》等,之所以能震动诗坛,这都与他的刻苦磨炼和推敲苦吟分不开的。他的这种精神,连闻一多也十分赞赏。

第四,写东西要有真情实感。

臧克家是诗人,感情丰富,他不论写诗作文,都讲究真情实感,有感而发。即使撇开诗不论,在他写散文时,也常常强调感情色彩,所以他的散文也常有浓重的抒情意味,非常能打动人。他在《我对散文的一些看法和作法》一文中,曾回忆他写《老哥哥》散文时的情景:

我一个人在屋子里,三次痛哭失声,三次跑到卫生间去扭开水龙头,让凉水冲洗我的热泪。我流着眼泪写了它,读它的人也大都流了眼泪。真情才产生真货色。

臧克家有不少诗文之所以有感人的力量,道理很简单,就是"真情才产生真货色",可谓一语中的。据他在《臧克家散文小说集序》中说:"像纪念老舍先生的《老舍永在》,回忆王统照先生的《剑三今何在?》,悼念陈毅同志的《陈毅同志与诗》,我都是一边写一边拭泪而成的。"由此可见,臧克家的写作,常常是笔带深情,让感情从笔底下汩汩流出来的。只有自己被感动,才能感动别人。这话不一定适应一切作家,但对臧克家来说则的确如此。

以上所罗列的仅仅是四点,实际上,作为一位资深的老作家,臧克家的写作经验和方法还有许多,例如有关诗歌的形式以及如何选择形式的问题,又如关于创作与生活的关系问题,散文的布局、章法、叙述以及人物的细节描写与个性揭示的问题等,他都写过许多文章,发表过很好的见解,也都值得我们借鉴与思考。这里所归纳的几点,主要是针对青年人而言的,对于初学写作的青年人来说或许更有帮助和教益。当然,当我们深入下去的时候,也不妨全面考察一下臧克家的写作方法,这自然是以后的话题了。

张天翼写作法

张天翼(1906—1985)是现代著名的小说家。学名张元定,字汉弟,号一之。曾任中国作协顾问。写过不少儿童文学作品,如《大林和小林》《宝葫芦的秘密》《罗文应的故事》等,都很受小朋友的欢迎。另著有短篇小说集《从空虚到充实》《反攻》《团圆》《畸人集》《春风》等,中长篇小说则有《清明时节》《鬼土日记》《一年》《在城市里》《时代的跳动》等。他是一位多产的作家,也有丰富的写作经验和众多的写作方法,他在不少文章和演讲中都曾谈到过。由于他对写作问题涉及的面比较广,这里无法面面俱到。经综合和梳理,大致归纳为四点。

第一,要随时随地抓住到我们手边来的题材。

有些初学写作的人,一旦接到写作任务,总感到没有什么惊心动魄的东西可写,有的则认为自己周围都是日常生活琐事,没有什么有意义的题材,因而感到一时难以下笔。针对这种情况,张天翼写了一篇《题材的"平常"》的文章,建议人们不要忽视发生在我们身边的日常琐事,也不要嫌题材太平常,这个平常中有"真实",而"真实"是一个作品最基本的要素。如果忽视了身边的平常事,脑子里一直凭空想一些伟大或惊险的故事,那作品未必一定成功。为此,他提醒人们:

我们要紧紧抓住随时随地到我们手边来的题材:一段生活,一种人物，不嫌它事情小，不怕它平常，只要有意义，只要表现着真实，我们就可以学着写出像样点的作品来，而同时这也是工作。

最后，他还提请人们记住，“纪念碑的作品总是写的最合理的平常的典型人物和典型生活”。

第二，抓人物是个基本功。

与茅盾一样，张天翼也非常重视写作中的人物问题，他把这视为文艺创作的规律。他说：“文学创作有它自身的规律，不能像有些工作那样总是跟着一时的政策和具体任务走，它要抓的是人物。”为此，他写过许多有关人物方面的文章，如《谈人物描写》《从人物出发及其他》《关键要熟悉了解人物》《关于人物性格与典型问题》等，都属此类。《芙蓉》杂志创刊时约他写稿，他写了篇《与青年作者谈创作问题》（笔记六则），其中第一则就是“抓人物是个基本功”。他说：

在生活中注意观察、了解人物，这是文学创作的基本功。为了在作品里表现一个人物，在生活里了解和准备的人物要比写出来的多。作者心中要有底，知道你笔下的人物过去的生活怎样，每一个历史阶段表现怎样，从早到晚，他在干什么、想什么。对人物的熟悉程度，要能做到把人物放在不同的环境里都能想象出他会怎么样，怎样思想，怎样说话，怎样行动。……至于一部作品中是不是把所了解的人物的全部生活都写进去，那倒不一定。创作的“本钱”一定要多一些，不能有一分写一分，而要有五分写一分，这样写出来的作品才扎实。

如果把张天翼上述的话归纳起来，大约有三：一、在生活中要注意观察和了解人；二、对你准备写进作品中的人物，你应该有一个大致的性格把握；三、不要抓一个人就写一个人，宁可从生活中多抓几个人，哪怕从五个人中选写一个，这样写出来的人物才会典型。

第三，养成记笔记的习惯。

观察人和了解人，说起来容易，做起来可不那么简单了。为了使自己的观察不致走形，了解的人物不致忘记，张天翼认为养成记笔记的习惯是个好办法。他在《从人物出发及其他》一文中说：

> 平时用个笔记本记一些细节，只是为了训练自己对生活的观察能力。

那么，他是怎样记录并运用自己的笔记的呢？他在《答编者问》中说：

> 笔记簿各有各人的记法。我的只是些零碎东西，那一条一条就像辞典上一个个的单字一样。要是我也记下了什么整个东西，则我写时大概也会要翻翻的，不过，不一定逐字逐句照抄进去就是了。

由此可见，张天翼笔记虽然记了不少，那只是对自己观察生活能力的一种训练，在写作时也是根据需要有选择地采用，并不全部地照搬照抄。

第四，作品的开头和结尾不能千篇一律。

由于中国传统小说不论长短，开头大抵都是某某人，姓甚名谁，籍贯何处等，有点千篇一律，而新小说则有各种不同的开头方法，有人便就此请教张天翼。他说：

> 开头的方法多得很。这就是说，现代小说每篇的开头并不一定要拘于这么一个格式里面。

可是，有些读者认为“这是没头没脑的！”针对这种情况，张天翼认为“他是拿小说的某一种格式认作标准的。只有合乎这一种标准的，才算是有头有脑”。他觉得这种观念比较陈旧，新小说应该冲破这种格式的束缚，“要是就那头脑的性质、作用等而说，那么新小说并不是‘无头无脑’，不过交代的方法有多种多样的就是了。这当然是一种进步”。

至于如何结尾，传统小说中也有一个分明的交代，不是大团圆，就是大悲剧，张天翼也不太赞成。他说：

> 然则一切文艺作品，其所表现的人生，也都不过表现了人生的片断而已。这人生的历程虽然没有个底止，但其中自可分出许多段落来。或长或短，自成起讫。而作者则选出一些来，一个段落包涵一个主题。

所以，他认为，一个作品的结尾不必千篇一律，“如何收法，那就因各作者，因各篇的内容而不同”。否则“当结而不结，则反而变成了无尾的东西”。

总之，张天翼是一位写作经验很丰富的作家，他对写作的提纲问题、大众化的问题、作品的倾向性问题、人物的典型化问题等，也都发表过一些自己的看法，这里主要就初学写作的人可能经常要碰到的几个问题，进行了一些归纳，希望大家能从中获取一些有益的启发和帮助。张天翼是一位深受少年朋友喜爱的作家，他的心与少年朋友的心是相通的，相信他的经验也能拨动少年朋友们的创作心灵之弦。

吴晗写作法

吴晗(1909—1969)是现代著名的历史学家,也是很出色的散文家。原名春晗,字辰伯。曾任清华大学文学院院长、北京市副市长、中国民主同盟中央副主席。他除了写有《朱元璋传》等历史专著以外,也写了大量的散文,有散文集《灯下集》《春天集》《投枪集》《学习集》等。他的抒情散文《北京的秋天》还曾入选中学的语文教材,产生很大的影响。

昔人云:“文章本天成,妙手偶得之。”吴晗却不同意这种观点。他认为应该是:“文章非天成,努力才写好。”

那么,怎样才能写好文章呢?他根据自己多年来的写作经验,提出了四点写作方法。

第一,要多读书。

吴晗认为,要写好文章,首先要多读书,多读其他人的文章,古今中外的书和文章都要读。他说:

> 生活在现代,写文章当然要用现代的语言,以此,多读一些近、现代好文章的道理是无需解释的。为什么要读一点古书呢?这是因为古代曾经有许多妙手,写了很多好文章,多读一些,吸取、学习他们的写作方法、结构布局、遣词造句,对写好文章会有很大帮助。读一点外国的文学名著,道理也是如此。

他甚至建议：对初学写作的人来说，可选《古文观止》中三十到五十篇好文章，反复诵读，直到烂熟得能背诵为止，这样便可初步掌握古文的规律、虚字的用法等，其他类型的文章也可照此办理，对写作必有帮助。

第二，要多写。

吴晗认为，如果读了大量的书和文章，即使懂得写文章的方法，也并不等于自己就已经学会了写文章，还必须得自己多写文章、多练习。他在《谈写文章》中说：

要学会写文章，还得通过长期的实践，自己动手写，还要多写。学习两字是联用的，读书是学，写作便是习。不但要多写，还要学习写各种体裁不同的文章，例如写散文，写书信，写日记，写发言提纲，写工作报告之类。

吴晗的意思是说，如果光读别人的文章，纵然懂得许多有关作文的方法和道理，自己却不动手去写，那还是没有用的，还得自己去多写、多练，才能写好文章。

第三，写文章要有中心思想和内容。

有些初学写作的人，写作文时往往会跑题，放野马，或者文字散漫而无中心，不知究竟想说什么。凡属这些情况，吴晗都认为是写文章的一大弊端，并针对这些弊端提出了写文章要有中心、要有内容的观点。他在《谈写文章》中说：

写作要有题目，就是要有中心思想，要有内容。目的性要明确，例如这篇文章是记载一件事情，或提出一个问题，解决一个问题，或发表自己的主张、见解等等，总之，是要有所为而作。无所"为"的文章，尽管文理通顺,语气连贯,但是内容空洞,也只能归入废话一栏,以不写为好。

尽管吴晗的这一观点比较传统,有些新派作家未必赞同,但对于初学写作的人来说,提倡每写一篇东西要有一个中心和内容,还是大有好处的。打下这种基础,今后写文章在把握题意上便会操纵裕如,不会犯散漫或内容空洞的毛病。

第四,文章写后要多修改。

吴晗做事很认真,写文章也是如此。他认为文章写成后要边读边改,并提示人们如何进行修改。他说:

一篇文章写成之后,要读一遍改一遍,多读几遍多改几遍。要挑剔自己文章的毛病,发现了就改,决不可存爱惜之心。用字不当的要改,含义不明的要改,词句不连贯的要改,道理说不透彻的要改。左改右改,一直改到找不出毛病为止。必须记住一条原则,写了文章是给别人看的,目的是要使别人都能看懂……有一点含糊的地方,晦涩的地方就改,尽最大的努力使别人容易懂。

在这里,吴晗不仅谈了文章修改的重要性,而且也谈到了如何进行修改以及修改的必要性。历来谈修改的文章不少,但如何修改,语焉不详,吴晗的修改方法似乎大可一读,也便于操作和运用。

总之,吴晗虽然以历史研究为主,不是一个纯粹的作家,但他凭自己长期积累的写作经验,还是对写作问题谈了几点切实可行而有效的方法,既实际,又便于操作。虽然说不上有什么个性,但都是一些比较重要的基本方法。

柯灵写作法

柯灵(1909—2000)是现代著名的作家和剧作家。原名高季琳。曾任中国作协顾问。他的写作才华是多方面的,小说、散文、剧本等都有涉猎,尤以散文和电影剧本驰名。所著散文集《望春草》等多种,电影剧本《不夜城》《为了和平》等也名重一时。在他近 80 年的创作生涯中,积累了不少写作经验。这里略作归纳,大约有三点。

第一,写作要有恰到好处的分寸感。

在柯灵看来,"准确谨严,恰到好处地掌握分寸,是艺术表现方法上的主要规律之一"。因此,他认为不论写小说中的情节,戏剧中的人物,或是散文中的语言文字,都要做到恰到好处,既不要太过火,也不要不到位。这话说起来简单,做起来可真不太容易。那么,具体说来,这种分寸感究竟如何来体现或理解呢?柯灵在《文苑絮语》中说:

> 戏剧要求不温不火,文学要求不枝不蔓,绘画要求疏密相间,音乐要求疾徐有致……
>
> 强烈、悠徐、秾艳、冲淡,任何风格,都要求适当的分寸。过了头,就意味着丧失和谐。
>
> 何时该收,何时该放;何处该扬,何处该抑;何者该详,何者该略,这也是分寸问题。

由此可见，柯灵所说的“分寸”，包括了写作中的许多方面，诸如结构布局、遣词用句都要合情合理，恰到好处。即使强烈或冲淡的风格，强烈到何种程度或冲淡到何种程度，作者对此都要有个把握，都要心中有底。否则乱了方寸，没有一个把握或既定的大致标准，那就大而无当，有点乱套了。所以柯灵建议写作的人在动笔时，笔下应该有个分寸感，这样写出来的东西才能恰到好处，有据可依，能成方圆。

第二，写作中可以学一些口语，但应有选择和加工，使文字和口语达到较好的统一。

许多著名的作家，如普希金、列夫·托尔斯泰、高尔基等都主张向民间口语学习，柯灵也不例外。他说：“要求文字和口语趋向合一，这是一种很好的理想。”但同时他又认为：“文字和口语不能画等号。文字结构比语言结构要致密、复杂、高级得多。”人们说话可以用音调、手势、表情作辅助，但文字却不能，只能以自己准确、鲜明、生动的特色来表达自己。所以，文字的要求比口语更难。

柯灵认为，要把口语用入写作的文字中，必须做好两件事。首先，是对口语的选择。他说：

> 口语中有许多富于形象和表情的警句。文字要向它学习的是这一些，而不是口语中简单和粗糙的部分。

其次，是对口语进行加工。柯灵说：

> 在口头语中，多一个字，少一个字，并不是问题。但文字就不一样。散文不是诗，不用押韵。但成熟的散文，同样有韵律和节奏的问题。

所以，在他看来，在文章或诗句中多一个字或少一个字，这里面就大有讲究了。正因为这一点，柯灵认为写作中引入口语时可以进行一些加工，这样既可使文章更生动，也可使口语显得更有光彩。

第三，写作的文字要注意简洁。

柯灵的散文素以简洁老成著称，这不但与他深厚的古典文学修养有关，同时也是他始终恪守的一条写作经验。不过，他对简洁还有一种更为全面的理解。他说：

> 文字的简洁，不能光从数字着眼。如果没有多少意蕴，文字尽管简洁，顶多也不过简洁而已。

他的意思是说，简洁是相对的，不能仅从字数多少来衡量。有时为了造境或渲染，需要多一些字数，这时就不能过分节约和惜墨了；有时仅是简洁而毫无意蕴，那也没多大意思，最妙的莫过于简洁而又有意蕴。这才是柯灵所认可、追求和理想中的简洁。

当然，柯灵的写作经验和方法绝不止以上三点，他对小说、戏剧中的情节问题，心理描写问题，故事的曲折问题，如何揭示人的心灵问题，都发表过很有价值的见解。这里只是就写作中经常碰到的几个重要问题，进行了一些归纳和总结，也足以供我们各位参考和启发了。

艾青写作法

艾青(1910—1996)是现代著名的诗人。原名蒋正涵,字养源,号海澄。曾任中国作协副主席。他的诗哀婉深沉,或刚健明快,或雄壮有力,《大堰河——我的保姆》《雪落在中国的土地上》等诗篇,曾打动过无数中国人的心灵。出版有《北方》《旷野》《春天》《归来的歌》等许多诗集。他之所以获得如此巨大的成功,这一方面与他的勤奋和天赋分不开,另一方面与他特殊而有效的写作方法也是分不开的。

大致说来,艾青的写作方法约有五点。

第一,喜欢采用口语入诗。

艾青的诗感情丰富,形象生动,也很便于朗诵。但说来奇怪,他认为自己也并不是什么天才,而只是注意口语,常常把自己或别人的口语加以点化,融入自己的诗中。这一点,他与法国19世纪末、20世纪初的一些现代派诗人的情况十分相似,也许是受到过他们的影响,在采用口语这一点上他们之间是十分相似的。他说:

> 我常常努力着使我的诗里尽量地采用口语。我以为诗始终应该是诗。无论用文言写也好,用国语写也好,用大众语和地方语写也好,总必须写出来是诗。

他甚至把用口语作为自己写诗的“窍门”之一。他在《答〈中国青年报〉记者问》时说：

> 我喜欢用现代口语来写，不是专门到旧诗词里去找词藻，用自己的语言表达自己所要表达的东西。写出来的东西要有新鲜感，在同一首诗里不要有重复的比喻；不要抄袭别人的。这也许就是一条窍门吧。

总之，艾青一再地说明采用口语是他的写诗经验和方法之一。他在《我对诗的要求》一文中说：

> 从语言上说，我喜欢采用现代口语写的诗。……
>
> 生活的语言，是最丰富也是最生动的语言。

现在的一些青年诗人或写诗者，也不妨试试看。

第二，写作时情绪必须集中。

艾青有一个朋友曾经说："假如艾青的诗能写得好，那就因为艾青能集中。"艾青承认："当我写诗的时候的确是很集中的。"他并举例说明了自己这一特殊的写作现象。他说：

> 假如我的情绪集中了，写成的诗是很少需要改动的；反之，则再三地改动之后，心里仍旧是不愉快的。虽然，在别人是不会看出它们之间的差别的。

由此可见，"情绪集中"对艾青的写诗来说是多么重要。

第三，平时多打腹稿或速记一些句子。

杜甫说："为人性僻耽佳句，语不惊人死不休。"艾青平时也经常在思考写诗，虽未动笔，却在打腹稿。他说：

> 即使我休息了，我的脑子还是继续在为我的诗而运转着。甚至在我吃饭的时候，甚至在我走路的时候。

他在《我是怎样写诗的》一文中又说："我的思想活动是终日不停

的。我的脑子在睡眠之外没有休息。”由此可见,艾青的诗歌创作实际上是相当艰苦的,他称之为是“一种苦役”。如果在思考中闪现出一些诗句,他会马上把它们记下来。正如他自己所说的:

我对生活、对人世都很倔强地思考着,紧随着我的思考,我在我的画本和速写簿上记下了我的生活的警句——这些警句,产生于一个纯真的灵魂之对于世界提出责难的时候,应该是最纯真的诗的语言。

正因为他平时就常打腹稿,并有积累诗句的习惯,所以,他早年在灵感飞来和“情绪集中”之下产生的一些诗篇,“一般都没有什么修改”。

第四,诗写完后总得边念边改。

艾青虽然说他在灵感飞来和“情绪集中”时所写的诗一般没有什么修改,但并不等于他写诗不作修改,对于陆续写完或边写边想的诗,特别是他中年以后所写的诗,一般都加以朗读,边念边改。如他在1980年所写的《与青年诗人谈诗》中就说:“我过去每天都写诗,有时候在没有灯光的夜晚写,两句交叠在一起了,第二天把它们分开。一般都没有什么修改。现在有时候也改诗,那是感到诗中的观念不清楚,要讲的东西不清楚,或者为了念起来顺口,合乎内在节奏。”1981年,他在回答《中国青年报》的记者问时又说:

我现在写诗,至少要念上三、五遍,不顺口的句子和字眼都要去掉,直到念得比较顺口为止。我有时写诗,写好以后放上个把礼拜,拿出来看看,再改,改好再放上个把礼拜再看。

由此可见,艾青虽有才华,但他写诗的态度仍很认真,有些诗可以说是反复阅读,反复修改,直到自己满意为止。

第五,写诗的语言应该纯朴、自然、和谐、精练和明确。

现在许多青年诗人的诗晦涩难懂，许多人抱怨看不明白，这与一个人写诗时对语言和句子的选择运用有关。艾青虽然也吸收象征派的手法，但不喜欢用晦涩的字眼和句子。他曾说：“我常常避免用生涩的字眼和语句。我在诗里所花的努力之一，是在调整字与字之间的关系，调整语句与语句之间的关系。”他对诗的语言曾提出以下的要求：

而语言的应该遵守的最高的规律是：纯朴，自然，和谐，简约而明确。

正是在这一思想的指导下，艾青的诗大多以这一准则要求自己，许多诗的语言都极其自然纯朴，和谐而又明确，晚年的诗尤其精练。他认为：“必须在精练的、简约的、明确的文字里面，包含着丰富的生活面貌，生活的智慧，生活的气息，生活的真理。”所以，他一直提倡并强调诗的语言的自然和谐，希望诗应让人能看懂。

艾青的写作有他许多成功的经验，如用口语入诗、情绪集中、诗须精练等等，都可供我们借鉴。除了以上一些经验和方法以外，艾青还有一些其他的经验和方法，如“我常常在决定题材的采取同时决定语言的采取”；“大胆地变化，大胆地把字解散开来，又重新拼拢，重新凝固起来”；“诗人的最重要的才能就是运用想象”……限于篇幅，这里就不再一一介绍。而以上五点，也足以说明艾青那些特殊而又有趣的写作经验和方法了。

曹禺写作法

曹禺(1910—1996)是现代著名的剧作家。原名万家宝,字小石。曾任中国文联主席。早年在南开中学和南开大学读书时,便已爱好戏剧。从清华大学毕业后,曾在复旦大学、中央戏剧学院等校任教。他所创作的剧本《雷雨》《日出》《原野》《蜕变》《北京人》等,演出后影响都很大。人们对他的剧本创作都很感兴趣,他本人也曾谈起过一些经验和体会。尽管比较零碎,但归纳起来,大致有六点。

第一,动笔之前,尽量酝酿得成熟些。

曹禺的剧本上演时,观众都感到很精彩,也很过瘾。平心而论,曹禺的剧本如《雷雨》《日出》等,的确都很好看,这与他反复推敲和精心构思有关。别的不说,单拿《雷雨》来说,在动笔写剧本之前,他就整整构思了五年之久。他曾说:

> 我执笔写《雷雨》只用了半年时间,但写作之前,已经构思了五年。有写这个剧本的想法,是早在十八岁的时候。我用了整整五年时间构思剧本和琢磨人物。因为我想酝酿得尽量成熟些,写得集中些,而不愿意零敲碎打,写写改改。这费了我很大的劲儿。

由此可见,曹禺在写剧本之前,构思和琢磨的时间远比动笔所花的时间要长,甚至可以说构思时间是动笔时间的十倍。他的目的无非是"想酝酿得尽量成熟些",而不愿意半生不熟的,今后"零敲碎打,写写改改"反而会显得麻烦。这不能不说是他写剧本的一种方法。而在酝酿过程中,用力甚勤的则是"构思剧本和琢磨人物",特别是后者,费去他的精力和时间尤多。

第二,写戏应该有个大纲。

曹禺主张在写剧本之前应尽量酝酿得成熟一些,并不等于光想而丝毫不动笔。他认为在写剧本之前的酝酿过程中,先写一个大纲还是十分必要的。他说:

> 写戏应该有个大纲。我搞了五年,就是反复地在想这些人物,想各种各样的人物性格,想他们的历史,要把这样一些人物凑拢在一起,使他们发生关系,让他们在一种规定情景下碰见,而时间又不能超过二十四小时,这都使我费了好大好大的劲。

从这段话中可以看出,曹禺所说的"写戏应该有个大纲",主要还是以"人物"和"各种各样的人物性格"为主,而情节则是为了更好地表现和揭示人物性格服务的。那先有个大纲有何好处呢?曹禺接着说:

> 因为不把这一切想好,更容易返工。写作当中常常发生非推翻你原来结构不可的事情。什么道理呢?因为写着写着把当初设想到的地方想清楚了,把人物心灵深处的东西挖出来了,情节再这么搞不行了,就不像那个人了,于是结构非改不可。所以事先要尽量想好,有个大纲,把一切想深想透。

曹禺的意思很清楚,有了大纲,可把人物性格想得更深刻更具体一点,如需有更改的地方,"更容易返工"。另外,有个大纲,可把剧本中的一切问题都能"想深想透"。

第三,有了大纲,未必要照顺序从头写起。

曹禺虽然主张写戏之前应该先拟个“大纲”,但他认为正式动笔写起剧本,却未必一定要照所拟“大纲”的顺序从头写起,而是可以根据自己的兴趣和成熟程度来加以选择。曹禺说:有了大纲,“然后是不是一定要从头写起呢?那倒不一定”。他回忆《雷雨》的写作过程:

回想起来,我最先写的是第三幕周萍和四凤推窗户的一段戏,再就是第一幕吃药的那一段,而不是按我的大纲的顺序写的。

尽管曹禺没有照所拟大纲的顺序从头写起,而是中心开花,但由于他对剧本酝酿的时间久,每个剧中人物都栩栩如生地活现在脑子里,所以《雷雨》不仅写得顺利畅快,而且实际效果也相当好。

第四,每个戏的写法应该是不一样的。

曹禺虽然认为欧洲古典主义戏剧创作中提出的“三一律”是有一定道理的,而他的《雷雨》创作也严格地遵照了这一创作原则,但他又认为写戏不能老用“三一律”,而是应该有所变化的。他在肯定了“三一律”的好处以后,又不得不客观地指出:

后来我感到,戏老是这样写法也不行。我一直认为,无论写什么戏,下一个一定要和上一个不一样。《日出》和《雷雨》写法不一样,《北京人》又力求从写法、结构、人物种种,有所不同,有所创造。

正因为如此,曹禺的几个代表剧目如《日出》《雷雨》《北京人》等,在写法、结构、剧情设计乃至人物性格的塑造等方面,都有所不同。至于他后来写历史剧《王昭君》,采用实地考察、访问老人、分析史料等诸种方法,写法上又有所不同,那是另一回事。总之,曹禺在写剧本方面很不喜欢雷同,甚至是有意避开雷同。

第五,写戏的人要懂得和了解观众。

曹禺早在中学时,就喜爱上戏剧,并参加了“南开新剧团”,从10余岁到20余岁,他每年都参加演戏,从未间断。曾演出过莫里哀、易卜生以及德国作家霍夫曼的戏剧。他觉得这种演出活动对自己写戏帮助很大。他后来回忆说:

> 这些演出活动对我很有好处。使我晓得了观众喜欢看什么,不喜欢看什么,需要看什么,不需要看什么。戏剧要教育观众。但演戏、写戏的人首先要懂得观众、了解观众。

在某种意义上说,写戏的人参加演戏,实际上是参加一种实践,可以直接领受到感性认识,直接了解到观众的喜怒爱好。曹禺早年的剧本之所以颇受观众欢迎,影响很大,这恐怕与他亲自参加过演出,有舞台经验,能“懂得观众、了解观众”有关。

第六,要多读名家经典,具备广泛的文学素养。

曹禺曾对采访者诚恳地说:“作为一个作者,具备广泛的文学素养很重要,从幼年我就喜欢读古今中外文艺作品。”他读过的名剧本非常多,如埃斯库罗斯、欧里庇得斯、易卜生、莎士比亚、契诃夫乃至中国的元曲、传奇等,他都读过。他说:

> 在我学习的历程中,我读过一些好剧本。我发现,古今中外的大师们沥尽心血写下的文章,真是学习的好范本。我在学写戏以前,读剧比较多。……记得在中学时,我把洪深改编的王尔德的《少奶奶的扇子》都读破了。

正由于曹禺肚子里装了许多古今中外的名著名剧,所以当他考虑和构思起自己的剧本来,就左右逢源,懂得该如何处理各个剧情和人物。应该说曹禺刚跻身剧坛,就得到同行们的首肯,这恐怕与他汲取了古今中外许多经典名剧中的营养有关。

曹禺所谈的写作经验和方法尽管都侧重于戏剧剧本这一方面,但对我们写电影或电视剧的剧本却大有好处,即使对写小说等文学作品也会有一定的启发作用。所以,他的写作经验不可忽视,理应引起我们的重视。

季羡林写作法

季羡林(1911—2009)是现代著名的学者和作家。字希逋,又字齐奘。早年曾在清华大学西语系攻读英、德、法文和文学,后赴德国留学,攻读梵文、巴利文、吐火罗文等古代语文。回国后在北京大学任教。除著有《印度简史》等学术专著以外,还喜欢写散文,自谓“从小就喜欢舞笔弄墨”。出版有《季羡林散文选集》《朗润琐言》等多种。

由于季羡林主要是一位散文作家,以写散文为主,所以,他的写作经验也偏重于散文方面。约略说来,季羡林有关散文的写作方法大致有四点。

第一,不要勉强写东西和无病呻吟。

季羡林写散文已有50年的历史,但他仍谦虚地说自己“水平也不高”,只有一些感性认识。他说自己在平静生活的状态下,常常一年半载写不出东西来。其中最主要的原因就是没有写的愿望和灵感。在他看来,如果没有写的愿望和灵感,就不要勉强去写。他说:

> 没有灵感,就没有写什么东西的迫切的愿望。在这样的时候,我什么东西也写不出,什么东西也不想写。否则,如果勉强动笔,则写出的东西必然是味同嚼蜡,满篇八股,流传出去,一害自己,二害别人。

正因为如此，季羡林主张一个人在写不出东西的情况下，“千万不要勉强写东西，也不要无病呻吟”。

第二，动笔之前先细致观察，反复酝酿。

季羡林一方面反对勉强硬写，无病呻吟，另一方面又认为即使要“呻吟”，也不要一有病马上就呻吟，“呻吟也要有技巧”，他所说的“技巧”之一，就是“要细致观察，反复酝酿，然后才下笔”。他在《我怎样写散文》中曾明白地论述了这一道理。他说：

> 如果放开嗓子粗声嚎叫，那就毫无作用。还要细致地观察，深切地体会，反反复复，简练揣摩。要细致观察一切人，观察一切事物，深入体会一切。……你必须把这些常见的、习以为常的、平凡的现象，涵润在心中，融会贯通。仿佛一个酿蜜的蜂子，酝酿再酝酿，直到酝酿成熟，使情境交融，浑然一体，在自己心中形成了一幅“成竹”，然后动笔，把成竹画了下来。这样写成的文章，怎么能不感动人呢？

正由于这个缘故，所以季羡林提出了动笔之前应先“细致观察，反复酝酿”的写作主张。

第三，要像写诗那样来写散文。

当前的中国文坛有一种论调，认为写散文就得“散”，散文之妙就妙在一个“散”字上。季羡林似乎不同意这种观点，主张“要像写诗那样来写散文”。他的理由也很简单。首先，写散文与写政论文不同，政论文强调逻辑性，难以有文采；而写散文虽然有时也有内在的逻辑在内，但毕竟与政论文不同，可有一些文采和艺术性，有一些诗意在内。他说：

> 写散文决不能平铺直叙，像记一篇流水账，枯燥单调。枯燥单调

是艺术的大敌,更是散文的大敌。……散文作家,不仅仅限于造词遣句。整篇散文,都应该写得形象生动,诗意盎然。让读者读了以后,好像是读一首好诗。

认为写散文要与诗有所区别的观点大有人在;认为散文中应有一些诗意的观点也有一些。但认为"要像写诗那样来写散文"的观点,似乎还极少听到,可以说是季羡林的大胆创见。他的观点是否有道理,别人是否肯奉为金科玉律,那是另外一回事,但这至少是他的一家之说。

第四,要像谱写交响乐那样来写散文。

除了以上三点以外,季羡林认为写散文还应注意炼字、炼句和炼篇。而炼篇则又包括一篇文章的开头、中心部分和结尾。他在列举了欧阳修的《醉翁亭记》一文以后,又加以归纳道:

上面讲了一篇散文的起头、中间部分和结尾。我们都要认真对待,而且要有一个中心的旋律贯穿全篇,不能写到后面忘了前面,一定要使一篇散文有变化而又完整,谨严而又生动,千门万户而又天衣无缝,奇峰突起而又顺理成章,必须使它成为一个完美的整体。

我的意思就是说,要像谱写交响乐那样来写散文。

认为要像写诗那样来写散文,这种观点已并不多见,十分新鲜,而季羡林又进一步认为"要像谱写交响乐那样来写散文",这种观点就更为少见,更为新鲜。他之所以用"谱写交响乐"来写散文,实际上就是希望人们把散文当作一个有中心旋律而又有起伏变化的艺术整体来加以构思和处置,而不要把散文看得太简单,写得太单调,令人乏味。

应该说，季羡林对散文写作的经验和方法是很独特的，他本人的散文也颇有特色，也许与他倡导的写作方法和创作主张有关。特别是他的第三、第四点方法，更是大胆而奇妙，如有人确实感到新鲜而有兴趣，不妨一试，也许会有所收获的。

何其芳写作法

何其芳(1912—1977)是现代著名的作家和文学评论家。原名何永芳。曾任中国作协书记处书记、中国社会科学院文学所所长等职。最初以散文集《画梦录》鸣于文坛,并获得很高荣誉,继而又以诗集《预言》和《夜歌和白天的歌》而鸣于诗坛。以后,他又在文艺评论和《红楼梦》研究方面有所建树。不过,影响比较大的仍是诗与散文。他的诗优美流丽,清新飘逸;散文也相当柔美含蓄,堪称美文。其文学成就的取得,与他认真的写作态度和良好的写作方法是分不开的。

根据归纳和梳理,何其芳的写作方法大致有五点。

第一,初学写作的人,起步时可多练习写速写、通讯、散文等文体。

由于何其芳在文学上的成功,不少人曾写信请教他一些有关写作方法的问题。如有一位读者就写信问他:“希望你多告诉我,如何去学习写作?从哪方面入手?”何其芳回信道:“这当然也因人而异。……我还没有看过你的作品,怎么好随便劝你先练枪还是先练刀呢。”尽管如此,他还是对这位读者进行了一些具体指导,劝他先多练习写一些速写、通讯、报告、散文之类的东西。他说:

> 我觉得,初学写作者最好多练习写些速写、通讯、报告、散文之类。诗,是最容易写又不容易写的。容易写得成,不容易写得好。小

说需要较多的生活经历与艺术修养。速写、通讯、报告、散文之类，既有事实为根据，不像写诗那样流入空洞；又可写法不拘，自由自在，不像写小说那样费事。这些形式，其实就是我们中学作文时所说的记事文。记眼前发生的事情，就是速写、报告、通讯。记过去发生的事情，有的还加上个人的感触，就是散文。

由此可见，何其芳认为初学写作的人，最好不要急着先去写诗或小说，而可以从写速写、通讯、报告、散文之类的文体入手，多练习这些文体似乎对初学写作者更有好处和帮助。他甚至认为多写这类文体，“就像学画的人从画模特儿、从写生入手一样，这或者也可以算作从事写作的基本练习”。等基本功练习到家了，再写诗与小说也不迟。

第二，要了解社会上各类人的生活。

何其芳认为：“文艺作品的内容离不开生活和对于生活的认识。生活是第一位的，最根本的。”为此，他主张有志于从事写作的人，应该尽可能多地了解和熟悉社会上各种人的生活情况。他在《一封谈写作的信》中曾建议道：

一个打算从事写作的人应该知道社会上的各类人的生活，特别是下层人民的生活。还在学校里的时候，这自然不易作到。但也可以把这悬为目标，在假期中，在毕业后，慢慢朝这个方向努力。

何其芳的意思是说，一个初学写作的人或在学校求学的学生，对社会不可能有广泛或深入的了解。而要写出一部深刻的文艺作品，则又必须对社会、对生活能有广泛深入的了解。正因为如此，所以他建议凡初学写作或有志于从事写作的人，都应该尽可能地了解社会和各种人的生活情况，这样写出来的作品才会更成熟、更扎实。

第三，写作的人应有文艺修养。其中包括文艺感觉与文艺表达能力。

何其芳认为，如果一个有志于写作的人仅有丰富的阅历，能熟悉社会和各种人的生活，那还是不够的，还未必就一定能写出好作品，还得有一定的“文艺修养”。他的“文艺修养”与一般人所说的含意有所不同，主要是指“文艺感觉与文艺表达能力”。在他看来，如果一个人仅能理解和熟悉生活和生活中的人，但没有能力表达出来，那还是不行的。也就是说，要写出好作品必须要有敏锐的文艺感觉和较强的文艺表达能力。他说：

> 据说学过画的人看景物与我们普通人不完全同。他对于线条与色彩的感觉特别锐敏。一个优秀的文学家对于生活的感受也有类似之处。他善于摄取各种人物、环境、事情的特点。他善于体会感情与心理的曲折、变化。所以他能够把读者引到他作品里去经历那些虚构的幸福与苦痛、奋斗与挫折，与书中人物同歌同哭、同受磨难。

当然，对于文艺上的感觉能力和表达能力，各人的体会、感受和理解各不相同，何其芳有他自己的体会和理解，未必大家都要强求一致，但他说到的这一创作现象，的确是客观存在的，值得引起我们的充分注意。

第四，写文章还须在修改上下功夫。

何其芳对写作和修改的问题作过专门的探讨，并把修改文章视为写作的一个重要组成部分。他在《谈修改文章》一文中曾开宗明义地说：

> 修改是写作的一个重要部分。古今中外，凡是文章写得好的人，

大概都在修改上用过功夫。

一般人所说的修改，通常是指文章写成之后的修改。但何其芳认为，文章在写的过程中甚至在未写之前，就有一个“修改”的问题，如“对于立意布局的反复推敲，对于写作提纲的再三斟酌，都带有修改的性质”。而且，他认为在未写之前的这些“修改”，十分重要。

当然，他并不是说，因为在动笔前就有了这些“修改”，或者在写的过程中曾边写边改，就意味着写完以后就不必再修改了。恰恰相反，他认为在写之前有“修改”，写完以后仍需修改。在他看来，修改的功夫到家与否，并不在于修改次数多少，而在于是否符合两个标准：“一个是内容的正确，一个是读者容易接受”，如果这两点达到，就算功夫到家，不需要修改下去了。他说：“多一次修改就是多一次认识。表达我们的认识的文字也不是一下子就能够选择适当，多一次修改就是多一次选择。”最后，他总结道：

> 因此，从写作以前到写完以后，从内容到形式，凡属可能做到的反复研究、充分修改，都大有必要。

第五，文章要写得具体、集中、生动。

中华人民共和国成立前夕的一个暑假，何其芳被邀至天津暑期学校与同学讲有关写作的问题，在谈到文章怎样才能写得好这个话题时，何其芳认为“要写得具体、集中、生动”。进而他又分析道：

> 不具体，读者就不能充分地了解你的意思，你的文章就没有足够的说服力。
>
> ……
>
> 不集中，读者的注意力也就不集中，问题就不突出，精彩的部分与

不精彩的部分放在一起,精彩的部分也被掩盖了。

最后他又说:

> 文章要写得生动,这是更高一步的要求。这是要多有一些写作经验、写作修养才能做到的。这就是俗话说的“熟能生巧”。

他认为:文章的生动,除内容以外,在表现形式上有两点也是值得注意的,“一是语言文字要生动活泼,新鲜丰富;二是形式上要有变化”。

从以上五点所列的写作方法来看,何其芳似乎主要都是针对初学写作的人来说的,但对于一些有一定写作经历的人来说,仍有一定的借鉴意义。特别是第一和第五点,可以说是他个人的独特经验,尤应引起我们的重视。

唐弢写作法

唐弢（1913—1992）是现代著名的散文家和评论家。原名唐端毅。著有散文集多种，如《推背集》《海天集》《投影集》《繁弦集》《春涛集》等，另有散文诗集《落帆集》《莫斯科抒情及其他》等。他的著作后来都编入《唐弢文集》中。

唐弢很注意写作的方法问题，凭着自己多年来的写作经验和体会，写过很多这方面的文章。后来这些文章多收入《文章修养》《创作漫谈》两本书中。这里针对青年学生和初学写作者的特点和需要，略加综合，大约归纳为四点。

第一，要懂得主题与题材的关系。

古代人写文章，很重视立意和命题的问题，所谓立意，实际上就是一篇文章的主题。唐弢很重视这个问题，认为主题就是一篇文章的灵魂。那么，文章的主题和题材之间是一种怎样的关系呢？他在《题材的收集和主题的确定》一文中说：

> 主题从题材产生，它是文章的灵魂。当我们提笔作文的时候，问问自己：究竟为着要说些什么而写这篇文章的呢？通过手头的材料，我们要说明一种东西，或者要叙述一件事情，或者要提出一个主张，或者要发抒一番感情，总之，当作者决定了自己的想法的时候，文章的

主题也就存在了。题材提供主题，主题抉择题材，两者是有着相互的关系的。

“题材提供主题，主题抉择题材”，这一辩证关系不仅适合于写论说文，同样也适合于写小说等其他文体，因为这是写作上的一个普遍规律，只是唐弢把它分析得比较清楚而已。

第二，主题把握得好坏深浅，取决于一个作者的思想水平。

说来有趣，尽管主题来自题材，但同一件事，同一个题材，每个人提炼出的主题却千差万别，大不一样。有人深刻，有人浅薄，这是什么道理呢？实际上这与一个作者的思想水平和思想方法大有关系。在唐弢看来：“主题把握得正确与否，是决定于作者的思想的。”如果作者的思想水平比较高，掌握了一种很好的思想方法，那他提炼出的主题就容易比他人高出一筹。正是由于这一原因，唐弢又提醒大家：

所以，一个初学写作者必需学习思想方法，对现实（题材）多多地体验、精密地观察。在平日既有这样的准备，写起文章来的时候，只要题材现成，这就可以确定主题，毫不困难地动起手来了。

很多人文章写不好，或不深刻，常常会归咎于自己的写作水平差，埋怨自己没有写作才能，实际上这不仅仅是写作水平或写作才能的问题，有时也与我们的思想水平和观察生活的敏锐度有关，而唐弢恰恰向我们揭示了这一点。

第三，要学会铸炼语言。

唐弢虽然重视作品或文章的主题，把它视为灵魂，但他同时也重视语言文字的表达。他说：“当然，一篇作品的生活和思想是主要的，内容在根本关键上总是决定着形式。但也不能够设想：丰富的生活和深刻的思想，却可能通过贫乏而苍白的语言来表现。”因此，他在《作家要铸炼语言》一文中特意指出：

思想要通过或者依附于一定的东西——画家用色彩线条，音乐家用音响旋律，文学家用的主要是语言。而且当我们把这种语言称作文学语言或艺术语言的时候，这就意味着：它同时要具备绘画和音乐的特点，有色彩、有音响地来描写生活和反映思想。

他甚至认为，如果一个作家没有好的语言，就不是一个好作家。至于语言的铸炼及其来源，他认为可以从生活、从人民的口头中采集，也可以从书本上来学习，并加以变化，成为自己的语言，形成自己的语言风格。

第四，文字材料要为主题服务，使中心突出。

古人论写作，常会说到笔无虚文，无一闲笔，就是说作文要紧扣主题。但是，据唐弢的接触和观察，初学写作的人下笔时没能紧扣主题，还是一个比较普遍的现象。为此，他提出了一个“为主题服务”的写作思想和方法。那么怎样才叫为主题服务呢？他说：

为主题服务，目的就是要使中心突出，使读者能够接触到作品的灵魂，留下鲜明的令人激动的印象。我在前面已经说过，如果光是孤立地考虑主题，也不行。有灵魂，还得有血肉，这样才能构成一个有机的生命。有时候，笔墨稍稍荡了开去，只要收得拢，拉得回，反而可以使主题更加突出，读起来生动而又活泼，所谓跌荡有致就是。

不过，说句公道而又平心静气的话，对于初学写作的人来说，还是先养成紧扣主题的习惯，等写作相对成熟，比较老练了，可试着再把笔墨宕开一点，从而达到围绕主题且能舒卷自如的地步。

除了以上四点以外,唐弢谈到过的写作经验还有不少,如怎样梳理材料,怎样写对话,细节的重要性等等。不过,以上所谈的四点,对于初学写作的人来说似乎更为重要。所以特地拈出,以供各位参考。其中第一、第二两点,似乎更应引起大家的注意。

孙犁写作法

孙犁(1913—2002)是现代著名的作家。原名孙振海,后更名孙树勋,笔名孙犁。曾任中国作协天津分会主席。他的小说、散文、报告、评论,文字都很清淡自然,从容自在。小说《荷花淀》《白洋淀纪事》《风云初记》等在当时都很有名。除此以外,他也喜欢写些评论,有文学评论集《文学短论》等。晚年在写作之余,喜欢阅读中国古代的文史著作,有了感想则即兴发挥,写些书评和札记,却也别具一格。

由于孙犁是一位有成就有经验的著名作家,所以别人采访、写信求教者也不少,他本人也专门写过有关写作的专著和各种文章。如他的《文艺学习》一书中,就有《描写》《语言》《概括和组织》《主题和题材》《进修》等各章,每章之下还分成若干节,都与写作有关,可惜太有系统,一时不便归纳。而他有关写作的文章又太分散,不易集中。这里只能根据他的专著和各种文章,重新加以梳理,再根据他本人的创作经历和体会,大致总结为四点。

第一,要多写,但不要太滥、太重复。

1962年,孙犁曾写下一篇《勤学苦练》的短文,内容多与写作相关,其中有一点是专谈要多写的问题。他说:

应该多写,但不要滥,也不要大同小异。写得多,而不滥不重复,契诃夫是做得最好。

许多作家和老师都主张初学写作的人要多练多写，但如何多练多写，却没有明确指点。孙犁在提倡多练多写的同时，却还提醒人们要“不滥不重复”。指明这一点很重要，因为在多练多写的同时，很可能会出现一些毫无意义的重复写作或滥写现象，这样即使写得再多，也毫无益处。因此他特地提出了“写得多，而不滥不重复”的忠告。应该说，他这一提醒，对于初学写作的人来说是很有必要的。

第二，要养成认真修改稿件的习惯。

在多年的写作生涯中，孙犁已养成了认真修改文章和稿件的习惯，并把这视为写作的一个重要环节。他在《文学和生活的路》一文中说：

> 我们要养成认真思考、认真读书、认真修改稿件的习惯。我觉得，我别的长处没有，在修改稿件上，可以说是下苦功的。一篇短稿改来改去，我是能够背过的。哪个地方改了个标点，改了个字，我是能记得的。长篇小说每一章，当时我是能背下来的。在发表以前，我是看了若干遍的；在发表之后，我还要看，这也许有点孤芳自赏的味道。搞文字工作，不这样不行。

有些人改稿，只注意大的结构，有些人则注意润色和文辞的修饰。孙犁则不同，他在哪儿改了个字或标点符号，居然都能记得，有些长篇小说的章节竟然都能背下，这就不简单了。他之所以如此认真，因为在他看来，“修改文章，不是单纯文字技术问题，这样做，可以增加作品的生活幅度和思想深度。也是形成风格的重要因素”。把修改文章的意义提到这样的高度，在众多的作家中的确是不多见的。

第三，写短篇文章要情绪饱满，一气呵成。

孙犁曾写过不少长篇小说，那当然是要花去不少时间的，但他也写过不少的短篇小说和单篇散文。根据他的经验，写短篇东西要情绪饱满，一气呵成，方能奏效，取得成功。他说：

> 写一篇短东西，要情绪饱满，一气呵成，不勉强，不做作，富于想象但不是故弄玄虚。玄虚和造作，在艺术作品里是一眼就看得出来，常常是破坏艺术效果的。

根据孙犁的这一经验，不论是初学写作者或久涉文坛者，都可养成在情绪饱满又经过反复构思的情况下动手写短篇文章的习惯，这样无疑能达到一挥而就的效果。否则在一篇短文上磨蹭半天，绝非良策。

第四，应注意写作上的反面经验。

孙犁虽然一再主张要多读古今中外优秀作家的精品之作，认为这样可以“取法乎上”。实际上也就是鼓励人们多从正面取经，获得优良的写作技巧。但后来他发现仅这样正面总结经验还不够，还得从反面来总结一些经验教训。他说：

> 我们应该总结我们在文学创作上的反面经验。这比正面的经验，恐怕起的作用还要大些。多年以来，在创作上，有很多反面的经验教训。我们总结反面经验教训，是为了什么？就是教我们青年人，更忠实于现实，求得我们的艺术有生命力，不要投机取巧，不要赶浪头，要下一番苦功夫。

所谓“反面经验”，就是一些失败的经验教训，孙犁认为在“取法乎上”的同时，也要从一些拙劣的、失败的作品中引以为戒，免得步其后尘，走上歪道。这样，可以少走弯路。所以，在孙犁的眼光中，写作上的正、反两方面的经验都需要总结,这样对我们的写作才会带来更多的益处。

当然,除了以上四点以外,孙犁所谈的写作经验和方法还有许多,例如:读与写的关系,创作与生活的关系,儿童文学的创作问题,业余作者如何写作以及如何写短篇小说、中篇小说、长篇小说、文学速写、散文、诗歌,如何刻画人物、描写心理、结构布局等,他都发表过很好的见解。这里只是择要归纳了他几种比较有特色的写作经验和方法,以供大家参考,但愿能对大家有所帮助。

徐迟写作法

徐迟(1914—1996)是现代著名的作家。原名商寿。他早年写诗、译诗,以后又写散文和小说,特别是晚年所写的报告文学《地质之光》《哥德巴赫猜想》《生命之树常绿》等,更是独树一帜,深受广大读者的喜爱。至今,他出版的诗集已有《二十岁人》《美丽·神奇·丰富》《战争·和平·进步》等多种,散文集则有《狂欢之夜》《法国,一个春天的旅行》,至于特写和报告文学集,那就更多了。

由于徐迟尝试过多种文学体裁,所以写作经验相当丰富,但他从来也没有自我总结过,只是在一些文章中谈些体会和见解。这里只是从他的文章和友人的回忆中,大致归纳为三点。

第一,青年人或初学写作的人,最好不要一开始就写长篇,而可以先写些短篇练笔。

徐迟是一位很有创作经验同时也很热情关心青年人的名作家,与福楼拜等许多作家一样,他也不赞成初学写作的人一开始就写长篇,而建议先从写短篇开始入手,由短及长。据他的学生李建纲在《记老作家徐迟》一文中回忆:

> 他对于有些青年作者过早开始写长篇是极不赞成的。他说:"要劝告青年作者,在没有经过若干个短篇练练笔之后,不要写长篇,郭

老、茅盾、老舍等，都是先写短篇的。托尔斯泰在写长篇之前，写了很多练笔的短篇、中篇。”

不过，一旦青年人开始成熟起来，具备了写长篇的条件，他又会马上鼓励青年去写长篇。由此可见，徐迟并不是固执一端，而是视青年人的发展情况而作建议的。

第二，文艺写作主要以形象说话，要重视形象。

徐迟认为，理论文章当然以思维为主，但作为文艺作品和一般的文艺写作，仍应以形象为主，靠形象说话。他曾说：“文学艺术打动人、感动人的不是靠概念，是靠形象。”然而，自中华人民共和国成立以来，特别是十年浩劫中，由于极“左”思潮的干扰，写文艺作品也都充满着议论，艺术形象被削弱，徐迟对此大为不满。所以，他在1981年所写的《关于文艺写作的几个问题》一文中，第一个问题便以“形象与思维”为题，专谈形象的重要。他说：

> 文学创作什么时候掉到思维里去了，总是不好的。作者把自己的观点告诉读者，这是很不聪明的办法。从事创作，就要重视形象，文章好不好，就靠这个，我们搞写作的，就要解决这个问题。

当然，徐迟强调文学作品里的形象，并不是认为文学作品里就不包括思维和中心题意，而是两者的对立统一，“但形象里面一定是包括了思维的，而感觉里面是包括概念的”。也就是说，要用形象来表达思想和题意，而不是用议论和思维的方法来表达。他认为凡搞写作的人，应该搞清这一问题。

第三，写作的人也要懂一点科学。

徐迟的兴趣爱好十分广泛，除文学、历史、哲学等社会科学知识以外，他对自然科学也十分感兴趣，并以极大的热情，采访了陈景润、蔡希陶等一些著名科学家，写出了《哥德巴赫猜想》《地质之光》《生命之树常绿》等一系列以科学和科学家为题材的长篇报告文学，给文学创作领域吹进了一股清新的春风。为此，他感到在科学技术高度发展的今天，一个作家必须懂点自然科学，"什么天文、地学、生物、数学、化学、物理等等，我们都应当去试一试，摸一摸，沾点边"。他在《关于文艺写作的几个问题》中还说：

> 科学本身的历史也是很神奇的。我们研究写作，今后就应当注意到这方面的问题。我觉得搞文科的人学点理科，搞理科的学点文科，这样才会有新的发展。将来的世界，科学在生活里占有很大的优势，所以值得注意，这也是当前文艺写作的一个重要课题，我们不能等闲视之。

此外，在《文学与科学》一文中，他还强调"文学与科学之间是有通道的"。特别是进入21世纪，科学在社会生活中的渗透更为普遍，而作家为了反映生活，也必然会涉及科学。因此，徐迟的建议，绝不是空穴来风，而是有大量根据的，也是他的切身体会。

当然，徐迟有关写作方面的经验，曾谈过不少，他对如何写诗歌、散文、特写、报告文学等，都发表过十分有价值的见解，这里就其一般的写作经验和方法，总结出三点，以供大家参考。

梁斌写作法

梁斌(1914—1996)是现代著名的作家。原名梁维周。青年时期就开始从事文学创作,主要是写短篇小说和剧本,同时参加抗日战争。中华人民共和国成立以后,他担任武汉日报社社长,并开始写作长篇小说《红旗谱》,以后又陆续写了长篇小说《播火记》和《烽烟图》,出版以后,引起文艺界的重视。《红旗谱》被改编为话剧和电影剧本。其小说语言亲切朴素,具有浓厚的地方色彩。由于他创作上的成功,当时就有不少青年和读者写信向他求教,而他也谈过一些创作方面的经验和方法。经过梳理,大致归纳为七点。

第一,写作前可先设计一份提纲。

根据梁斌的经验,写一部小说,特别是中长篇小说,必然有一个酝酿过程,这不是以几天或几个月来计算的,有时酝酿的时间会相当长。正因为如此,他建议写这类小说前,可以先打腹稿,设计一份写作提纲。他在《复读者来信》一文中曾谈到写提纲的好处。他说:

> 在设计提纲时,全书的人物、故事、情节、场景、画面等等,不见得能完全考虑周到,有些精微的情节,等你坐在书桌旁边,精神高度集中,创作欲异常兴奋的时候,你的笔上才会迸出火花,烁然放光,冲笔而出。……但有个提纲总是好的,编制提纲,会促使对你所要写的东

西,更细致地考虑。

既然设计提纲对于写作有一定的好处,那么,这提纲究竟如何设计?包括哪些内容呢?梁斌接下去写道:

写作提纲,重要的场景和画面,都要精心设计。越是人物多,故事复杂,越要下苦心;要写几个村庄、几个城市、乡村和工厂的时代面貌,工厂、车间、办公室、村舍、树林、苇塘、河流、渡船……都要想出它们的形象、方向、样式。要因人物的性格设计出他们的住宅、院落和日常生活,设计出他们的形象、穿着、语言、生活方式和生活习惯。这些都要具体安排……

要安排好哪一章里写进什么事件、什么人物、什么景物。考虑到哪一个人物怎样出场,通过什么事件、什么细节,去透露和发展他的个性。

由此看来,梁斌所设计的提纲,是相当周密、详细,而不是大致或粗略的。对于这样的提纲要求,也许一般人未必肯去付诸实施,但梁斌却乐此不疲。根据他的设计要求,提纲还要考虑到哪里是低潮或高潮,哪里该浓密或疏淡,这就更复杂了,一般人也许更不愿接受。但梁斌就是这样来设计提纲的,并认为设计提纲一般可从两方面来考虑:一个是以人物为中心,一个是以故事情节为中心。

尽管梁斌认为写作提纲应该搞得十分周全、精细,他人也许以为并不可取,但我们不得不承认,这是梁斌的写作方法,也是他个人的写作个性和经验。

第二,写初稿时应一气呵成。

关于写初稿,每个人的方法和情形也是千差万别,各不相同。梁斌则认为写初稿应以一气呵成为宜。他说：

> 根据我个人的体会，写作初稿时要一气呵成，如江河流水，一泻千里，气势磅礴。这时，心如平原走马，笔足墨饱，气运横生，必至淋漓尽致而后快。

梁斌写初稿时之所以能达到一气呵成、平原走马、淋漓尽致的程度，与一般人边想边写或想一段写一段的情景有所区别，这可能跟他腹稿成熟，备有精细、周到的写作提纲有关，如果没有详细提纲或没有一种创作冲动，要一下子就达到一气呵成、淋漓尽致的效果，恐怕是比较困难的。

那么，梁斌所谓的初稿大概是个什么模样呢？他对此也有个大致的说法：

> 初稿先把大架子支起来，题材和故事穿插大致就绪，人物性格、情节安排好，把比较主要的场景及生活场面写出来，还可以写出比较现成的生动的细节。

第三，初稿写好后，应该多加修改。

梁斌在总结自己的写作经验时曾说："根据我个人的习惯，一部书在初稿中完成的工作，至多有三分之二，还有一部分工作在修改中完成。"并举例说，自己写长篇小说《播火记》，修改少的章节有七八次，修改多的章节则达到十几次到二十次。可见其修改态度之认真。在梁斌眼里，写一部小说如同盖一幢房子，初稿只是安梁立柱，后面还有许多工作要做，那就是修改。他在《生活·写作·语言》一文中说：

> 根据我的经验，头稿是安梁立柱，二稿砌墙，三稿安门窗，四稿挂粗泥，五稿挂细泥，然后粉刷油漆，修改一次提高一次。

总之，在他看来，修改是写作过程中必不可少的程序，“文章多修改几遍是有好处的”。

第四，平时可以用记日记和笔记的方法来练习写作。

梁斌认为，要想使自己成为一个比较成熟的作家，练笔是免不了的。而记日记和笔记是一种极好的方法。他在《新春致读者》一文中说：

为了练笔，你可以记日记和笔记，把每天遇到的有特色的人物、新鲜的情节和故事记录下来，把有概括性的语言记录下来。时间长了，记录的多了，这就是你的宝库。有时记录一遍，你就会把它记住。

这就是说，平时经常记日记和笔记，至少有两个好处：首先可以练笔；其次可以积累一定的素材，建成自己的写作“宝库”，岂不一举两得？

第五，塑造人物形象，最好有个你所熟悉的人物作模特儿为好。

关于小说、戏剧或散文中人物形象的塑造和来源，各人有各人的办法。大多数人都是综合生活中许许多多的人物而形成的，如巴尔扎克、福楼拜、鲁迅等无不如此。而梁斌的人物形象的形成似乎自有他的办法，认为应该有一个自己所熟悉的人物为基本原型，在此基础上再加以营造。他说：

塑造人物形象，最好有个模特儿，他是你最熟悉的人物，在写作过程中，你无时无刻不在想着他。你所积蓄的好的生活细节、语言、景物……像箭镞一样，一支一支地射上去，把类型的东西积累起来，成为典型。

也就是说，先从生活中挑选一个你最熟悉的人物作为模特儿，然后各种东西和细节再添加上去，使之丰满起来。这方法固然不错，而且与鲁迅等人的方法略有区别，但也有弊端。因为自己所熟悉的人物未必能成为一个有意义和自己想写的模特儿，而自己所想的有意义的模特儿自己一时未必十分熟悉。在这种情况下就比较麻烦了，作者也许就要另选模特儿，或在不熟悉的人中重新寻找和熟悉新的模特儿了。

第六，初学写作的人，总以先摸索民族化的途径和写自己最熟悉的生活为好。

不少初学写作的人，往往都是读了别人的作品有所触动，才拿起笔来的；也有一些是生活中某些东西触动了他，才使他动笔想把它表达出来。由于外国文学中的某些优秀作品很能打动人，所以不少青年人一上马就模仿起外国文学作品的写法，因而产生严重的欧化倾向，梁斌对此很不赞成。他说：

> 根据我的经验，初学写作，摸索民族化的途径为好。我们中华民族的文学传统是深厚的，以此为基础，吸收外国文学的精华，在探索和尝试中，你将不断地进入新的境界。

他的意思是，对于初学写作的人来说，还是先走民族化的途径为好，因为在他看来，中国民族化的途径和文学传统是基础，把基础先打好了，再学习和吸收外国文学中的精华，模仿他们的写法也无妨。当然，这只是他个人的见解，有些青年未必苟同，但似乎至少也有他的道理，因为他没有排斥任何一方，基本上还是兼容并蓄，二者兼而有之。至于究竟先以何种体裁入手，到底是诗还是通讯，是小说还是戏剧，梁斌却并不勉强，认为“看你熟悉哪种体裁。不过，成功之路，是写你最熟悉的生活”。

第七，写作要注意劳逸结合。

梁斌本人的写作相当勤奋，但他还是劝告人们要注意劳逸结合，认为这不仅能持之以恒，而且对写文章本身也很有利。他有一段话说得很有意思：

> 根据我的体会，在长期创作生活里，工作与休息，要有一定安排。在创作热潮中，不眠不休，会把身体搞坏。必须保持身体健康，精力充沛。精神旺盛的时候写出来的文章才会丰满。精神疲倦的时候，写出来的文章会是萎缩的。文章是精神的产物，古人说："精神到处文章老"，是有道理的。

正因为休息是如此重要，且与文章的好坏直接相关，所以梁斌建议："创作生活，应该是有周期性的，写三四个礼拜，就要休息七天至十天，否则体力不济。"

梁斌谈自己创作经验和体会的文章不少，内容也很丰富，这里只是择要总结和归纳了七点，有些方面则省略了。不过，有此七点，也足够供大家参考的了。特别是第一、第二、第五、第六这四点，很有其自身的特点，但愿人们从中能得到一些对自己有用的东西。

胡绳写作法

胡绳(1918—2000)是现代著名的历史学家和哲学家。原名项志逊。曾任中共中央党史研究室主任、中国社会科学院院长、全国政协副主席。著有《从鸦片战争到五四运动》《历史和现实》《枣下论丛》《辩证唯物主义入门》等许多著作。后来这些著作都收入《胡绳全书》之中。

古代人作文,讲究义理、考据和辞章之说。胡绳似乎并不反对这种说法,而且还赋予这三者以新的内容,并以《义理、考据和辞章》为题,专门探讨了如何写好文章的问题。在该文前还特意说明:“桐城派文人如姚姬传也常以义理、考据和辞章三者为标榜。但他们所说的意思和我们所说的,并不完全相同。”言外之意,他所说的义理、考据和辞章,与桐城派和姚鼐的说法是有区别的,并把此三者视为作文的三点主要方法。

第一,义理是文章的灵魂和统帅。

胡绳认为:“在义理、考据和辞章这三者中,义理应当是灵魂,是统帅。”用我们现在的观点来讲,义理就是一篇文章的观点和中心思想,如果一篇文章没有一个观点或中心思想,那是不行的。胡绳说:

如果一篇文章,有的只是华丽的辞藻,有的只是庞杂的材料,却并不打算说明什么问题，解决什么问题，人们读过以后，根本不知道作者是在赞成什么，反对什么；那样的文章，人们通常就称之为“没有观点”的文章，也就是没有灵魂的文章。

正因为“义理”代表着一篇文章的观点和中心思想，是“灵魂”和“统帅”，所以胡绳认为写文章一定要讲究“义理”，也就是要把握好一个正确的观点和思想，并让观点和所应具备的材料得到一个较好的统一，这样才能把文章基本把握好。

第二，写文章要考虑材料的准确性。

胡绳所说的“材料”，就是古人所说的“考据”。胡绳主张，材料是为观点服务的，而如何选择好材料又是十分重要的。认为：“如何选择最恰当的、完全可靠的材料，对于一篇文章的成败，常常有很重要的关系。”所以，他强调“观点和材料的统一”。那么，对文章中所使用的材料究竟有些什么要求呢？胡绳提出了两个要求：

第一，要求所使用的材料对于所说明的论点是足够的和必要的，并且是作了具体分析的。堆积一大堆不能说明问题的材料，是没有意义的。

第二，要求所使用的材料是完全准确可靠的。不论是引用事实的材料或者文献的材料，或者是在批驳错误观点的时候引用的错误论点的材料，准确可靠都应当是一个起码的要求。

简单地说，胡绳对材料所提的两个要求，第一个是强调必要性，第二个是强调准确性。如果使用的材料是必要的和准确的，那文章中所要说明的观点就会鲜明而有力。

第三，要有好的形式。

在胡绳的理解中,古人所说的“辞章”之学,实际上就是写文章的形式问题。他认为,如果观点再好,材料再准确丰富,但没有好的形式加以表达,那还是美中不足。因此,“好的内容要求有好的形式,拙劣的辞章必然使内容受到损害。以为形式不需要讲究,形式好不好无关重要,是不对的”。为了说明文章中形式的重要性,他还对此作了较为具体的论述。他说:

> 我们所说的辞章涉及语言、章法和风格等方面。一个作者力求掌握丰富的词汇和多样的句法和章法,目的是为了运用自如,能够把内容传达得准确而生动。把内容准确地表达出来,这是对文章形式的基本的要求。用词不妥帖,造句不合文法,行文缺乏条理、拖沓冗长,就会把意思弄得含混晦涩,令人费解甚至误解。在准确之外,还要求文章写得生动。在辞章拙劣的文章中间,人们所读到的永远只是干瘪的词汇,刻板的句法、章法,即使这种文章把意思大体表达出来了,也会因为它语言无味、面目可憎而拒人于千里之外,使人不愿意亲近。所以古人说:“言之无文,行而不远。”

由此可见,胡绳所说的作文形式,是包括了“语言、章法和风格等方面”的。如果一篇文章既有好的观点和见解,所引材料也准确合适,与所论观点能达到和谐统一,再加上注意文章的章法、语言、修辞和风格,那才是比较完美的。

胡绳以上所说的“义理、考据和辞章”,是一个完整的体系,三者不可偏废和割裂。简言之,写一篇文章既要有一个好的观点或中心思想作灵魂,又要有准确而又必要的材料作说明,最后再加上有力的语言和形式来加以表达。这就是胡绳所说的写好文章的基本方法。

秦牧写作法

秦牧(1919—1992)是现代颇负盛名的散文家。原名林觉夫,别名派光、顽石。他的散文笔调优美,趣味盎然,在清新和润中又蕴含着丰富的知识。出版的散文集不下十余种。其中《艺海拾贝》《潮汐与船》等尤为广大读者所喜爱,流传甚广。他之所以获得如此成功,除了广泛阅读、多方吸收以外,还与他的良好而又独特的写作习惯与写作方法是分不开的。

作家的写作习惯和方法真是千差万别,有些人喜欢边抽烟边写作,有些人喜欢以饮酒来刺激自己的思维。秦牧没有这些习惯,但他承认"中青年时代我有一边吃零食一边写作的习惯,到了老年,就把这种坏习惯戒掉了"。不过,秦牧也坦率地承认,"但是我对于纸张很有选择,我只在有格的白纸或者纯白的复印纸上写作,我不喜欢一切有色的纸张"。当然,这些主要还都是他的写作习惯,让我们还是来看看他的写作方法吧。因为他的确有着一些很好的写作方法,归纳起来,大约有六点。

第一,对于不同的文章,应用不同的写作方法。

秦牧对写作时间的安排虽然很有规律,但他对于不同特点的文章,还会选择不同的写作方法,甚至是不同的写作环境。如他说:"不太费劲的文章,有时在茶楼里人声嘈杂中也能写。但高度集中精神来写的东西,就非得找个宁静的环境不可。”可见他对写作环境的选择要求并不太苛刻。而下面的一段文字,则更可以见出他对不同文章的不同写作方法:

写一千字左右的短文,我常常是先打好腹稿,坐到书桌旁(有时也到公园去写),一口气写成。如果是写两三千字的稿子,我就随便在一张小纸片上写出要点,然后按次序下笔。

至于写作中、长篇小说和系统性的理论文章(如《语林采英》),那就准备好一本笔记簿,分段写出要点,把参考材料也粘贴上去,然后,逐章“按图索骥”地写。写的时候,仍然是振笔疾书,只有在需要精雕细刻,或骨节眼处必需穿插警语、铺陈排句的地方,才放慢速度,字斟句酌。有时,这样做仍嫌不够细致,就另纸起草,再三修改,然后再联接到原稿上。

由此可见,秦牧写千字左右的短文,基本上只打腹稿,不打草稿;写两三千字的文章,则先写上些要点,然后再在要点的基础上摇笔成文;至于写中、长篇小说或理论文章,则比较讲究了,程序增多了一些。

第二,有了写作题材,先酝酿到大半成熟后方才动笔。

秦牧有一个很奇特的写作方法,他对大多数文章,都是“酝酿到大半成熟”后方才动笔,在写的时候再不断思考加工。如果不“酝酿到大半成熟”,他就不下笔;但是,“如果要等到想得十全十美才写,有时就可能无法完成了”。为何“想得十全十美”,反无法完成呢?就是因为想得太周全,反而因过分拖延而失去了创作激情。他曾不无遗憾地回忆道:“我对某一部分题材,曾有过写作的意图,但是始终没有写成,就是由于迁延时日，逐渐失去了创作激情的缘故。”所以，他写文章，多是酝酿到大半成熟，也就是达到一定火候的时候，才开始落笔。

第三，写不出来时，就索性搁笔，重新酝酿。

与别人一样，秦牧写文章，也有顺与不顺的时候。他曾深有体会地说：“写作，有时顺利，有时艰辛。大抵对材料熟悉、激情澎湃的时候，写起来就颇像平原跑马或者顺风行船那样，可以振笔疾书。”但是，如果遇到不熟悉的情况，或者遇到逻辑性很强或精细加工的文章和段落，那写起来就不那么容易了，甚至会感到难以落笔。在这种情况下，秦牧就干脆搁笔不写，重新思考。他说：“如果觉得下笔太过困难的话，我有时也索性搁笔，再作思索，重新酝酿，等到精神饱满的时候再说。”

第四，注意劳逸结合。

秦牧的写作虽然相当勤奋，但他还是十分注意劳逸结合。他一方面十分注意克服惰性，不使自己怠惰下去，“自己管好自己，加强自律”，另一方面也避免过度疲劳，以免因病而耽误写作。一般说来，“每当工作一两个小时，感到疲劳时，我就轮番去从事各种不需大用脑筋的劳动：浇花、洗衣服、擦皮鞋、给鱼缸换水，或者迅速地在楼梯间跑上跑下开信箱取信之类，然后再继续工作。”他自己也说：“干那类杂事我是当作休息看待，并不当作劳动的。”

有了这一调节，他的写作反而能够得以持续进行。除此之外，他还有劳逸结合的生活保护线：

> 一是中午必定休息一、二小时，晚上十一时（夏时制则是十二时），必定上床睡觉。这样做，尽管工作紧张，还是能够得到必要的休息。……这数十年间，实际上可以使用的时间很零碎，但我仍然写了

两三百万字,包括二十几本各式各样的集子。其所以能够如此,就在于生活较有规律。我认为:毅力,比一时的拼搏、冲刺重要得多。

第五,文章写完后,应该加以阅读和修改。

与其他许多著名作家一样,秦牧写完文章,也有再加阅读和修改的习惯。他认为:“文章写完后,再阅读再修改是一项十分重要的不可或缺的工序。”在他看来:“修改,并不是消极的‘改错’而已。它也是又一次的积极的‘创作’。”正因为这样,秦牧很重视文章的修改工作。他的修改方式大致是这样的:

一篇文章(或者一本书的每一节)写成后,我起码修改两次,有时是三次。一面朗诵一面修改,不但改掉错字别字,理顺句子,删去繁词冗段,搞好标点,加强修辞,也还注意文字的节奏音响。总得修改到可以琅琅上口才罢。个别重要片段,我觉得不满意的,往往还重新写过,然后加以剪接。

由此可见,秦牧对文章的修改是很精细的,也是全方位的,包括了字、词、句、段、节奏音响等各个方面,甚至是标点符号,有了这样全面的修改,何愁文章写不好呢?即使原本粗糙的文章,也会变得精美起来。但他还觉得自己的修改要求不够严格,还得向古今中外的名家学习,这样才能更有进步。

第六,有时头脑里酝酿几个题材,先成熟者先写。

秦牧很坦率,说自己并不是写完一篇文章,再考虑下一篇文章的素材,而是几个素材同时考虑,谁先成熟,就先写谁。他说:

我脑子里酝酿的素材,并不是只有一个,而是同时有好几个,甚至十个八个,“兼收并蓄”。哪一个首先成熟,就先写哪一个。

他觉得，只有这样做，“才能泉流滚滚，不断产生成果”。当然，这对于成熟的作家是合适的，对于初学写作的人是否合适，那是可以再作探讨的。

总之，秦牧为我们推出了一套较为完整的写作方法，而他则自谦为“写作习惯”。但不管是方法也好，习惯也好，反正是他几十年写作生涯中所积累起来的一些切身体会和经验。其中有些也可说是他独特的写作风格。我们可以根据自己的个人情况，加以选择和参考，以便形成自己的写作方法和风格。

郭风写作法

郭风（1918—2010）是现代著名的作家。原名郭嘉桂，回族。主要以散文诗驰名，他的散文诗集《叶笛集》《英雄与花朵》《蒲公英和虹》等出版后，以其清新明丽、意味隽永、感情真挚淳朴、富于乡土气息的艺术风格而深受广大读者的喜爱。除此以外，他也写诗与散文，热衷于写儿童文学作品，生平著述颇丰。他在文学创作上的成功，除了刻苦、勤奋以外，显然与他独特而又良好的写作方法也是分不开的。

约略说来，郭风的写作方法大致有三点。

第一，利用上班步行的时间进行写作构思。

人们一般利用步行散心，或者以此健身，但郭风却喜欢在步行中进行写作构思。具体情况如下：

> 上班时，我均步行。自我的寓所至工作单位，可以经过傍着旧时代的护城河的一条小路行走。这条小路不通汽车。过小河时有一座建于明成化年间的古桥。桥边有野草鲜花。不知怎的，我行经这条小路时，思想甚为活跃，幻想和想象也甚是活跃。某些自己较满意的"文句"往往在经此小路时产生；某种对于社会生活或自然现象之内蕴、含意，往往于经此小路时在心中生出某种"顿悟"。

郭风在上班步行时仍在写作构思，其勤奋的程度可见一斑。但他所走的这条小路比较幽静和特殊，容易引起他的“创作的思考”，他人不必刻意模仿。特别是大城市的马路上，车水马龙，嘈杂纷扰，似不宜提倡这种“步行写作构思法”。

第二，文字记录和“图像”记录。

郭风有步行构思作品的习惯，平时深入生活中也常思考问题，进行写作构思。为了使自己的感受和想法不致遗忘，他一直有记笔记的习惯，把当时自己所想的东西记下来。他说：“它也许是一种创作前的‘准备’，也许是为自己的创作‘仓廪’加进一些‘库存’。”

不过，他的“创作笔记”一般都写得比较详尽。更有趣的是，除了文字记录，他有时还搞“图像”记录，这种情况在作家中是极少有的。他说：

> 有的笔记不是“文字”记录，而是“图像”记录。我在北戴河，或在鼓浪屿港仔后，或乘海轮航行于黄海、东海观察日出或日落的景象时，主要在笔记本上“画”下各种云彩等的图像。日出及日落时，云彩形状的变幻和色彩的变幻，十分微妙，至为丰富。我在“笔记”里除记下云的变幻的形状外，且在“图像”之旁，标明是什么色彩。

他用“图像”记录，也许与他有一定的绘画基础有关，也许是由于有些自然界的丰富景象，一下子用文字还记不清楚，干脆先用“图像”记录，标明必要的文字，日后再根据“图像”来推敲和构思自己的文句。这不能不说是一种独特而绝妙的写作方法。

而对于一些“一闪而过”的感觉或想象，一时记不下来，他则“往往在小笔记本上随便记下几个字甚至一个只有自己懂得的符号”，以便帮助日后的追忆。

第三，注重修改。

与许多作家一样，郭风也有修改文章的习惯。他在《〈避雨的豹〉后记》中曾说：

书中文越短的，可能费时越多。我对短文，有一种改了又改的习惯。

不过，郭风对文章的修改，并不是小打小闹，而是幅度较大的修改。他在《关于作品的修改》一文中曾说，“我希望自己对作品的修改，不是仅仅在文字细节上下功夫，更不是雕琢”，而是对一种艺术境界的深化或凸现，有时则为了更加深刻和透彻，有时甚至是过了很长一段时间，受到他人著作或思想的启发后，才修改成功。总之，郭风对文章的修改是极其认真的。

当然，郭风的写作经验很丰富，方法也很多，他在散文的写作构思与技巧、散文与生活的关系等方面，也发表过不少很好的见解。这里所谈的，只是较能代表他的鲜明个性而又便于他人操作运用的几点。但望他人能根据自己的情况，汲取郭风一些有益的写作经验，从而结出自己的丰硕果实。

张爱玲写作法

张爱玲(1920—1995)是现代著名的女作家。原名张煐,笔名梁京。以写小说驰名。早在20余岁时,便以小说《倾城之恋》走上文坛,并引起文坛关注。后笔耕不辍,写下了许多小说和散文,如中篇小说《怨女》、长篇小说《半生缘》等,另有小说集《传奇》《流言》等。20世纪50年代初,她在香港生活,没多久,便移居美国,在加州大学工作,仍然从事文学创作,写下不少作品。

以张爱玲的个性,未必喜欢去侈谈写作经验一类的东西,但她却以杂谈的方式,写过一篇《论写作》的文章,其中也涉及到一些写作经验和方法。经梳理,大约可归纳为四点。

第一,对自己的写作要求一定要高。

张爱玲虽然是位十分走红的女作家,作品也不少,但她对自己的写作要求却很高。她写小说,常常有写不下去的情况,并为此而犯愁,有时写后复读,感到不满意,结果又把它撕了。她中学时的老师教她写文章,要求开头开得好方能抓得住读者,结尾一定要好方能有味,她一直铭记在心,并深有感触地说:

> 然而今天,当我将一篇小说写完了,抄完了,看了又看,终于摇摇头撕毁了的时候,我想到那位教师的话,不由得悲从中来。

此话虽短，只叙述了自己写作中的某些情况，但张爱玲对自己写作的要求之高之严，仍可窥见一斑。我们从她所写的其他散文中，也可看到她在写作上的高要求。实际上，她把写作视为一件很辛苦的事，她品尝过写作中的许多甘苦，杜甫所说的“文章千古事，得失寸心知”，用在她身上是十分适宜的。

第二，写作要倾注感情。

张爱玲写小说并不随波逐流，也无所谓什么思潮和流派，她只是一味要写自己想要说的话，任凭自己的情感在纸上流泻，并认为作家的作品要使读者动情，首先必须使自己动情。她在《论写作》中说：

> 我们还是实际一点，谈谈写小说的甘苦罢。写小说，如果想引人哭，非得先把自己引哭了。

不过，她也承认，如果写的时候“能够痛痛快快哭一场，倒又好了”，可无奈的是，她写的时候，想哭却又哭不出，往往只觉得“悲哀”，有一种“杂乱不洁的、壅塞的忧伤”。所以，她把写小说视作“是为自己制造愁烦”。不过，这也从侧面说明了，她写小说是带着感情在写的，并非处于一种冷漠或冷峻的状态。

第三，写作不要无病呻吟。

在张爱玲看来，活过半辈子的人，多少对人生都有一种切身体验，一点独到见解，只是他们从来没想到要把它写出来，事过境迁，也就湮没了。能写作的人好在有纸有笔，又识得几个字，于是就把它写了出来。但是，她又认为，有不少作家却往往没话找话，无病呻吟，对此她不甚满意。在《论写作》中说：

> 纸的问题不过是暂时的，基本问题还是：养成写作习惯的人，往

往没有话找话说，而没有写作习惯的人，有话没处说。

她并且指出：

> 职业文人病在“自我表现”表现得过度，以致于无病呻吟，普通人则表现得不够，闷得慌。

她这样说，实际上对当时有些文人废话连篇、装腔作势、没话找话的写作风气是很看不惯的，主张写作应该有感而发，切忌“无病呻吟”，没话找话，到头来只能失掉读者和自己写作上应有的位置。

第四，作者要注意到读者。

张爱玲晚年深居简出，不大与外界来往。她所写的小说，也未必是通俗读物。但说来也很有趣，她却很关注作者与读者的关系以及读者平时的需要。她说：“要迎合读者的心理，办法不外这两条：（一）说人家所要说的；（二）说人家所要听的。”

但是一说到通俗读物和大众文学，有些人就容易视为迎合低级趣味，有些人甚至把低级趣味与色情混在一起。针对这种情况，张爱玲又提出了不同看法。她说：

> 低级趣味不得与色情趣味混作一谈，可是在广大的人群中，低级趣味的存在是不可否认的事实。文章是写给大家看的，单靠一两个知音，你看我的，我看你的，究竟不行。要争取众多的读者，就得注意到群众兴趣范围的限制。

张爱玲甚至认为，即使在我们作家身上，实际上也多少有着“低级趣味”的东西。她说：“我们不必把人我之间划上这么清楚的界限。我们自己也喜欢看张恨水的小说，也喜欢听明皇的秘史。将自己归入读者群中去，自然知道他们所要的是什么。”由此可见，张爱玲所说的“低级趣味”,实际上也就是张恨水的通俗小说、唐明皇与杨贵妃的恋爱史等一些通俗内容的东西,是相对于雅文学或纯文学而言的,并不是真正的低级趣味。

由此可见,张爱玲虽出身名门望族,又是一位颇有名声的女作家,但她心中却仍装着读者,对通俗文学也有着一种出俗不凡和近情近理的理解,这倒是十分难能可贵的,恐怕也是她的作品能拥有一部分读者而且至今不衰的原因之一吧。

张爱玲虽然从没系统地谈起过自己的写作方法,但即使在我们以上所梳理和归纳的四点中,也可以基本上看出她的写作态度和写作经验。特别是第三、第四点,至今似乎仍有一定的现实意义。

岑桑写作法

岑桑(1926—2022)是现代著名的作家。除写小说与诗歌之外,尤以写散文驰名。至今已出版的散文集有《当你还是一朵花》《风雨情踪》《生命开始远航》《在大海那边》等。此外,他也写小说和诗,出版过小说集和诗集多种。在《美的追寻》一书中,有不少文章结合了自己的创作体会,谈了一些有关写作的经验得失。经过综合,大约归纳为三点。

第一,写作应有自己的材料库存。

岑桑以写散文为主,也写诗与小说。在他的写作生涯中,深感一个作家要写出好文章,不仅要有丰富的思想感情,而且还要有大量的材料贯穿。如果思想感情再丰富,但"材料贫乏,同样不能算是一篇好文章"。而不少作家之所以获得成功,这与他掌握大量的材料有关。他在《"不闻问,无善声"》一文中说:

> 我们读许多有经验的作家的作品,看见他们运用材料左右逢源、得心应手,写来纵横捭阖、游刃有余,这是为什么呢?当然,这主要是因为他们有较高的政治素养和丰富的写作经验;但是除此之外,还得依靠大量的材料积累。如果他们没有自己的材料库存,是不可能做到这样的。

因此,岑桑非常注意材料的积累问题,曾一连为此写了三篇文章,建议大家最好都有"自己的材料库存"。

第二，积累材料不仅要动笔，而且要开口、睁眼、动脑筋，要有点和面的结合。

说到材料积累，通常人们都会想到写日记、记笔记，把生活中所遇到的有意义的可作素材的人和事记录下来。当然，这也挺好，屠格涅夫、果戈理、司汤达，乃至中国的梁斌、郭风等作家都用这个方法，有这个习惯。但是，在岑桑看来，光写日记、记笔记等还不够，还应该把眼、耳、口、脑、手等一起动员起来，这样或许会更好。他说：

> 当然，材料积累，不一定都是作记录、做日记。在积累材料的过程中，眼、耳、口、脑、手都得动作起来。有些材料用脑子可以记得牢的，那当然是最好不过的，而且，根据许多人的经验，凡是这类能用脑子记得住的经久不忘的材料，往往是进行创作最有用的东西。

在这里，他的办法显然比别人更进一步。不仅要用手动笔，而且也要启动其他的感觉器官。所谓动“眼”，就是要仔细看，仔细观察；动“耳”，就是对于别人的谈话，要用耳朵听进去；动“口”，就是自己想知道和了解的东西，要尽量多开口询问请教；动“脑”，就是要把自己所需要的东西尽量用脑子记下来，理清楚；动“手”，那当然就是用笔记下来，以免忘记。

除了“眼、耳、口、脑、手都得动作起来”以外，岑桑认为，积累材料也要有重点的和非重点的之分，也就是“点”和“面”的结合。他在《博与精，广与深》一文中说：

> 精深跟广博是密不可分的。我们积累材料也应该这样：有点有面。“点”就是你要从事写作的那个方面，是重点；“面”则是一般的东西，是涉猎。把点与面结合起来，才可以解决博和精、广和深的关系。

究竟如何建立自己写作所用的“材料库存”，应该说岑桑教给了我们两个很好的方法。

第三，写作中可注意对比。

岑桑对绘画艺术颇有鉴赏能力。由于绘画艺术中常用虚实、浓淡、疏密等表现手法，由此他联想到写作艺术，认为写作艺术中实际上也有个对比的问题，如能用上，或许会更好，为此，他专门写了一篇《对比的艺术》的文章，其中也谈到了文章中应用对比手法的问题。他说：

> 在艺术领域里，虚实、浓淡、疏密、大小、远近……之类的对比手法，之所以往往会产生引人入胜的艺术效果，看来首先是由于它给人以空间感，叫人从中看到距离，看到了层次，获得了立体的印象。……其次，这一类对比有助于表现描写重点与周围环境的有机联系，从而有利于把描写重点烘托得更鲜明、更真切。

接着，他以范仲淹《岳阳楼记》为例作了分析，由此引发并建议写文章的人在布局、构思、行文过程中应把对比的手法考虑进去，以便使文章虚实相间、浓淡有致、疏密相宜、大小相称，从而让全文显得错落有致，更加舒适合理。

在岑桑半个多世纪的写作生涯中，积累起来的写作经验和方法自然远不止以上这三点。他对于诗的创作问题、写作中的“意在笔先”的问题、生活与创作的关系问题、如何写杂文的问题等，都发表过很好的见解，这里就不再一一罗列，只是就其比较重要而又有特色的经验和方法，进行了粗浅的论述和介绍。平心而论，岑桑的这三点经验，都是值得引起我们注意和参考的。假如我们能加以吸纳，哪怕是其中的一点，对于我们也是大有好处的。

罗洛写作法

罗洛(1928—1998)是现代著名的诗人。著有诗集《春天来了》《雨后》《阳光与雾》《海之歌》《山水情思》等。他的诗清新流畅、语浅情深、意味隽永,很受读者喜爱。同时他也翻译诗歌,写过许多散文和文艺批评,有散文集《人与生活》、诗论集《诗的随想录》等。去世以后,又有《罗洛文集》四卷本出版。在他长期的写作生涯中,也积累了相当丰富的写作经验,形成了一套良好的写作方法。特别是他的语言表达,总是非常地自然流畅。经过大致梳理,可归纳为五点。

第一,通常先打腹稿,然后再写在纸上。

罗洛写诗有个习惯,往往先反复思考和酝酿,等比较成熟了,才开始动笔写在纸上,以后再进行多次修改。如果考虑不成熟,他是决不轻易动笔的。他在《诗人的自白》一文中说:

> 我写作的习惯:先打好腹稿,然后再写在稿纸上。写好后放一段时间,再修改几遍。

至于为何要酝酿成熟了再开始动笔,这与他复出以后担任多种要职、工作比较繁忙有关,所以只能利用业余时间进行构思和写作。当《未名诗人》杂志问他:“您写作有什么独特的习惯吗?它们是怎样形成的?”他也很坦率地回答:“我想得很多,写得很少。每首诗几乎都是在脑子里写好了，然后才写在稿纸上。这是因为我只能利用很少的业余时间来写作。我的许多诗都是在飞机、火车和汽车上构思成熟，以后只要找点空闲时间写下来就成了。”

我们不得不承认，这是罗洛根据自己的工作实际而自我形成的一种他所特有的写作方法。

第二，长诗和短诗的形成方法各不相同。

诗有长、短之分。罗洛既写短诗，也写长诗，但形成的方法却迥然不同。他说：

> 我的一些短诗大多是所谓灵感来袭时的即兴之作，而一些较长的诗，如《云雀》《西出阳关》等，都是经过一段时间的酝酿，几经修改而成的。

由此可见，同样是写诗，长诗和短诗，在罗洛笔下的形成方式却有着很大的区别。从表面上看，长诗的写作也许更艰巨一些，但实际上，有些短诗的产生，虽然只是灵感闪现的一刹那，而灵感的闪现也并不那么容易，也是有着一个积累和形成的过程。在这个意义上说，短诗的写作也并不轻松。

第三，先接受他人影响，然后再摆脱影响，从而形成自己的写作风格。

罗洛学贯中西，知识渊博，他虽然以写新诗为主，但也会写旧诗词，并熟悉西方诗歌，进行过翻译。他自己承认，早期写诗曾受过不少人的影响，从中汲取过不少有益的东西，但随着自己创作的深入，他又竭力摆脱这些影响，以形成自己的风格。他在《答〈未名诗人〉问》中坦率地说：

在四十年代，惠特曼、泰戈尔、艾青、绿原都对我产生过影响。不过，以后我的全部努力都在摆脱别人的影响，努力寻求自己的道路。人各有声，用自己的声音唱就是了。即使唱得不那么好听，但总是自己的声音。

在这里，罗洛强调了诗的创造性和个人独特的艺术魅力，而不赞成一味地模仿。他觉得一个人早年受他人影响是能理解的，但不能永远如此，重要的是形成自己的个性和风格。即使一时不及别人，但也是属于你自己的。他本人的诗歌创作历程和在艺术风格上的变化，就是一个明证。

第四，写诗要真诚，要说真话。

当《未名诗人》杂志问罗洛："您认为成就一个诗人最重要的有哪些方面的因素？最要警惕哪些问题？"罗洛回答：

成就一个诗人最重要的因素，除了客观环境因素外，我认为是真诚、敏感性、想像力和驾驭语言的能力。最需要警惕的是随风转舵、随波逐流。切忌奴颜媚骨。

在这里，罗洛首先强调的就是"真诚"。在他看来，如果一个诗人不真诚，即使写诗技巧再高明，语言再华丽，也是不够诗人标准的。当别人问他："您写诗的座右铭是什么"时，罗洛毫不犹豫地回答：

讲真话，否则宁可沉默。

由此可见，罗洛非常看重诗人的"真诚"和"讲真话"的问题，把它视为一个诗人首先应该具备的条件。唯有态度"真诚""讲真话"，才谈得上是否像个诗人。

第五，写诗的时候不要去考虑"诗歌作法"。

一个很有意思的现象是,罗洛尽管评价过许多诗人,写了大量的诗论文章,还有《诗的随想录》等专著问世,对诗的各种问题论述得头头是道,但他却并不十分相信"诗歌作法"之类的书,而且希望诗人在写诗时不要去想诗的理论问题。他非常坦率地说:

> 学习技巧主要靠阅读作品和创作实践,后者更为重要。因为每个诗人都应有自己的特色,也应有自己的独特的技巧,这只能通过创作实践才能得到。我从来不看"诗歌作法"之类的书,我认为,诗人在写诗的时候,应该把所有的理论家、批评家统统忘记掉。

也就是说,罗洛主张诗人在写诗时应该全身心地沉浸到诗歌中去,而不必也不应该去想什么"诗歌作法"等理念的东西。他的这种重创作、重实践的观点,与歌德的有些主张十分相近。

当然,罗洛的写作方法,特别是对诗歌创作的方法,还有许多十分精辟的见解。由于其中有些属于文学观念和创作主张上的意见,属于理论或批评的范畴,这里就不再一一罗列。不过,即使就以上五点而言,罗洛的写作方法也充分显示出他的特色和个性,足可以提供我们参考。特别是那些喜爱作诗的朋友,从他的方法上更可以得到许多启发和益处。

外国名家写作法

亚里士多德写作法

亚里士多德(前384—前322)是古希腊著名的哲学家和科学家。他是柏拉图的学生,亚历山大大帝的教师。其知识面非常广博,除哲学以外,在历史学、修辞学、伦理学、政治学、物理学等方面都有贡献,著有《工具论》《形而上学》《物理学》《政治学》等,被但丁称为"所有有知识的人中的大师"。此外,他还著有《诗学》一书,对文学创作和诗与戏剧的写作问题等,也发表过许多独特又深刻的见解。如果不加介绍,似乎有点可惜,因为欧洲近代的一些文艺思想和创作原则,都可以追溯到他的身上去。

由于亚里士多德的创作思想和方法在西欧曾产生极为广泛的影响,所以我们在这里着重介绍他在创作方面的经验和方法,不涉及文艺理论或一些观念性的问题。亚里士多德有关创作过程中的具体经验大多发表在他的《诗学》一书中。由于古希腊的"诗"基本上就是文学的代名词,当时的喜剧和悲剧基本上也都由诗组成,所以他的《诗学》实际上就是有关文学创作的学问。归纳起来,大约有四点。

第一,在写悲剧的六个成分里,情节是最重要的。

亚里士多德曾把悲剧艺术的组成划为六个成分,即:情节,性格,言词，思想，形象和歌曲。并解释道："情节是行动的摹仿（所谓'情节'，指事件的安排），'性格'是人物的品质的决定因素，'思想'指证明论点或讲述真理的话。"但他又明确表示：

> 六个成分里，最重要的是情节，即事件的安排；因为悲剧所摹仿的不是人，而是人的行动、生活、幸福。

继而他又进一步指出："因此，情节乃悲剧的基础，犹如悲剧的灵魂；性格则占第二位。"这种情况，与后来有些剧作家重人物、以人物为第一位的创作思想正好相反。但不管怎么说，亚里士多德当时在悲剧中如此重视情节，总有当时的社会背景和他自身的道理的。

第二，考虑情节时可先化为一个大纲，要近情理。

正因为情节在悲剧中如此重要，因此亚里士多德曾以很多篇幅来谈情节的设置和安排。其中有两点似乎尤为引起注意。首先，他说：

> 情节不论采用现成的，或由自己编造，都应先把它简化成一个大纲，然后按上述法则加进穿插，把它拉长。

其次，情节要近情理。他说：

> 因此，一桩不可能发生而可能成为可信的事，比一桩可能发生而不可能成为可信的事更为可取；但情节不应由不近情理的事组成；情节中最好不要有不近情理的事。

他的意思是，考虑情节时最好有个大纲，这样条理可以清楚些；而情节必须要近情理，如果不近情理，全剧的骨架就立不起来。

第三，刻画人物性格应该符合必然律或可然律。

在谈情节安排和设置的同时，亚里士多德也谈到了悲剧人物性格的刻画问题。他在《诗学》中说：

> 刻画“性格”，应如安排情节那样，求其合乎必然律或可然律：某种“性格”的人物说某一句话、作某一桩事，须合乎必然律或可然律；一桩事件随另一桩而发生，须合乎必然律或可然律。

他的意思是，剧情的情节设置安排要近情理，同样的，刻画剧中的人物“性格”，也要近情理，符合这个人的性格发展的必然性和可能性，否则这个人的“性格”就不可信，这样也势必影响这一戏剧的可信度。

第四，使用奇字要有分寸。

在《诗学》中，亚里士多德也讲到了奇字的使用问题。他说：

> 使用奇字，风格显得高雅而不平凡；所谓奇字，指借用字、隐喻字、衍体字以及其他一切不普通的字。

在这里，他一方面说出了使用奇字在形成风格上的好处，另一方面也说明了奇字所包括的一些范围。与此同时，他在举了荒唐使用奇字的例子以后，又告诫人们说：

> 每一种奇字的使用都要有分寸；滥用隐喻字、借用字或其他奇字，以引人发笑，都会产生同样效果。

他这里所说的“同样效果”，实际上就是指“荒唐”的效果，也就是说如果一味“滥用隐喻字、借用字或其他奇字”，就会造成同样荒唐的效果。正因为如此，他才谆谆告诫“每一种奇字的使用都要有分寸”。也就是提醒人们使用奇字固然有好处，但必须要使用适当。联想到我们现在有些人写诗作文，也有滥用奇字、故作惊人之语的地方，这不能不引起我们的警觉，并以此为诫。

当然，亚里士多德的《诗学》，涉及的文艺思想和创作方法还有很多，限于篇幅和阅读的对象，这里只是就一般青年和学生写作中所常碰到或应注意的几个问题,具体归纳了以上四点,供大家参考。同时也让大家初步知道一下,西方文艺理论经典著作中对创作和写作问题有一些什么样的具体要求,既增长我们的写作知识,也提高我们的写作能力。

蒙田写作法

蒙田(1533—1592)是法国16世纪著名的思想家和散文家。他的散文娓娓叙来,变化多彩,内涵丰富,哲理性和思想性都很强,对英国的培根、莎士比亚以及法国17、18世纪的思想家和文学家也曾产生过很大的影响。他的散文之所以能够经久不衰,赢得广大读者,除了丰富的思想内涵和艺术特色以外,还与他巧妙而又认真的写作方法也是分不开的。

大致说来,蒙田的写作方法约有三点。

第一,不必热衷追求新颖时髦的词语,而在于如何使自己的词语运用得更好。

随着社会的发展,特别是在社会变革的当口,总会出现许多新的词语。今天如此,古代也是如此; 中国如此,国外也是如此。其中有些新词语代表着一种新概念、新思潮,被群众认可而沿用下去,有些则徒有新颖时髦的外表,并无什么生命力,没过多久就被淘汰。蒙田处于西欧的文艺复兴时代,人文思潮风起云涌,新的词语也层见叠出。有不少人追求新奇和时髦,不讲实效,蒙田对此很反感。于是在《有血有肉的语言》一文中说:

大作家不在乎去创造新词,而是致力丰富自己所用的词语,使其

> 含义和用法更有分量、更加深刻。他们以审慎的态度、巧妙的手法给语言带来不寻常的气势。这种天赋在普通人当中是多么缺乏啊！我们只须看一下当代许多法国作家的事例便可以知道这一点。他们相当大胆，而且十分自傲，竟不屑走常人的途径。但他们缺乏创造性，欠缺鉴别力，因而都失败了。在他们的作品中只看到可怜的故作新奇，言不由衷的荒谬的修辞手法。那不但无助于加强主题，反而把主题削弱了。他们只热衷于追求新颖，全不顾产生什么效果。为了用上一个新词，他们竟把往往更有力、更动人的旧词舍弃。

由此可见，蒙田写文章，在运用词语方面是很讲究实效的，而不喜欢赶时髦、求新奇。想当初，务奇求新的作家一定不少，随着时间的推移，他们几乎都一个个销声匿迹，被历史所淘汰，而蒙田却依然高昂挺立，他的散文受到全世界的重视和欢迎，这是一种怎样的奇迹呵！这无疑与他遣词造句十分讲究实效的写作方法是密不可分的。

第二，主张自然地表达文章内容。

在西欧，有一部分哲人和作家，特别是一些经院派哲学家，在写文章表达自己的思想或叙述作品的内容时，往往喜欢在概念的王国里推论，自造一些只有自己或极少部分人看得懂的名词概念，沾沾自喜，自我炫耀，颇以为了不得。然而，反复阐述和反复论证到最后，仍使人头昏脑涨，如堕五里雾中，不知其中所云。蒙田也不赞成这样的文风，认为文章的意思表达，应该尽可能直接一些、自然一些。他在《诗之自由随意》一文中说：

> 我主张内容的自然取胜。何处变化，何处收笔，何处开始，何处转折，自己充分显露出来，无需加插连接和交代的词语（那是为感觉迟钝

或不太专心的读者而备的)，也用不着我多加解释。宁愿自己的作品没有人读也不愿人家读起来昏昏欲睡或掩卷远避，谁不这样想呢?

“诗”在古希腊和古代欧洲，一般都作为文学的代名词。所以蒙田所说的“诗之自由随意”，不仅仅是指诗，而且也包括散文等其他文学体裁在内。他主张自由、自然地表达文章内容，而不必摆起架势，一本正经地向读者指手画脚，令读者生厌。所以，他所写的散文，哪怕是议论文，如《论闲逸》《论教育》《论友谊》《论人与人之间的不平等》《论想象的力量》等，都轻松随意，自然流畅，舒卷自如，读来给人一种享受，没有任何受罪感和“昏昏欲睡或掩卷远避”之感，这正是他所提倡的写作态度和写作方法所达到的效果。

第三，写作应避免晦涩。

晦涩难懂的文章，不仅现在有，古代就有。蒙田本人也是思想家，哲学思想丰富，但他不喜欢故作深奥，在哲学思辨和理念的国度里绕圈子，而喜欢简洁明快地表达自己的思想。如他曾十分遗憾地说：“各门学科论述本专题的时候，不免写得过于微妙，过于做作，离通常的、自然的用法太远。”他甚至对亚里士多德的文章和著作也表示不满，认为装饰过重。他说：“亚里士多德的著作包含与我日常思想活动有关的内容，而大部分我自己竟认不出来。为了学派的需要，这些内容用另一种外衣装饰、遮盖起来了。但愿上帝首肯这种做法吧！如果是我从事此项工作，我会实行人工自然化，而他们却是搞自然人工化的。”正因为这些缘故，他反对晦涩，并敢于向那些头上戴着光环的哲学巨匠们开炮，认为有些读者“会将隐晦视为含义深刻”，那是很可怜的。隐晦不等于含义深刻；而有些含义深刻的道理是一看就明白的。因

此,他真诚地告诫自己和别人:

说句实在话吧,我是最厌恶晦涩的,只要有可避免我就会避免的。

正是在他写作主张和方法的支配下,蒙田开创了一代文风。他的散文被视为世界文库中的经典。即使从我们现在的眼光来看,他的有些写作主张和方法,特别是文章中语言的运用不要赶时髦,应避免晦涩等,至今对我们的写作仍有借鉴意义。

狄德罗写作法

狄德罗(1713—1784)是法国18世纪著名的启蒙思想家和哲学家,同时也是著名的文学家。除了担任《百科全书》的主编之外,还写过不少文学作品,有小说《修女》《拉摩的侄儿》《宿命论者雅克和他的主人》等,剧本则有《私生子》和《一家之主》。他在文学、哲学、艺术理论方面都有不少建树。如对绘画、雕刻、音乐、表演艺术等门类,都发表过不少有创见性的论说。

不过,如果就写作方法而言,他似乎在戏剧创作方法上有着较多的见解,在诗与小说方面谈得并不多。而他有关戏剧创作上的经验和方法,则几乎都集中在《论戏剧艺术》《关于〈私生子〉的谈话》《论戏剧体诗》等论文中。这里根据有关的材料加以梳理,大致归纳为五点。

第一,写戏剧总得先考虑布局,而布局则与主题有关。

写小说有布局,狄德罗认为写戏剧更得有布局,而在考虑这个布局时,必须把主题相应地考虑进去。他说:

> 人们可以用同一个主题和同样的人物定出无数的布局。
>
> 有美妙的想象力;考查事物发生的顺序和联系;不怕艰难的场幕,也不怕工作费时;由主题的中心直入;仔细分辨剧情开始的时机;看明白哪些东西应该放在后面;认识能感动人的场面:这就是

人们据以布局的才能。

在这里,狄德罗主要谈了两个意思:首先,同一个主题和同样的人物定出无数的布局,也就是布局的多样性;其次,布局的才能如何可以发挥得更好,也就是布局大致包括哪些内容。

第二,有了布局后必须把布局写成提纲。

狄德罗承认:“布局很费力,需要长时间的思考。”尽管如此,但总得“先有布局再写各场”。那么,布局完成以后,下面的写作顺序将是如何的呢?

从狄德罗的不少语段来看,戏剧有了布局,应该是把这布局写成提纲,“当提纲完成,人物性格确定以后,就进入剧情安排”。他说:

> 当戏剧作家完成了布局,给予他的提纲以适当的广度,把剧本分成幕,分成场,那么他就可以工作;让他由第一场开始,到末一场结束。如果他以为可以毫无后患地随着兴之所至由这里跳到那里,随着才气的纵横而飘逸无常,那他就错了。

狄德罗曾十分感叹地说:“在戏剧作家完成提纲以后有多少东西还没有确定啊!”不过可以欣慰的是,有了提纲,就已经有了“据点和基本内容”,作者就可以“根据这些材料来分排剧幕,规定人物数目,他们的性格以及每场的主题”。

第三,一个情感或一个性格在剧本中的发展,比复杂的情节更重要。

亚里士多德在谈悲剧时非常强调情节,认为“情节乃悲剧的基础,犹如悲剧的灵魂;性格则占第二位”。狄德罗虽然也不否定戏剧情节的重要性,但他却更重视一个情感或一个性格在剧本中的发展。他说:

> 我更重视一个情感、一个性格,在剧本中渐渐地发展,最后展示

出全部力量，而不大重视交织着错综复杂的情节使剧中人物和观众受到同样的摆布的那些剧本。

实际上，他的意思是，一种贯穿全剧的情感或一个人物的鲜明个性在剧中的逐渐发展，比“错综复杂的情节”更重要，也更能展示剧本所蕴含的力量。

第四，戏剧的开场很重要，应尽可能地把它写好。

俗话说：“万事开头难。”写作似乎也有这个情况，狄德罗也承认一个戏的开头第一幕是很难写的，但又相当重要。他说：

> 一个剧本的第一幕也许是最困难的一部分。要由它开端，要使它能以发展，有时候要由它表明主题，而总要它承先启后。

也就是说，剧本的第一幕，既要它承先启后，使它能得以发展，有时候又要它表明主题，有多种作用在内。所以，狄德罗认为这“第一幕也许是最困难的一部分”。但它又是那么重要，关联着全剧的发展，因而又必须把它写好。

第五，写剧本不要有太多的清规戒律。

戏剧艺术在欧洲社会可以说是源远流长，早在古希腊，就出现了埃斯库罗斯、索福克勒斯、欧里庇得斯这样的三大悲剧作家和阿里斯托芬这样的喜剧作家，以后在英国又出现了马洛、莎士比亚，在法国又出现了高乃依、莫里哀、拉辛这样的剧作大师，因而也随之出现了许多戏剧理论家，对戏剧创作提出了各种规定和准则。狄德罗通过自己的戏剧创作，对那些古典主义的戏剧理论并不完全赞同，认为写剧本不要有太多的清规戒律。他说：

> 我对戏剧艺术愈深思，我对那些戏剧理论家愈怀反感。他们根

据一系列特殊规律，订出一般教条。他们看见某些情节产生了良好的效果，马上就强迫戏剧作家一定要用同样的方法去获取同样的效果；可是如果他们再仔细观察一下，他们会发觉相反的方法将产生更大的效果。就这样，艺术中规则充斥，而作者由于奴颜婢膝地拘守这些规律，就时常花费了很多的力气而写出比较不好的东西。

在这里，狄德罗主要说明了戏剧理论家所订“特殊规律”对戏剧创作所带来的一些弊端，希望人们在创作时不必“奴颜婢膝地拘守这些规律”，而可以用“相反的方法”去尝试，这样的效果也许会更好。

当然，狄德罗在文学创作方面的经验还有许多，如他对诗与时代的关系，真、善、美三者的关系，以及想象、灵感、语言等方面，也都发表过不少有价值的见解。这里主要介绍了一些他在剧本写作方面的经验和方法，以供大家参考。

歌德写作法

歌德(1749—1832)是德国18至19世纪著名的诗人、剧作家和思想家。他的作品如《少年维特的烦恼》《浮士德》,以及大量的抒情诗,在中国广为流传,影响很大。与此同时,他对绘画、音乐、建筑等艺术也有高深的修养,发表过许多颇有见解的谈话和文章。更有意思的是,他在自然科学方面也有贡献,如发现人类颚间骨,并著有关于植物形态学和颜色学方面的论文。总之,他是一位百科全书型的作家,为德国和许多国家人民所景仰。他的文艺思想也对人们产生过深远的影响。

不过,歌德主要还是一位诗人,在创作实践上,他谈得较多的也是诗。所以,这里主要还是归纳他在诗歌写作上的一些经验和方法。大致说来,约有四点。

第一,只要"抓住现实生活",总会写出好的诗作。

当时,德国的有些青年诗人好高骛远,脱离实际,总想写出点惊世之作,却又忽视现实生活的存在。针对这种情况,歌德再三忠告青年人应关注生活,认为写诗的动因和材料实际上都是从我们现实的生活中来的。他对爱克曼说:

如果作者每天都抓住现实生活,经常以新鲜的心情来处理眼前事物，他就总可以写出一点好作品，即使偶尔不成功，也不会有多大损失。

又说："抓住日常生活提供给你的材料，趁热打铁，你总会写出一点好作品来。这样，你就会每天都感到乐趣。"歌德之所以屡屡强调"抓住现实生活"，因为在他看来，"现实生活必须既提供诗的机缘，又提供诗的材料。一个特殊具体的情境通过诗人的处理，就变成带有普遍性和诗意的东西"。他并以自己的创作经验为例，认为他的诗几乎都"来自现实生活，从现实生活中获得坚实的基础。我一向瞧不起空中楼阁的诗"。然后，他再次告诫青年诗人：

> 不要说现实生活没有诗意。诗人的本领，正在于他有足够的智慧，能从惯见的平凡事物中见出引人入胜的一个侧面。必须由现实生活提供做诗的动机，这就是要表现的要点，也就是诗的真正核心。

很少有人像歌德那样重视诗与现实生活的密切关系。在他眼里，现实生活不仅是作诗的动因，能提供"诗的材料"，而且还包蕴有"诗的真正核心"，意义不可谓不大。

第二，每逢诗兴或灵感来时，就立刻写下。

诗人总有诗兴勃发或灵感袭来之时。每当这一时刻，歌德总是马上把这些诗句写下，好像就怕灵感逃走似的。他曾说过：

> 每逢诗兴来时，便跑到书桌旁边，将就斜横着纸，连摆正它的时间也没有，急忙从头至尾矗立着便写下去。

也许正是由此情景，所以有人说歌德有站着写诗的习惯，实际上他是想把灵感冲撞或诗兴勃发时在脑中闪现的诗句及时抓住，以免忘却。如果说歌德在上一点中强调的是"抓住现实生活"，那么这一点所强调的则是抓住诗兴和灵感，二者都很重要。

第三，不爱谈写作计划，喜欢作品完成后才与别人讨论。

一个很有意思的写作现象是，有些人有写作计划，如巴尔扎克，有些人却没有写作计划，如艾青；有些人在列写作计划的同时，还喜欢谈论写作计划，有些人也列有写作计划，却未必爱谈论。就拿席勒和歌德来说，他们是当时德国齐名的诗人和剧作家，席勒喜欢谈论写作计划，歌德却不爱谈。据歌德说，席勒“对自己作诗的计划总是琢磨来、琢磨去，逢人就谈来谈去，没有个完。他近来的一些剧本都一幕接着一幕地跟我讨论过”。然后，歌德谈到自己。他说：

> 我的情况却正相反，我从来不和任何人，甚至不和席勒，谈我作诗的计划。我把一切都不声不响地放在心上，往往一部作品已完成了，旁人才知道。

从他本人的话来看，他并没有说自己没有写作计划，而是在未完成之前不喜欢谈论，只是在写完之后才与别人讨论，征求别人意见。这可以说是一个人写作的习惯和个性，也可以说是一个人写作的经验和方法。

第四，写诗不能弄虚作假。

歌德虽然一直强调想象和幻想在写诗时的重要性，并鼓励人们进行想象和幻想，但他同时又提倡写诗要真诚，不要弄虚作假。他曾对爱克曼说：

> 我写诗向来不弄虚作假。凡是我没有经历过的东西，没有迫使我非写诗不可的东西，我从来就不用写诗来表达它。

也就是说，凡是歌德亲身经历或有真情实感而不得不写的东西他才写，如要叫他写一些虚假的或是自己没有感情体验的东西，他是绝

不肯写的。要做到这一点很不容易。有些人在政治高压或特殊的情况下会违背诗人的良心,去写一些虚伪的或违心的东西,但歌德却宁可保持诗人的真诚和独立人格,也不愿去写那些“弄虚作假”的诗句,这正是歌德的可贵而又令人崇敬的地方。

当然,歌德的写作方法和创作思想极其丰富,如他在诗与政治的关系、古典诗和浪漫诗的创作区别、特殊性与一般性的辩证统一关系、哲学思辨与文艺创作之间的关系等方面,都有着很好的见解。限于篇幅,有的则属于创作观念的问题,这里就不再详细论述,只是就他富有个性、本人多次强调而对大家又便于理解和运用的几点写作方法,略作介绍,以供大家参考和借鉴。也许我们只要选取其中的一点,就可得到不少收益。

席勒写作法

席勒（1759—1805）是德国18世纪著名的剧作家和诗人。与歌德齐名，两人又是很好的朋友。青年时曾为狂飙突进运动的主要人物之一，反对封建割据，提倡个性解放和创作自由。他所写的剧本《强盗》《阴谋与爱情》《华伦斯坦》三部曲、《奥尔良的姑娘》《威廉·退尔》等，在当时都极有影响。他所写的诗歌《欢乐颂》，由贝多芬谱曲之后，在世界各地广为流传。此外，他还是著名的文艺理论家，写过《论悲剧艺术》《美育书简》等，影响也很大。

不过，席勒的有些写作方法却很奇特，也很有趣，这里进行一些归纳，并非要大家去模仿和学习，而是希望人们从中吸取一些有益的成分，或许能有一些启发。

第一，写作时喜欢在旁边放几个烂苹果，以烂苹果的气味来刺激自己写诗编剧的灵感。

现在有些作家为了激发自己的创作灵感，或者为了消除疲劳和提起精神，往往通过吸烟或喝咖啡来加以刺激。而席勒的习惯和方法却与众不同，他在写作时，喜欢在旁边放几个烂掉的苹果，以烂苹果的气味刺激自己的思维，从而便于自己的写作。对此，他的好友歌德曾有过回忆。他说：

有一天我去访问他，适逢他外出。他夫人告诉我，他很快就会回来。我就在他的书桌旁边坐下来写点杂记。坐了不久，我感到身体不适，愈来愈厉害，几乎发晕。我不知道怎么会得这种怪病。最后发现身旁一个抽屉里发出一种怪难闻的气味。我把抽屉打开，发现里面装的全是些烂苹果，不免大吃一惊。我走到窗口，呼吸了一点新鲜空气，才恢复过来。这时席勒夫人进来了，告诉我那只抽屉里经常装着烂苹果，因为席勒觉得烂苹果的气味对他有益，离开它，席勒就简直不能生活，也不能工作。

席勒何以会喜欢上烂苹果的气味，并借此来刺激自己的创作思维和灵感呢？据说，这是因为烂掉的苹果发过酵后有点酒味，能起一种刺激和振奋的作用。但这种刺激对歌德来说却难以忍受，对席勒来说，却是协助他写作的一种难以缺少的好方法。

第二，喜欢把脚浸在冷水盆里写作。

席勒除了喜欢闻烂苹果的气味以帮助写作外，他还有一个习惯，就是先喝半瓶香槟酒，然后把脚浸到冷水盆里才开始写作。这种方式也是十分少见的，根据一般的推测或判断，这或许与闻烂苹果气味的目的差不多，可能也是为了刺激自己的感官来激发创作灵感，只不过一个是通过鼻子的嗅觉来感受刺激，另一个则是通过皮肤的触觉来接受冷刺激。这种方法究竟对写作有多大用处，只有席勒本人知道了。但他刻苦写作的精神，由此可见一斑。

第三，写作之前喜欢作大量充分的准备。

席勒的写作态度相当认真，而且有一定计划性，自己想写些什么，常讲给歌德等友人听，以便征求意见。在写作之前，往往喜欢作充分

的准备和大量的研究工作。如他晚年所写的《威廉·退尔》,是他一生九部名剧中的最后一部。由于这是一部历史剧,讲述14世纪瑞士农民反抗奥地利哈普斯堡政权的封建统治和争取独立解放,为此,他阅读了《瑞士联邦史》《瑞士山民描述》《瑞士史纪》《瑞士国土详记》等许多与之相关的书籍,并在给友人的信中说:“认为有多读关于瑞士的书籍的必要,因为地方性对这段材料太重要了。”又说:“想尽量多地采用地方性的成分。”歌德也曾谈到席勒创作该剧的情景。他说:

他先在他的房间四壁贴上许多他所能找到的瑞士的专图,他还读瑞士的游记,甚至对于瑞士独立地区的一街一巷都能悉尽无遗。同时他研究瑞士历史。他把一切材料综合之后,开始工作,真可说,他不到写完《退尔》不站起来。他疲倦的时候,伏案睡觉。一醒之后,便索取浓咖啡——不是如后人所误传的香槟酒——来提起他的精神。于是《退尔》就在六星期里完成,真是一气呵成似的!

要知道,席勒写此剧时,已是40余岁的中年人,如此辛勤写作,谈何容易!歌德说他“在六星期里完成”,是指他的动笔写作时间,并不包括他的构思和材料准备阶段。如他在动笔之前不进行充分的准备和大量的历史研究,是绝不可能在一个多月中“一气呵成”的。

席勒在德国历史上是一位有影响的作家,又爱好哲学,在文艺理论和创作方法上也提出过不少有理论价值的见解,如形象思维与抽象思维的关系、素朴的诗与感伤的诗的区别、悲剧艺术的特点以及戏剧突破陈规戒律等问题,他都发表过创造性的意见,在欧洲文艺理论史上有一定影响。这里着重就他的写作方法,进行一些论述和总结,这样可使我们对席勒的写作生活和创作思想有一个更完整和更深刻的了解。

司汤达写作法

司汤达(1783—1842)是法国19世纪著名的作家。曾参过军，当过外交官，写过《意大利绘画史》。他所写的长篇小说《红与黑》，在中国流传很广，早已成为举世公认的世界文学名著。此外，他所写的长篇小说《巴马修道院》，文艺论著《拉辛与莎士比亚》，散文集《爱情论》也都有一些影响。不过，他生前的影响并不大，去世之后则声誉日隆。这说明他的作品还是经得起时间考验的。

在司汤达的写作生涯中，也积累了一定的写作经验和方法。经过梳理，大致可归纳为四点。

第一，应该鞭策自己每天写作。

法国许多著名的作家如巴尔扎克、福楼拜乃至萨特等，几乎都有每天写作的习惯，这真令人敬佩之至！而司汤达也一再主张并鞭策自己每天写作。他说：

> 我强迫自己写作《佳偶》，虽然我压根儿不愿意写——我甚至对早餐都感到头痛。但是我终于写出了比我以前任何时候都写得好的一场戏——第一幕第三场。由此，我得出结论：应该鞭策自己每天写作。

他不仅对自己是如此要求和鞭策，同时也希望青年作家同样能养

成每天写作的习惯。如梅里美是比他小20岁的青年作家，也是他的朋友，自然对司汤达比较了解。据他回忆：“他喜欢不断地读和写。他时常责备我懒惰，说：每天要动笔！”

正是在司汤达的勉励下，再加上梅里美的努力和天赋，他后来也成为法国非常著名的小说家和剧作家。

第二，虚心求教，不怕别人批评。

自命不凡的作家不少，而狂妄自大、自我感觉极好的青年诗人尤为多见，真正能虚心求教、认真听取别人意见的作家并不是很多。而司汤达却是一位能虚心求教、善于听取别人意见的作家。梅里美曾回忆说：

> 诚挚是贝尔的性格特征之一。谁都不像他这样笃实，与人交往这样讲信义。我没有见过任何文人比他在批评中更坦率，或是接受朋友的批评更大方正直。他喜欢把自己的文稿寄给人看，并要求别人严厉地加以评断。不管别人的意见多么严峻，甚至不公平，他从不因此生气。他有一条座右铭是：谁只要干“白纸上写黑字”这一行，别人说他笨拙，就不应该惊讶或是动气。他切实执行这一座右铭，而且，他自己决不是真正的装作无所谓。他把别人的批评常常记在心头；他毫不恼怒，而是热烈地加以研讨。

我们可以这样说，像司汤达这样虚心求教的作家确是很少见的，而且是令人尊敬的。他的作品之所以能经久不衰，至今仍拥有广大读者，恐怕就与他这种虚心求教、不怕批评、敢于吸取别人的意见有关。对于他，这也成了其作品不断得到提高和走向成熟的方法和经验之一了。

第三，先尽量清晰地勾画性格，粗略地描绘事件，然后再添上细节。

凡读过司汤达《红与黑》的读者，几乎都会被其中鲜明的人物性格

和真实的细节描写或心理描写所打动,实际上,这是有作者的写作方法在内的。司汤达曾对自己的写作方法作过如下的陈述和解释:

尽量清晰地勾画出性格,极其粗略地描绘出事件。然后才给添上细节,无论什么时候,你也不能像在工作中、在写作之际那样深刻地看见细节。

也就是说,在初写小说时,先要把人物性格勾画出来,把握清楚;对事件则可以先"极其粗略"地描绘一下,不必太费精力;等这两个支柱基本都支撑好了,然后再进行细节添加和描述,也许这正是他小说成功的奥秘之一。

第四,写东西主要是让读者记住其中的意思而非个别词句,在文字上不必过于雕琢。

据司汤达给巴尔扎克的信中说:"为了在名词前后放一个形容词,我常常思索一刻钟。"可见他也很注意词汇的运用,但目的则是为了更真实地表达。不过,说也奇怪,他尽管也很注意名词和形容词的搭配,注意到修辞的运用和字句的安排问题,但他却反对刻意雕琢和使用浮艳华丽的词句。他曾在信中对巴尔扎克说:

至于词句的美丽,以及词句的圆润、和谐,我经常认为是一种缺点。

又据梅里美对司汤达的回忆:

他所写的书在付印前都要誊过好些遍,不过他在文笔上改动不多。他平常写作迅速,随时改变思路,而对于形式则不大在乎。他甚至轻视文笔,而主张:一个完美的作家要能使人们读过他的作品之后只记得意思而不复忆及个别辞句。由于他痛恨雕琢和浮夸,因此对于那些专门生造奇字僻句、粉饰时代、给平庸思想套上瑰丽文辞的

作家毫不容情。

由此可见，司汤达反对雕琢、浮夸和华而不实、追求新奇的文风，他即使考虑到词句的运用和文句的修饰，也是为准确如实地表达自己的意思服务的，并不是为了单纯地追求文字的华美和圆润，因为在他的眼光里，这竟然还是“一种缺点”呢！当然，这是他在为强调意思表达这一点才说这番话的，我们应该全面把握才好。

总之，司汤达是一位非常出色而又有丰富写作经验的作家，我们以上所总结的有关其写作的四点方法，都有他的个性和特点在内，特别是“虚心求教，不怕别人批评”这一点，尤为难能可贵。至于第三、第四点，也是极富鲜明个性的经验之谈，恐怕对后人多少能有一定的启发意义。

拜伦写作法

拜伦(1788—1824)是英国19世纪的杰出诗人，也是驰名世界的浪漫派诗人。他所写的长诗《恰尔德·哈罗德游记》《唐璜》等在中国都有中文译本，很受读者欢迎。此外，他的长诗《青铜时代》、短诗集《拜伦诗选》等也颇有影响。总之，他是一位颇受各国人民欢迎的诗人，最后为希腊人民的民族解放斗争献出了宝贵的生命，年仅36岁。

在一般人的眼里，拜伦是一位才华横溢、逞才使气的诗人。但他实际上也遵循创作的规律，有他自己的写作经验和方法。经初步梳理，归纳为三点。

第一，喜欢早上写初稿，晚上修改压缩。

通常说来，一般作家或选择早上写作，如海明威、左拉等，或选择晚上写作，如巴尔扎克、福楼拜等。拜伦却很奇怪，也比较特殊，他喜欢早上先写一点，晚上再加修改或补充，也就是早晚各自都写上一点。至少他在意大利的一段写作生活是这样的，当时法国作家司汤达正在意大利当外交官，与他有交往，目睹过拜伦的写作情景。据他回忆：

拜伦常常在早上写成一百行诗。晚上，从剧场归来，由于听了音乐或参加了辩论，兴奋之余又拿起稿纸工作，有时一直到天亮，把早上写的一百行诗压缩成二三十行……夜间工作时，他喝一种用杜松子酒

掺了水的淡酒，当灵感不来时，他就大量喝这种酒，这是事实；不过就连这个毛病也被他在责备自己时过分夸大了，因为他一点不是那种毫无节制的酒鬼。

如果我们具体分析一下，实际上拜伦的写作方法是：早上先打初稿，晚上再行修改压缩，成为定稿，积累到四五百行，就寄给伦敦的出版商出版。他的这种写作方法倒也别具一格。

第二，不要为取悦于贵人和贵妇人而写作，而要为自己真实的感情而写作。

早在1809年，拜伦从剑桥大学毕业，到土耳其、希腊各国漫游时，就对那些受压迫人民的民族解放斗争深表同情。回国后，他又以贵族的身份在国会演说，为受压迫的纺织工人辩护，受到贵族们的围攻。因此，拜伦从青年时代起就有一种为自由而斗争的反抗精神，曾在诗中说："要为自由而生，否则就在斗争中死去。"当时英国的有些贵族和绅士对他不满，撰文评价时指责他，拜伦对此并不以为然。他在给英国友人的信中说：

我的写作不是为了取悦于他们。如果他们喜欢，那是他们愿意如此；我从来没有逢迎他们的意见，也没有逢迎他们的高傲；我是不会这样做的。我也不会写"贵妇之书"来取悦女人和庶民。我是由于我头脑的充实、由于激情、由于冲动、由于许多动机而写作，但决不是为了她们的"甜言蜜语"。

在这里，拜伦告诫并向世人提供了这样一种写作态度，那就是：写作不要迎合一部分人的爱好，也不要赶时髦，跟市场，趋炎附势，而只是为了表达自己真实的感情，出于自己真实的动机。他是这样说，也

是这样做的。

第三,对自然现象必须细心选择,注意收集。

拜伦在他的成名作《恰尔德·哈罗德游记》中,虽然有着对大自然的极为出色的描写,但在他看来,大自然对自己的美并不是慷慨奉献的,有时只是稍纵即逝的一刹那,需要我们去观察、寻找和发现。如他在给友人的信中曾说:

描写自然的诗,如果仅只是如实地写自然,是不能表达诗人的意图的。他所画的天空并非自然天空的形象。它是由很多不同的天空所组成的(这些天空是画家在不同的时候观察到的),而不是任何一天的天空的全盘摹仿。为何如此呢?因为自然对自己的美不是很慷慨的。它散见于很广泛的时间内,偶尔显露,必须细心选择,注意收集。

也就是说,我们平时所见的天空、云彩以及光照下的山川自然,只呈现一般的景象,真正惊人的奇丽美景,只是特殊情况下的短暂闪现,需要我们平时的观察、发现和捕捉,然后“收集”起来,等到我们创作需要时,再把这些美景给予重新展现,加以“细心选择”,并根据需要选进诗中。这样描写出来的有关自然的诗篇,才能真正“表达诗人的意图的”。

总起来说,拜伦很少对别人谈起自己的写作方法或写作经验,只是漫游国外时,在与亲友的通信中,才偶然谈起自己的一些写作生活,一般也都比较简单。但从以上三点中,我们也大致可以看到他基本的一些写作方法和写作态度,特别是第二、第三点,还是能给我们一些有益的启示的。

叔本华写作法

叔本华(1788—1860)是德国19世纪著名的哲学家。他的《作为意志和表象的世界》也早已成为人类思想宝库中的经典之作,但他实际上也是一位优秀的散文作家,有着极深的文学修养。他的《论女人》《论读书》《情爱与性爱》等文章,早已成为西方议论文中的经典之作,流传极广,影响极大。他的著作和文章的成功,除了深刻的思想以外,也与他独特的写作方法和经验是分不开的。大致说来有三点。

第一,写东西思路一定要清晰。

叔本华曾把作家分为三种类型:“第一种作家写作时毫无思想,他们靠记忆、回想甚或别人的著作而写作,这种作家的人数最多。第二种作家写作时才产生思想,他们产生思想的目的是为了写作。第三种作家在写作前就有了思想,他们从事写作,只是因为他们有思想,这种作家最少见。”

我们暂且不管这种分法的科学性或合理性如何,但当我们提笔写作,总得要有一个主题思想、一条思路。也许叔本华是个哲学家,他非常强调写作中思想的明确性和清晰度。在他看来,只有思想明确,思路清晰,文章才会有条理;否则思想模糊,思路不清,文字表达就会含混不清。他在《论作品和写作》一文中说:

含混和模糊的表达方式，总是最坏的象征，因为百分之九十九都是由于思想模糊……如果头脑中所产生的是真正的思想，便会立刻寻求明确的表达方式，并且会很快达到目的。无论如何，明确地思想过的东西，易找到适当的表达方式。

正因为这个缘故，叔本华才非常重视一个人写作前的思想准备，如果思想混乱，思路不清，就不要忙着动笔；只有把自己的思想理清楚了，写作思路明晰了才能着手写作。这时写下的文章不仅条理清晰，而且思路畅达，语言流利。

第二，写作时，思想要一个一个地表达，不要交织混合在一起。

德国人哲学思想丰富，长于思辨，像康德、黑格尔、费尔巴哈、马克思、恩格斯、尼采、柏格森等具有世界声誉的哲学家成批涌现。叔本华也是德国人，但他不喜欢德国思想家在写作中表达思想的方法，认为“德国作家把所有思想交织在复杂而又复杂的句子里，因为他一定要在同一时间内表示好几件事情而不把它们一个一个地表示出来”。叔本华极不赞成这样的写作方法和表达方式，他的道理很简单，因为一个人在同一时间内只能思考一件事情，所以一个人在写作时也只能表达一个思想，即表达完一个思想后才能再表达另一个思想。在这个原理上，他提出：

写作艺术中最主要的原则应该是：任何一个人，在同一时间内，只能思想一件事情，因此，我们不应要求他思想两件以上的事情。

同样的，如果一个人在写作时同时表达两个思想或两件以上的事情，“这种做法会引起不必要的混乱”，是写作中的一个错误。为此，他很欣赏法国人表达思想的方法。他说：“法国作家以最合乎逻辑和自然的顺序将自己的思想一个一个地表达出来，然后一个一个地摆在读

者面前,因此,读者可以全力注意其中的每一思想。”他本人就是用这种方法写作和表达思想的,同时也希望并建议别人也能这样去做。

第三,不应草率写作,特别是在表达一种重要思想或重要内容的时候。

叔本华的写作态度相当认真,同时他也反对那种草率马虎的写作态度。特别是在写一个重要内容或表达一种重要思想的情况下,尤其不能草率。他说:

> 凡是草率写作的人,一开始就表示自己并不认为自己的思想有价值。因为,只有对思想的重要性和真实性有信心时,才会激发我们不屈不挠地热心发掘最明晰、最有力和最吸引人的表达思想方式——正如只有在装宝贵的东西或无价的艺术品时,才会使用金银盒子一样。

叔本华的这一写作思想很重要。他反对草率写作的一个重要理由是:如果一个作家发现自己的思想很重要,或是内容很珍贵,他是绝不会以一种草率的态度来表达的,而必定会以一种慎重的态度和尽量完美的形式来表达。他以金银盒子所装的必定是比金银更贵重的东西来作比喻,正是为了形象地说明自己的这一写作思想。

除了以上所说的三点以外,叔本华的有些写作思想和经验也很重要,如“真理是完全赤裸的,表达真理的方式愈简单,真理的影响便愈深刻”,这是提示人们在论述真理时要尽量采用简单明了的方法;又如“很少人像建筑师造房子一样地写作,建筑师造房子时,往往事先绘图并仔细思考最微小的细节”,这是提醒人们在写作时不仅要注意大的构思,而且要考虑到一些重要的细节。总之,叔本华有关写作的方法和经验还有不少,这里只是大致归纳了几点而已。

普希金写作法

普希金(1799—1837)是俄国19世纪著名的诗人。在中国具有极其广泛的影响,他所写的《自由颂》《寄西伯利亚囚徒》《致凯恩》《纪念碑》《致恰达耶夫》等诗篇,深受广大中国人民的喜爱。除此之外,他也写小说和戏剧,涉及多种文体。现在,他的作品已几乎全部被翻译成中文。

在俄国历史上,普希金可以说是第一位有世界性影响的著名诗人,并对俄国文学产生过巨大的影响。俄国文学的优良传统,无疑可追溯到他的身上。正因为如此,他的写作方法和经验,是值得我们重视的。经过综合和梳理,大约可归纳为五点。

第一,作诗时喜欢反复吟诵。

普希金首先是位诗人,他写诗时的情景与中国的杜甫、白居易等人差不多,喜欢反复吟诵、反复推敲和玩味。如普希金的女友安娜·彼得罗夫娜·凯恩曾回忆说:

> 他常常一边反复吟诵着他写的最后一句诗,一边走进我的房间;例如,他有一次进门时高声朗诵道:
>
> 战事爆发了,波尔塔瓦之战。
>
> 当他玩味自己的某一佳句,或某句诗不知为何深深地印在他的心

中时，他经常这样做。例如在三山村时，他不断地吟诵着一句诗……

凯恩还回忆普希金："他在悠闲自在的时候，常常低吟某一句诗。"凯恩是普希金所迷恋的女友，普希金著名的《致凯恩》一诗就是献给她的，她对普希金有关作诗情况的回忆，当不致有误。

其实，边吟诵边想诗句已成了普希金一个很重要的作诗方法。据说他的长诗《皇村回忆》，就是在散步中思考和吟诵，最后得以完成的。

第二，有时他也喜欢一面写一面思考。

普希金虽然有反复吟诵、反复推敲的写诗方法，但他后来也采用了一面抒写一面思考的写作方法，写不下去时则暂时搁下，等待灵感的来临。他的这种方法在写剧本时用得较多。如他在 1825 年给别人的信中曾说：

> 我一面写作一面思考。大部分场次只需推理就行了；但当写到需要灵感的场次时，我只好等待灵感的到来，或者放下这一场不写——这样的工作方法对我是崭新的。

他称"这样的工作方法对我是崭新的"，这说明在 1825 年之前，他未采用这样的方法，只是后来才尝试着采用。至于效果如何，他以后是否继续采用，或者已经改为其他方法，我们一时尚未可知，但普希金曾采用过这种写作方法却是不可否认的。

第三，注意搜集民间创作，并融入进自己的诗中。

几乎与杜甫、白居易以及世界上其他许多伟大的诗人一样，普希金也十分重视民间创作。据他的一位友人透露：普希金"打算尽快出版一本俄罗斯民歌集，他搜集得相当之多"。据普希金的另一位友人回忆："已故的普希金送给我五十首民歌，这是他亲自从人民口中一丝不

苟地采录的。”还有一位友人回忆道:“普希金说,他核对了迄今出版的所有俄罗斯民歌,并对它们作了整理校勘。”凡此,都可以见出普希金对民歌的重视。

不仅是搜集,普希金还会从民歌中吸取养料,融进自己的创作之中。如他的长诗《茨冈人》(又译《茨冈》)中真妃儿唱的“你就砍我,你就烧我”这首著名的歌谣,就是根据摩尔达维亚民歌《我爱自由》改写的;长诗《高加索俘虏》中少女所唱的《契尔克斯之歌》,其也源于契尔克斯民歌。至于他的一些童话诗,其借鉴民歌的地方也是相当多的。所以高尔基曾赞叹道:

> 普希金是第一个注意到民间创作并且把它介绍到文学里来的俄国作家,他绝不加以歪曲以迎合官方的“人民性”观念和宫廷诗人们的伪善倾向。他用他的天才的光辉来润饰民间歌谣和民间故事,但是无损于它们的思想和力量。

第四,写作要简练,真诚,无需粉饰。

普希金有些诗篇,特别是一些短诗如《我的墓志铭》《假如生活欺骗了你》等,都言简意赅,诗意隽永,这与他提倡的写作风格要简练有一定关系。1835年,他在给友人的信中曾说:

> 至于谈到风格,越简练越好。主要是:真实,诚挚。事物本身是如此引人入胜,无需任何粉饰。粉饰甚至有损于它。

他这里所说的简练,似乎还包括了“真实,诚挚”等内涵,而“真实”与“诚挚”是不需要粉饰的,所以他认为既然有了简练,就“无需任何粉饰”了。

不仅是诗歌,他认为散文也要简练。他曾说:“准确和简练,这是

散文的主要优点。它要求有丰富的思想；没有丰富的思想，华美的词藻亦无济于事。”

不知是何缘故，自普希金以下，果戈理、列夫·托尔斯泰、陀思妥耶夫斯基、契诃夫、高尔基等俄罗斯和苏联的作家都很注重和强调写作中的简洁问题，是否与普希金有关，尚未可知，但这种现象倒值得引起我们的注意。

第五，喜欢秋天写作。

每个作家写作丰产的旺季各有不同，如列夫·托尔斯泰喜欢在冬季，有些作家则喜欢在春季。而普希金则喜欢在秋季写作。秋天是他最易获得灵感，也是他最感奋的季节，所以他有许多作品都产生在秋天。秋天成了他收获最丰的季节。

除此以外，普希金的写作经验还有不少，如他对灵感的突发问题、人物描写的分寸问题、对传统规则的突破问题等，也都有他的见解和主张。这里论述的五点，也许对广大学生和初学写作者的帮助更大一些，也很能代表普希金的写作风格和个性，大家尽可各取所需，为己所用吧。

巴尔扎克写作法

巴尔扎克(1799—1850)是法国19世纪著名的作家。他一生写了90余部小说,其中《高老头》《夏培上校》《贝姨》《欧也妮·葛朗台》《驴皮记》《邦斯舅舅》《幻灭》等小说,都曾在中国广为流传。他的小说描写细腻,情节曲折,人物性格鲜明,栩栩如生,而且富有幽默感,颇受读者欢迎,早已成为世界文学宝库中的经典之作。

在巴尔扎克的写作生涯中,也积累了相当丰富的写作经验和方法,这些经验和方法,有与别人相似处,也有不同处。这里根据他本人的情况,大致归纳为五点。

第一,文学创作成功的秘诀在于真实。

文学作品的写作尽管需要虚构和想象,而且巴尔扎克本人的想象力也相当丰富,他在巴黎高楼的窗口往下望,从各种屋顶的瓦片上也可想象出许多曲折动人的小说故事,但他还是坦率地告诉人们:文学创作成功的秘诀在于真实。他说:

> 当我们在看书时,每碰到一个不正确的细节,真实感就向我们叫着:"这是不能相信的!"如果这种感觉叫得次数太多,并且向大家叫,那么这本书现在与将来都不会有任何价值了。获得全世界闻名的不朽的成功的秘密在于真实。

他所说的真实，并不完全是现实生活的照搬照套，也不是说不允许想象和虚构，而是说即使想象和虚构出来的事情和人物，也要符合生活真实，令人可信。他说："文学的真实在于选取事实与性格，并且把它们这样描绘出来，使每个人看了它们，都认为是真实的。"可见他所强调的"真实"，主要是事件和人物性格的真实，其中也包括了细节的真实。

第二，为了创作能真实，就应该观察、体验和调查生活中的各个方面。

巴尔扎克通过写《人间喜剧》，立志要对整个社会和各色人物都加以分析和描写。为此，他就努力地去熟悉并力求真实地表现各种社会生活和人物性格。为了保证自己作品的真实可靠度，以便获得成功，他就尽可能地亲身体验和观察各种生活，接触各种人物。如他为了描写战争，就跑遍了法国土地上所有的战场。他说：

> 三千年来，专门描写战争的作家……对于士兵的痛苦和他们可歌可泣的事迹，却只字不提……这样枯燥的描写应该改弦易辙了。由于我认真准备《军事生活事迹》，所有法国人和外国人曾在那里洒下鲜血的战场我都去过了。

最有意思的是他对工人生活的观察和了解。他说：

> 我喜欢观察我所住的那一郊区的各种风俗习惯，当地的居民和他们的性格。我和工人穿得一样褴褛，又不拘礼节，所以他们对我倒也一点不存戒心。我可以和他们混在一起，看他们做买卖，看他们工作完毕后怎样互相争吵。对我来说，这种观察已经成为一种直觉，我的观察既能不忽略外表又能深入对方的心灵；或者也可以说就因为我能很好地抓住外表的一切细节，所以才能马上通过外表，深入内心。

他还说道，有一次，在夜晚十一或十二点光景，他曾碰到一位工人和他的妻子从剧院里出来，他也就随着人流有意地尾随其后，听他们谈话。这对夫妻起先还谈刚才看的戏，不久就把话题转到家务上去了，“埋怨马铃薯的价格涨得太快啦，冬天太长啦，燃料太贵啦，为了欠面包房那么多钱怨天尤人啦”。然后，巴尔扎克便又深有感触地说：

听着这些人的谈话，我就能深深体会到他们的生活，仿佛自己身上就穿着他们那身破旧不堪的衣服，脚上就穿着他们那双满是窟窿的鞋子；他们的欲望，他们的需求，这一切都深入我的心灵，我的心灵和他们的心灵已经融而为一了。

为了真实，也就是为了文学作品的成功，巴尔扎克曾付出了多大的劳动！反过来也可试想一下：能像巴尔扎克那样执着、细致地观察和体验生活，又何愁文学作品不真实、不成功呢？难怪后来他能成为全世界闻名的大作家。

第三，写作要全身心地投入，沉浸其中。

巴尔扎克在观察生活和人物时，常常把自己融入所观察的生活和人群中去，使自己处于他人的地位，甚至过着他人的生活。至于写作时，由于他聚精会神，全身心地沉浸在作品之中，则更是常常达到忘我的境地。据说有一次，一个朋友到他家去，敲了敲门，只听见巴尔扎克在屋里正同谁激烈地争吵。只听他吼道：“你这个恶棍，我要给你点颜色瞧瞧！”朋友一惊，便推门进去，却见屋里只有巴尔扎克一个人，原来他写得气愤起来，正在痛骂作品中一个他正在揭露的人物的卑劣行径。

又有一次，一个朋友在他家做客。突然，巴尔扎克走到他面前，激动地痛斥道：“你，你，使这不幸的少女自杀了！”这位朋友被他的举动

弄得莫名其妙，大吃一惊。后来才知道，巴尔扎克正在写小说《欧也妮·葛朗台》，他所说的少女正是这部小说中的人物欧也妮。

还有一次，巴尔扎克在写完长篇小说《高老头》的时候，几乎失去了知觉，当人家问他时，他回答道："高里奥老头死了。"原来他还沉浸在小说中，尚未从高老头的死境中解脱出来。

我们列举巴尔扎克写作中的这些逸闻趣事，以及他写作中几乎走火入魔、如痴如醉的状态，并不是要我们去学习和模仿他。而是要使人们知道，写作必须全神贯注，要全身心地投入进去，这样写出来的东西才能像真的一样，才能打动人。同时，他的这种写作精神也是值得我们肯定的。

第四，写作之前最好有个写作计划或写作提纲。

在作家写作中有两种情况，有些人不喜欢列计划、写提纲，有些人则有列计划、写提纲的习惯。巴尔扎克属于后者。如他准备写《人间喜剧》时，就写了《〈人间喜剧〉的初步设想》一文，俨然一个庞大的写作计划，内分《风俗研究》《哲理研究》与《分析研究》，由137部小说组成。在这个计划里，他要"描写每一种生活的情景，每一种姿仪，每一种男性或女性的性格，每一种生活的方式，每一种职业，每一种社会的地位，每一个法兰西的省份，童年、青年和老年，政治、法律和战争——没有疏漏任何一项"。另外，他还准备"描写一个时代的两三千个出色的人物"，并说，"这个计划同时包括社会的历史和对它的批评，对它的弊端的分析以及对它的原则的讨论"。总之，他也承认，这是一个"包罗万象的计划"。

除了总计划以外，巴尔扎克在写每部长篇小说时，还都另写提纲。

不过，在写作的具体过程中，他对自己所列的写作提纲还是可以根据具体情况进行修改的。他说：

在写作《风俗研究》的每一类作品时，都发生了跟写作全部作品时同样的情况，就是说，在创作过程中最初所规定的那些比例都受到了破坏。文学作品的提纲就跟建筑设计师的预算表一样，都是非常靠不住的。激发作者动手写作的就是基于想做一个忠实的、真诚的历史学家的这个完全可以理解的愿望，这种劳动既向作者要时间，还要他全力以赴。

第五，在写作上要有勇气和要求。

巴尔扎克在写作上的毅力是惊人的，而他的勇气也是惊人的，如他敢于设计《人间喜剧》，准备写137部小说，这种胆量和勇气本身就是十分罕见的。而在写作过程中，他仍时时自勉，顽强不息。如他在给妹妹的信中说：

直到现在，我能克服生活里的困难，勇气全是你给我的！是的，你说得对，我不能停下来，我要前进，我一定要达到目的，总有这么一天，你会看到我列身于祖国伟大文化人物里的！

巴尔扎克在写这封信时，也不过只有33岁，但他却已有了跻身于法国文化名人行列的胆量和勇气，这种精神本身就是了不起的。如果仅有写作上的胆量和勇气那还不够，还必须用勤奋的劳动和严格的要求来取得和实现。他在给妹妹的信中说："这本《路易·朗拜尔》，是我打算和歌德和拜伦，和《浮士德》和《曼弗雷德》较量高低的作品，比赛还没有结束。"有一次为了给一部中篇小说中的一个人物起名字，考虑了半年时间仍未有合适的，便请友人帮忙，结果友人给他提供了一个又

一个名字,他仍不满意。于是,他决定到巴黎的马路上通过看招牌来选取名字。巴尔扎克事先对那位朋友说:“在遇到所要找的姓氏之前可能要看上两三千块招牌。”后来跑了许多马路,看了无数招牌,巴尔扎克仍未找到自己理想的名字。最后还是在一条阴暗的通道上,在一块不显眼的招牌上,总算发现了自己想要找的名字,“马卡!就决定用这个光荣的姓氏吧!”他大喜若狂:“马卡这字里,包含着一位哲学家、作家、大政治家、一位不为人知的诗人,什么都有啦!”其实这位叫马卡的人只是一位裁缝。

这些事情虽小,但从中也可以看出巴尔扎克对自己的写作要求是多么地认真严肃。

当然,巴尔扎克作为一位驰名世界的大作家,他的写作经验还有很多,如对稿件的修改问题、语言风格的平易等等,他都有自己的主张和经验,这里只是总结了能代表他个人特色的一些经验和方法,以供大家参考。如果我们能吸取其中的任何一点,便可以得到很大的益处。

大仲马写作法

大仲马(1802—1870)是法国19世纪著名的小说家和剧作家。他的作品拥有相当广泛的读者,在世界各国都有影响。他幼年丧父,生活贫困,当过公证人事务所的见习生,后又当过办公室抄写员,凭着刻苦和勤奋,终于成为一个著名作家。他所写的《基度山伯爵》《三个火枪手》《二十年后》等小说,至今仍在世界各地流传着。

大仲马是个富有传奇色彩的作家,他的写作方法也极其独特,虽然不像雨果、巴尔扎克、左拉等人在创作的同时有着自己系统的理论主张,但他写作中所实施的一些具体做法,也很有趣。可归纳为三点。

第一,用不同颜色的纸张写不同体裁的文字。

有不少作家写作,喜欢用自己所固定的稿纸,其中以用白纸为多。大仲马却很奇怪,他喜欢用有颜色的纸张写作,而且不同体裁的文字,他会用不同颜色的纸张。如他要写诗了,就用黄色的稿纸;想写小说了,就换成蓝色的稿纸;要写散文了,就又换成玫瑰色的稿纸;要写杂文了,再换成浅红色的稿纸。否则就难以下笔。这样倒也好,一种文体一种颜色,便于整理,也便于寻找。至于这种纸张颜色的选择是否有利于创作灵感的突发,一时还难以知道,只有大仲马本人心里明白。但有一点是可以肯定的:即这种纸张颜色的选择,有利于他的写作,或

许能激发他的创作欲望,或许能使他容易进入创作状态。总之,多少有点条件反射吧。当然,这是他本人所形成的一种特殊的写作方法。

第二,写作要沉浸到自己的内容中去。

与巴尔扎克一样,大仲马写作也非常聚精会神,常常会沉浸到自己所写小说的内容中去,如同与小说中的人物一起生活和谈话。

有一次,一位英国客人来找大仲马,忽然听到大仲马的工作室里发出一阵笑声,他便对大仲马的仆人说:"我要等你的主人单独在家时再进去。"仆人说:"我的主人现在的确是单独一人呀!"

原来刚才的笑声就是大仲马发出的,他是在一边写作,一边与书中的主人公说话呢!

由于大仲马白天写作,与书中的人物一起生活,到了晚上,他才回到自己的生活中来,与朋友交往、聊天。有人便问他:"你苦写了一天,第二天怎么仍有精神呢?"大仲马回答:"我根本没有苦写过。我并不制造小说,是小说在我身内制造着它们自己。"原来他早已沉浸在小说之中,与小说中的人物、事件打成一片了。

第三,写东西要引人入胜,使人愉快。

大仲马曾对朋友说:"作家的事业,是为了使读者生活得愉快,不使人们愉快的作品有什么价值呢。"

他这样说,与他的实际写作情况有关。因为这时他经常为报刊写连载小说,而写这些小说的主要目的,就是为了让读报的人喜欢读,供他们消闲娱乐。因为这个情况,大仲马所写的小说就必须要故事性强,引人入胜,吸引人看下去。所以,他写的小说,无论是《基度山伯爵》,或是《三个火枪手》,都有着惊险的场面,曲折的情节,绘声绘色的

描写，总使人想知道主人公的命运和结局。这是他小说的一大特色，也成了他写小说的一种方法和手段。

大仲马是一位很有个性的作家，他的写作方法确实与众不同。他在写作上存在着一些极端的怪癖，我们不必去刻意模仿他。但他的刻苦勤奋和在写作中积累的一些经验和方法，特别是第二点和第三点，还是很值得我们学习、借鉴的。

雨果写作法

维克多·雨果(1802—1885)是法国19世纪著名的诗人和小说家。浪漫主义文学流派在法国的领袖人物。在诗歌、小说、戏剧等各个领域都获得了卓越的成就,在当时影响极大。他所创作的小说《悲惨世界》《巴黎圣母院》《九三年》《笑面人》等早就被翻译成中文,深受广大中国读者的欢迎和喜爱。作为一个大文豪,雨果也有自己的创作主张和写作方法。归纳起来,大约有四点。

第一,反对文学写作中的各种清规戒律。

在雨果之前的法国文坛,无论是诗歌或是戏剧,基本上都是以古典主义的创作理念为准则,特别是布瓦洛的古典主义文学理论,高乃依、莫里哀、拉辛等人的古典主义戏剧创作,在当时的法国文坛影响很大。雨果虽然也很喜欢高乃依、拉辛等人的戏剧创作,但他反对三一律,也反对在小说和戏剧之间划各种界限和范围,认为在小说与戏剧之间、诗与歌曲之间,都有一些共同或相通的地方。他在早期所写的《短曲与民谣集·序》中说:

> 我们整天听到有人谈起各种文学作品时就说要有这种气派、那种程度,这个界限、那个范围;悲剧不能写小说所容许的东西;歌曲所容许的正是小诗所禁用的等等。这本诗集的作者很不幸,对这些

清规戒律无从理解；他也想到其中找些有益的东西，但是只发现了一些条文字眼；他觉得只要是真正美好而真实的东西，在任何地方都应该被承认是美好真实的；在小说里富有戏剧性的东西，在舞台上也富有戏剧性；在诗歌中富有抒情意味的东西，在歌曲中也是如此。

除此之外，他在《克伦威尔》的《序言》中也曾提出过文艺要打破一切清规戒律，反映现实和人的情感的主张。正是在他的大胆创作、勇于打破禁区的精神鼓舞和倡导下，在整个法国掀起了一股浪漫主义的文学潮流，涌现出大仲马、缪塞、拉马丁、维尼等一批有影响的浪漫主义作家和诗人，最终使浪漫主义战胜了古典主义。因此，浪漫主义之所以能成为当时法国乃至整个西欧的主要文学潮流，不仅仅因为它是一种新的文学思潮，而且还意味着它是一种新的创作方法，对各种文学体裁的一种解放，一种写作上的自由表达。

第二，应该为人民而写作。

雨果早年在政治上是保皇的，并在 20 岁时因出版诗集《颂歌集》而得到国王的赏赐。然而，活生生的现实和人民的痛苦教育了他，特别是一位贵族家的女佣在公众场合无端受到残酷的烙刑，对他的刺激尤大，使他改变了立场，发誓要为人民而写作。有人曾经说雨果曾写过“为艺术而艺术”这句话，他立刻加以反驳，说自己从来没有写过，并明确表示：“文学的目的是为了人民”，“文明需要的是人民的文学”。在《盎杰罗·序》中又说：

文学这位姑娘需要的是人民文学。一八三〇年展开了一种争论，表面是文学，底里是社会和人。如今是下结论的时候了。我们的结论是，文学有着这个目的：人民。人民，就是人。

雨果甚至认为,法国古典主义文学中的有些作品,实际上是一种宫廷文学,而我们现在需要创建一种人民文学。他在《欧那尼》的《序言》中说:“旧的惯例应当同旧的习俗一起死亡。人民的文学应当同宫廷的文学相对立。”当他的小说《悲惨世界》被译为意大利文时,他对译者说:“你说得对,先生,你说《悲惨世界》这本书是为一切民族写的。我不知道是否人人都读这本书,可是我是为每一个人写的。这本书是写给英国,也给西班牙,给意大利,也给法兰西;给德国,也给爱尔兰,给那些有奴隶的共和国,也给那些有农奴的帝国。”他甚至在诗中表明了自己站在人民一边、为人民而歌唱的坚定立场:

我就要诅咒这些暴君……
我觉得诗人就是他们的裁判者,
呵,诗人的使命原就是扶弱锄强!
我于是忘了爱情、家庭、儿女,
忘了软弱的歌调、平静的休息,
而要用铁弦来加强我的歌唱!

正因为雨果后来一生为人民而写作,始终不渝地站在广大受苦受难的人民一边,所以他也受到了人民的衷心爱戴。他去世以后,由于他在人民中的威望和影响,法兰西为他举行了国葬,成千上万的人民参加了葬礼,为他送行。去世以后,他的作品仍经久不衰,深得人民喜爱。

第三,反对模仿和抄袭。

雨果虽然在30岁刚出头时便已成了法国浪漫主义文学流派的领袖,但他并不希望别人来模仿他,而是主张大胆创新和自由发挥。他在《短曲与民谣集·序》中曾告诫人们:

谁去模仿一个浪漫主义诗人，就必然成为一个古典主义者，因为他是在模仿。……即使你很成功地模仿了一个有天才的人，你也缺乏他的独创精神，那就是他的天才，我们来赞美大师们吧，但不要模仿他们。还是让我们别出心裁吧。

在雨果看来，模仿别人即使再成功，也仍然是模仿，总是缺乏"独创精神"的。因而他竭力反对写作上的模仿，并认为"模仿"与"独立精神"是格格不入的，宁可"别出心裁"地去进行想象、创造和写作，也不要去模仿，"他不应该用已经写过的东西来写作"。

不仅是模仿，雨果也反对写作上的抄袭行为。他在《克伦威尔》的《序言》中说：

诗人最是要不去抄袭任何人，莎士比亚并不过于莫里哀，席勒并不过于高乃依。……一个巨人的寄生者顶多仍不过是个矮子。

正是在这种写作观念的支配和指导下，雨果以他非凡的勇气和魄力，大胆的构思与独创性，写下了一系列浪漫主义的瑰丽诗篇，以及《巴黎圣母院》《九三年》等一系列浪漫主义的小说，成为法国文学史上浪漫主义文学的杰出代表。如果他一味去模仿和抄袭别人，是否能取得这样的成果就很难想象了。

第四，先讲故事，再成小说。

雨果一生除了写有大量的诗歌以外，也写过不少动人的小说，如《悲惨世界》《巴黎圣母院》等，早已驰誉世界。雨果不少小说的诞生，或许与他讲故事有关。因为雨果一向同情受压迫的穷人，经常接济一些贫困孤儿，有时也给他们讲故事，使他们听得津津有味。久而久之，这些故事就成了他写小说的内容。所以，他的不少小说，先是从讲故事

开始的,无意中也就形成了他写小说的一种独特方法。

雨果的写作思想在当时的影响极大,特别是以上所说的第一和第二点,在我们今天看来似乎并没有什么了不起,但在法国大革命不久后的法国社会和文学艺术界,那可是惊天动地的事,是要有极大的勇气、胆识和叛逆精神才能提出来的,是要冒风险的。然而,雨果却冲破了重重阻力,甚至是遭受迫害和流亡之苦,始终坚持自己的写作主张,终于赢得了自己的胜利,并受到了人民的爱戴。所以,雨果的写作经验及其成功之处,至今仍有值得我们学习、借鉴的地方。

安徒生写作法

安徒生(1805—1875)是丹麦19世纪著名的童话作家。小时候因家境贫寒而当过呢绒店的学徒等,全靠自学成才。他所写的《卖火柴的小女孩》《皇帝的新装》《丑小鸭》等童话故事,深受广大少年儿童的喜爱。一代又一代的成年人,都是听着这些故事长大的,并且伴随着他们的一生。安徒生及其童话作品的产生,无疑是丹麦的骄傲。

但是,就在这些美丽动人的童话故事的后面,却蕴藏着安徒生辛勤写作的汗水和智慧。大致说来,安徒生的写作方法和经验约有四点。

第一,喜欢独自到安静的森林里去写作。

每个作家的写作习惯和方式的确是大相径庭。想当年,中国唐代的李贺喜欢白天到野外去采撷各种写诗素材,晚上回到家里写诗,而丹麦的安徒生却喜欢大白天一个人来到森林里,然后铺开纸张和笔,开始他的写作。在他的眼里,森林里的每一棵大树,每一只褐色的蚂蚁,每一只翩翩起舞的蝴蝶,都是他创作的素材,都是美丽的童话,都能唤起他的创作灵感。

第二,喜欢带着一只旅行皮包,边旅行边搜集写作素材。

安徒生虽然终身未娶,但他热爱生活,喜欢旅行。外出时,他总要带上一只旅行皮包。通常情况下,他都是坐四轮马车至各地观光,有时

也会搭乘顺路的邮车外出。日积月累,他的足迹已遍及了欧洲的许多国家。

有些人对他的行为不解,曾问他:“你经常跑东跑西,什么时候写作啊?”

他们哪里知道,安徒生的旅行皮包里装的就是写作的用品。他每到一处,便注意各地的风俗民情,细心地聆听当地人民的民间故事和传说,然后就从包里取出纸和笔,把这些一一记录下来,最后根据自己的构思和想象,把它们写成一篇篇美丽动人的童话。他是在观光,也是在采风,他有许多作品,实际上就是从他那只贴身的旅行皮包里出来的。

第三,逐渐集中到一点上去创作、去发展。

安徒生因家境贫寒,幼年无法上学,直到在皇家剧院做杂役工时,由于一些热心艺术家的帮助,弄到了一份助学金,才以 15 岁的年龄进入了正规学校读书。在学习期间,他喜爱上了文学创作,先写诗歌,又尝试着写戏剧、小说、游记等,各种文体都有所涉猎。后来,他发现自己的才华在童话创作方面似乎最能显示出来,于是他便干脆集中一点,把自己的主要精力都用在童话创作上。功夫不负有心人,事实证明他的这一选择是正确的。结果,他写出了 160 多篇童话,终于成为世界上最著名的童话作家之一。

第四,在遭受排斥和打击的时候,不要害怕,仍要坚持地写下去。

由于安徒生是个鞋匠的儿子,母亲替人洗衣度日,可以说是出身于寒门人家,没有社会地位。尽管他靠着自己的创作才华逐渐为社会所知,但因他不是贵族出身,所以在当时的上流社会还是很难站稳脚跟。

卑微的社会地位给他带来了不少阻力和麻烦，再加上他的童话内容都是站在贫苦的劳动人民一边，为劳动人民说话，因而他的作品一问世，就引起贵族们的不满，受到上层文人的排斥、反对和责难。然而，安徒生并不害怕，坚决朝自己所定的创作方向走下去，再加上欧洲各国一些大作家如海涅、巴尔扎克、狄更斯等人的支持，使他很快在国内外的读者中赢得了声誉。那些贵族和上层文人对他一筹莫展，最后以失败而告终。

除了以上四点，安徒生有一些写作方法和经验也值得借鉴，如他的作品都比较简洁、明快，不枝不蔓，也不追求表面的华丽辞藻，有时也比较注意吸取民间的语言和养料，这些都是很值得我们学习的。

安徒生终生未婚，没有孩子，但他把整个生命都献给了童话创作，为人类的儿童文学创作和进步文化事业，留下了一份宝贵的遗产。

果戈理写作法

果戈理(1809—1852)是俄国19世纪著名的小说家和剧作家。早年为工作所累,到处奔波,生活艰苦。后又学过画,当过家庭教师和中学、大学历史教师。他的成名作是短篇小说集《狄康卡近乡夜话》,后又出版了两个短篇小说集,其中包括《狂人日记》和《涅瓦大街》等,被别林斯基尊为“文坛盟主”。他的代表作是长篇小说《死魂灵》、讽刺喜剧《钦差大臣》,并都已成为俄国文学中的经典之作。

果戈理的创作生涯并不长,43岁便去世。但他也积累了不少写作经验和方法,可大致归纳为五点。

第一,写作必须天天练。

果戈理是一位相当勤奋的作家,总是每天一清早就起床开始写作。他说:

> 一个作家,应该像画家一样,身上经常带着铅笔和纸张。一位画家如果虚度了一天,没有画成一张画稿,那很不好。一个作家如果虚度了一天,没有记下一条思想、一个特点,也很不好。

因此,他强调“必须每天写作”。这样不仅可以练习自己的笔头,更重要的是,可以克服惰性,养成每天勤奋写作的良好习惯。

第二,从观察生活和了解社会中,尽可能地发现重大题材和文学

创作中所需要的人物。

在强调每天要练习写作的同时，果戈理还主张应切实地观察生活和了解社会，尽可能地从中发现和挖掘出一些人们所共同关注的问题和人物。他说：

> 相信我，我需要切实而根本地探索社会，却不是在舞会和宴饮中看看它就算完事大吉，否则我就会永远写得不成样子，纵然创作能力提高了也不行。而这些东西是怎么也哀求不到的。……相信我，不管出版什么样的艺术作品，如果里面没有今天社会围绕着转动的那些问题，如果里面不写出我们今天需要的人物来，它在今天就不会有任何影响。

正因为如此，果戈理无论写小说或戏剧，都尽可能从对生活的观察和对社会的探索中，捕捉到一些有现实意义的题材和人物来加以创作。所以，他所创作的喜剧《钦差大臣》一经上演，就产生很大的轰动，获得惊人的成功。而长篇小说《死魂灵》，因讽刺农奴制度下俄国停滞落后的社会生活，以及塑造了许多突出的典型人物，更是备受青睐，成为俄国文学中的名著之一。

第三，对每一个句子都认真思索。

与一切优秀的文学家一样，果戈理对自己的创作要求也很高，可以说是苦心孤诣，精益求精。他在给别人的信中说：

> 每一个句子，我都是用思索，用很久的考虑得到的。别的作家一点不费什么地在一分钟内就把它换了另一个句子，在我是一桩困难的工作。

他又对朋友说：“任何句子都是经我深思熟虑之后才写出来的。”

一般说来,人们对诗人作诗反复推敲是可以理解的,因为诗的篇幅毕竟比小说要短;对于小说中的每一句话他都用心"思索",经过"深思熟虑"之后才写出来,从而达到一丝不苟、毫不含糊其词的地步,这样的精神不得不使人敬佩和感动。

第四,文字应该明白浅显。

果戈理对每一句话都如此认真思索,或许有人以为他在精雕细刻,编织锦绣文字,其实并不然,而且恰恰相反,他是在考虑如何让文字尽可能地明白浅显一些。因为他有一个基本观点:

> 写起文字来,不要以为写的是给和自己有同等的教养、和自己有一样的趣味和一样的思想、许多事情是不必详说也会了然的人去看的文字,倒要请他写得好像是给教养全不能和自己相比,几乎毫无知识的人去看似的。

正因为如此,果戈理提倡明白浅显的文风,以便让更多的读者能够看懂和理解。

第五,最好应该有八次修改。

对于稿件的修改,几乎所有的作家都不会反对。至于如何修改、修改的次数多少,各人的见解和做法却又各不一样。果戈理的修改方法似乎更为奇特,他认为写作最好应有八次修改,并说出了具体程序:

> 一开头,必须把一切想到的潦草地写出来,尽管很坏,很散乱,但是绝对是要写出一切来,以后就把这草稿搁起。过一个月、两个月,有时也许还要久些,你再拿出你所写的东西来读一读吧。你会发现有很多不对的,很多多余的,和很多没有达到的地方。你在空白上做一些订正和注解,然后再搁起来。当下次读它时,仍要在空白上添上

新的注解，到那里无处可写了，就移到远一点的页边。当全部都被写成这情形时，你便亲手来把这些文字誊在另一笔记本上。这时就忽然又出现了新的主意，于是，剪裁，补充，把词句重新简练一遍。在以前文字中会跳出一些新的字句，这些字句非安置在那里不可，但这些字句不知怎样却不能起初一下就现身出来。你再放下那个笔记本吧！你去旅行，去消遣，你什么也不要做，或者去另写别的东西。时间一到就想起抛开的那个笔记本了。你拿起它，读一遍，用同样的方法改一改，当又被涂抹得不堪时，你再亲自誊一遍，你到这时会发现随着文字的坚实、句子的成功和洁净而来的，是你的手似乎也坚实起来了：于是每个字也更加强硬和坚决了。应该这样做八次！有些人也许用不着这些次，但有些人也许还得多几次，我这样做八次。只在这八次的修改！必须是亲手的修改之后，工作才算完全艺术地了结，才会得到创作的真谛。再多的修改和审阅，也会损污工作的。就如画家们所说，是画过度了。

也许有些人不会苟同他的这种八次修改法，或以为繁琐，或以为机械，但这的的确确是果戈理本人总结出来的，并加以实行的一种极为罕见甚至可以说是独一无二的修改方法。

除了以上五点，果戈理的写作方法和经验还有不少，如他在如何写喜剧、如何进行历史题材的创作、如何保持作家的独立人格以及生活的提炼与综合等方面，都发表过很有价值的见解。这里只是挑选了较能代表果戈理个性，同时在他身上也比较突出、对别人较有帮助的几点，提供给大家作参考。由于果戈理的写作方法都比较具体、实在，他人也便于操作，因此如能学上几点，多少总有些益处吧。

狄更斯写作法

狄更斯(1812—1870)是英国19世纪著名的文学家。出身贫苦，12岁便开始独立谋生，全靠自学成才，成为世界闻名的小说家。他写过许多著名的长篇小说，如《双城记》《匹克威克外传》《大卫·科波菲尔》《艰难时世》《老古玩店》《荒凉山庄》《奥列弗尔·退斯特》《董贝父子》《远大前程》《我们共同的朋友》《马丁·朱述尔维特》等。他是英国19世纪最主要的长篇小说家。

一个人在短暂的一生中要写出这么多作品，没有刻苦勤奋的劳动是不可能的。狄更斯的写作极其勤奋，最后因劳累过度而去世。在他勤奋刻苦的写作生涯中，积累了不少写作经验。经过综合，大约归纳为三点。

第一，写作前有一种近似于“夜游”的习惯。

狄更斯为了全力写作，一般不在公众场合抛头露面，也尽量减少人际间的交往和应酬，但他必须了解社会，其方法也很奇特。每当夜幕降临，他便会来到街头，穿街走巷，边走边看，然后来到一个下等公寓或是酒馆，观察着周围的一切，把所见所闻记录下来。回家以后，他就把这些所记的内容作为素材，穿插到自己所写的小说中去，从而起到令他惊喜的效果。

第二,喜欢亲身体验自己作品中将要描写的东西。

狄更斯对写作真可以说是呕心沥血,全力以赴。由于他的小说涉及面很广,塑造的人物也多,对于有的人或有些事他并不熟悉,写作发生了困难。每遇到这些情况,他会深入到各种生活中去加以亲身体验,以便把它形象地写出来。如有篇作品,其中要写到一个乞丐,但他从来没有体验过乞丐的心理和情感世界,为了写好这个乞丐,他便干脆穿上破烂肮脏的衣服,拄着一根木棍,然后走到马路边,并来到自己的家门前,伸出颤抖的手,学着乞丐的声调和样子进行乞讨。狄更斯家的仆人出门一看,吓坏了,惊奇地问主人:“老爷,你这是怎么了?”

像这类有关狄更斯写作的故事不少,如他为了体味钓鱼者的心情,便特意扮成一个垂钓者,到湖边去钓鱼;为了了解监狱和囚犯的情况,他特意来到牢房里,与第二天一早就将受绞刑的死囚交谈,了解罪犯的心情并观察行刑时的各种情景,然后再进行整理和动笔。这不仅反映了他写作态度之认真,也说明了他亲身体验、勤于观察的一种写作方法。

第三,注重细节描写的真实性。

许多成功的著名小说家,都很注意作品的真实性,即使是细节,也强调其描写的真实性。狄更斯作为19世纪一位颇负盛名的英国小说家,也同样重视作品中细节描写必须真实这样一种写作方法。有一次,他在阅读一部文学作品时发现了一个细节可能有误,便写信给这部作品的作者,对他说:

> 在第三部(这是最美的一部)结尾部分描绘高士密斯坐着向窗外眺望大教堂左边的树木时,你说到“灰眼睛”的白嘴鸦。你肯定它们

真是“灰眼睛”的吗？大乌鸦的眼睛是深黑而有光泽的，我估计白嘴鸦的也是这样，除非正好有光线对准了照在上面。

这事虽小，在有些人的眼里也许根本不值得一提，甚或会觉得小题大做，但狄更斯还是把它作为一个问题提了出来。由此可见，狄更斯平时对事物的观察是何等的细致入微，同时也说明了他对细节描写真实性的要求是多么地高。

狄更斯生前虽然很有名望，又写下了这么多的文学杰作，肯定也积累了不少写作方法和经验，但他却很少侈谈自己，就连对自己的后事，也只做了极为简单的安排，但人民还是给了他极高的荣誉，都自发地前来哀悼他。所以，我们这里对他所归纳的写作方法，虽然未必有系统性，但还是值得我们参考和借鉴的。

屠格涅夫写作法

屠格涅夫(1818—1883)是俄国19世纪的著名作家。以写小说为主,也写一些剧本和诗。他所写的长篇小说《猎人笔记》《父与子》《贵族之家》《前夜》《罗亭》《烟》等,早已成为世界名著,都有中文译本,在中国影响很大。此外,他的长篇小说《处女地》,中篇小说《木木》《阿霞》等也都受到人们的关注或喜爱。

在屠格涅夫不平凡的创作生涯中,也积累了一些属于他个人的写作经验和方法。经过大致梳理,共归纳为五点。

第一,善于观察生活,并能从生活里的典型人物中受到启发,巧妙地运用到自己的作品中去。

屠格涅夫非常强调和重视生活与创作之间的关系,当有青年人请教他"应该如何写作"的问题时,他强调了应注意观察和重视生活。他说:

> 注意观察周围的一切,不仅要努力从生活的一切现象里抓住生活,而且要努力去了解它,了解生活依之而运动的却又不是经常表露出来的那些规律,必须通过意外的偶然性达到典型。

接着他又深有体会地说:

> 我现在所有的相当不坏的东西,是生活赐给我的,而完全不是我自己创造出来的。一般说来,生活就是"一切艺术的永恒的源泉"。

屠格涅夫的这些话，的确都是他的经验之谈。因为他得益于生活中的东西太多了。他许多著名作品中的人物，基本上都是他在生活中偶然遇到的，有了创作原型，然后通过想象和改造，才成为他小说中的人物的。如他的小说《阿霞》中的主人公，便是从生活里一个偶然的机会中发现的。他在回忆这篇小说的构思过程时说：

我路过莱茵河畔的某个小城市。晚上，因为无事可做，我想去划船。这是一个非常美妙的夜晚。我躺在小船里，什么也不想，呼吸着温暖的空气，浏览周围的景色。我们从一个不大的火砾场边经过；火砾场的一旁有座两层楼的小屋。一个老太婆从下层楼的窗子里朝外张望，上层楼的窗子里探出来一个标致的姑娘的头颅。这时我忽然被某种特别的情绪控制住了。我开始思索，我想着，这个姑娘是谁，她是怎样一个人，她为什么会在这个小屋里，她跟老太婆是什么关系——就这样，我在小船里就立刻构思好了短篇小说的整个情节。

不仅仅是《阿霞》，他的长篇小说《父与子》中的巴扎洛夫形象，最初也是从生活中来的。他曾向他的朋友巴甫罗夫斯基回忆说："那是在1860年，有一次我在德国旅行，在客车上遇到一个年轻的俄国医生，他有肺病，是个高个子，黑头发，皮肤带有青铜色。我跟他谈话，他那锋利而独特的见解使我吃惊。两小时以后我们就分别了。"可是，就是这短短的两小时，却给屠格涅夫留下了难忘的印象，这个人便成了他的小说《父与子》中巴扎洛夫最初的雏形。

此外，他的《罗亭》中的罗亭、《前夜》中男女主人公的创造，几乎都有生活中的原型。由此可见，屠格涅夫的确善于观察生活，并善于发现和抓住生活中有意义的人物，"通过意外的偶然性达到典型"。

第二,把一些可能要用的东西记进笔记本。

与不少作家一样,屠格涅夫除了善于观察生活以外,也有记笔记的习惯。他曾经说:

在我每次遇到一个熟人或者生人以后,我总是把引起我注意的一切东西,把我的交谈者的外形和言语的典型特征记在我的本子里。我尽力根据这些典型的、突出的特征再现出整个人物。并在办得到的地方,把几个相近的人物的特征融为一体。

我们从他所说的这段话里,不仅了解了他有记笔记的习惯,同时也知道了他是怎样记的,而我们也应该怎样去学记笔记。

第三,有时会代替小说中的人物写日记。

作家平时写笔记,为小说中的人物和情节积累素材,这是常有的事,屡见不鲜。但为了写好小说,代替小说中的人物写日记,这恐怕是很少见到的吧?而屠格涅夫居然这样做了。他在《六部长篇小说总序》中曾说:

当某种人物使我感到兴趣的时候,我的理智就被他控制住了。当我没有摆脱他之前,他日夜地追逐着我,使我不得安静。……然后我转到自己主人公的教养问题上,转到他的外表、他的性格形成的年代里、他所在的地方等等上面来。有时候我甚至于更进一步,像对待巴扎洛夫一样。他是这样地控制着我,使我替他写日记,在日记中他说出关于当前最重要的问题——宗教、政治及社会等问题的意见。

他所说的"巴扎洛夫",即他的小说《父与子》中的主人公。他对友人巴甫罗夫斯基也曾谈起过他为小说人物巴扎洛夫写日记的情景:

我写《父与子》的时候,我一方面记着巴扎洛夫的日记,倘使我读

到一本新书，倘使我遇着一个有趣味的人，或者当时发生了一件重大的政治的或社会的事件，我就依据巴扎洛夫的观点把这些全记在那本日记里面。结果写成了厚厚的一大本，而且是非常奇怪的东西。可惜我把它失掉了。有人借去看始终未还。

为小说中人物代写日记，实在是一个妙不可言的独特的写作方法。别的微妙处难以述说，至少可有一个好处，就是作者与小说中的人物容易融为一体，使自己对要塑造的文学人物有一个更深切的了解。

第四，当自己与作品中的人物融为一体时再动笔。

许多作家写文学作品，几乎都有一个酝酿和打腹稿的过程，然后在合适的时候才开始正式动笔。而所谓合适的时候，各人的选择和条件都不一样。有的是拣空闲或度假之时，有的是在出版社催稿之际，也有的是在创作情绪难以抑制的情况下……屠格涅夫与上述情况都不一样，他有自己的动笔选择。他说：

你感觉在你身旁有谁站着，和你一同走着——就这样，一个活生生的人物形成了。这有点儿像梦。你在小说中的人物中走来走去，看见自己在他们中间……直到他成了我熟识的老友，我看见他并听到他的声音，我才动笔。

实际上，他是等自己考虑成熟了，并使自己成为作品中的一份子时，再开始动笔，颇有点瓜熟蒂落、自然生成的味道。

第五，正式动笔写作时，不再与人进行交际。

作为俄罗斯文坛上的一位著名作家，再加上他所出身的贵族家庭，屠格涅夫的交际是很广泛的，而且与西欧各国作家保持着广泛的联系。但他一旦正式开始拿笔写作，进入创作状态时，便暂时停止交

际，以便专心致志地写作品。他曾对友人说：

> 我写作的时候，我不要跟人们交际；我隐居在我的领地上。在我那些屋子中间有一间小屋子，它有点儿像农人的小屋，屋子里就只有一张白木桌子和一把椅子。我就在这儿努力地工作几个月。

也就是说，屠格涅夫一旦动笔正式开始写作，便有意识地进入隐居状态，把自己与外界隔离开来。这样有一个好处：可以避免外界干扰，使自己全身心地投入创作，沉浸到自己设想已久的小说世界以及小说中的人物和故事中去，保证自己在一定的时间内完成写作。

屠格涅夫的文学成就是举世公认的，而他的写作方法也是奇妙而有趣的。我们希望人们从他的身上能汲取一些有益的养料，来充实自己的写作，从而使自己也能写出一些有影响的文学作品来。

波德莱尔写作法

波德莱尔(1821—1867)是法国19世纪著名的象征派诗人。以诗集《恶之花》而驰名世界,进而被后人视为象征派、现代派诗歌的鼻祖。他另有散文诗集《巴黎的忧郁》,对后世的影响也很大。除此之外,他还写有大量的文艺批评,如《美学探奇》等书,对诗和绘画等进行过广泛而深刻的评议,并涉及艺术与自然、浪漫主义等一系列重大问题。

由于波德莱尔在文学创作和文艺批评上都是一个有影响的人物,所以他的写作经验和方法极应引起我们的注意。归纳起来,大约有四点。

第一,写作要快而不急,必须弹无虚发。

波德莱尔所处的时代,正是法国文学风起云涌、名家辈出的时代。他的前辈有雨果、巴尔扎克、司汤达、大仲马、梅里美、乔治·桑等,同辈又有福楼拜、凡尔纳、龚古尔兄弟等,稍后又有左拉、莫泊桑、法朗士、都德等。他们都极其勤奋,不仅作品数量多,而且影响大,作家之间的竞争很厉害。在这种情况下,波德莱尔认为,作为一个作家是应该要写得多、写得快,但他又主张要"快而不急""弹无虚发"。他在《关于写作方法》一文中说:

> 今天,应该写得多,因此应该写得快,但要快而不急,因此要弹无虚发,颗颗必中。

在这里,波德莱尔认为,一个作家在那种文学氛围下应该可以多写些、写快些,不少作家也的确是这样做了;但另一方面,他又劝告人们不要因贪多求快而影响质量,建议人们要“快而不急”,意思是既要快,但性子不要太急,以免粗制滥造。而他所说的“弹无虚发,颗颗必中”,也就是希望作家在多与快的情况下,还是要保证质量,写一篇像一篇,不要出次品。就其本人来说,他虽然承认应该“写得多”“写得快”,但他自己却从不粗制滥造,诗集仅《恶之花》,散文诗集仅《巴黎的忧郁》,而其中的每篇作品也的确称得上“弹无虚发,颗颗必中”,为后人所称道。

第二,如要写得快,就得平时多想。

如要写得快,又要“弹无虚发”,波德莱尔认为最好的办法,就是要平时多想。他说:

> 要写得快,就要多想,散步时,洗澡时,吃饭时,甚至会情妇时,都要想着自己的主题。

依照他这样的说法,实际上就是提倡人们平时应勤奋刻苦,全身心地投入,方能落笔千言,保证写得快而又写得好。

第三,只有每日工作才会产生灵感。

对于写作上的灵感问题,许多作家都曾讨论过,谈过自己的切身体会,波德莱尔也发表过自己的见解。他在《关于每日的工作和灵感》中说:

> 狂欢不再是灵感的姊妹,因为我们已经切断这种不正当的亲属关系了。
>
> ……灵感显然只是每日的工作的姊妹。像所有组成大自然的对

立物一样,这两个对立物也是密不可分的。……如果谁想整日沉浸在对未来作品的冥想之中,那么每日的工作可以有助于灵感的产生,正如清晰可读的文字有助于阐明思想,而稳妥有力的思想有助于写得清晰可读一样。

他这里所要表达的意思是:灵感肯定是有的,但灵感不是从天上掉下来的,而与每天的思考和写作是分不开的。也就是说:只有每天在坚持工作和思考的人,才能获得灵感。

第四,提倡诗的象征和交感。

众所周知,波德莱尔对人类影响最大的是诗歌。他一向被公认为现代派诗歌的创始人,象征派诗人的鼻祖和先驱者。他的诗集尽管只有一本《恶之花》,但却以一种全新的姿态出现于诗坛,开始了人类诗歌的一个新时代,即象征主义时代。现在的许多诗歌流派,如现代派、象征派、意象派等,追根溯源,几乎都可以找到他身上去。他的诗在形式上虽然是接近于传统的,但在表现手法上却是全新的,喜欢采用象征和隐喻,富有想象力和含蓄性。除了象征之外,他还讲究诗的"味、色、音"的互相应答。这种创作思想在《感应》一诗中有着比较集中的表现。全诗如下:

自然是一座神殿,那里有活的柱子,
不时发出一些含糊不清的语音;
行人经过该处,穿过象征的森林,
森林露出亲切的眼光对人注视。

仿佛远远传来一些悠长的回音,

互相混成幽昧而深邃的统一体,
像黑夜又像光明一样茫无边际,
芳香、色彩、音响全在互相感应。

有些芳香新鲜得像儿童肌肤一样,
柔和得像双簧管,绿油油像牧场,
——另外一些,腐朽、丰富、得意扬扬。

具有一种无限物的扩展力量,
仿佛琥珀、麝香、安息香和乳香,
在歌唱着精神和感官的热狂。

(钱春绮译)

这首诗未必人人都能理解,但后来不少的诗人都从各个不同的角度来加以解释,吸取对自身创作有利的东西,有些人似乎还能从中获得创作灵感和表现手法。尽管各人理解不同,而诗中所说的"味、色、音"的感应,三者的交感,还是得到大家一致的公认,并予以接受。由于此诗比较集中地体现了波德莱尔对诗的理解,以及他的创作思想和基本表现手法,所以就如同象征派的宣言一样,经常被人抬出来并加以引用。这里为了便于了解,所以也引用了一下。

当然,波德莱尔作为一位全世界公认的带有里程碑性质的著名诗人,他的创作思想极其丰富,创作经验和方法也很多。如美与丑的关系、想象力的作用和地位、稿件到底是修改好还是不改好、文艺与哲理的关系等,他都发表过与众不同的独特见解,甚至是迥然不同的相悖

之论。所以他的诗歌创作在当时惊世骇俗,引起轩然大波,他的创作思想和表现手法在当时也同样是令人瞠目结舌的。由于其中有些问题涉及当时的文艺思潮、文坛论争和文学流派等,比较复杂,与写作方法没有直接的关系,这里也就不加罗列和论述了。

涅克拉索夫写作法

涅克拉索夫(1821—1877)是俄国19世纪的著名诗人。他年轻时所写的《在旅途中》一诗,曾受到别林斯基的热烈赞赏,称他为"真正的诗人"。不久,他担任了当时最有影响的进步文学杂志《现代人》的编辑和主编,先后同别林斯基、车尔尼雪夫斯基、杜勃罗留波夫等一起合作。以后又主编《祖国纪事》杂志,对当时的文学起过良好的影响。在编杂志的同时,他仍勤奋地进行诗歌创作,所写长诗《谁在俄罗斯能过好日子》《严寒,通红的鼻子》等都甚为后世所重。他虽然很少谈创作经验,但有些方法仍很有趣,可作借鉴。经过梳理,大致归纳为三点。

第一,习惯于躺在地板上写作。

各个作家的写作方式实在是千差万别,互不相同,如有的人喜欢关在屋子里写,有的人喜欢在森林里写;有的人喜欢安静,有的人喜欢嘈杂。而涅克拉索夫却喜欢躺在地板上写作,并已养成了习惯。他曾对朋友说:"我躺在地板上,感到特别舒服。"

他有许多优美动人的诗篇,都是躺在地板上写出来的。也许这种方法有利于他灵感的产生和诗情的抒发,否则他为何要采取这种方法呢?

第二,自己不能写时,就叫人代笔写。

涅克拉索夫相当能吃得起苦，在他任《现代人》杂志主编时，一边编发稿件，一边仍坚持写作。到了晚年，因疾病缠身，卧床不起，已无法执笔写作了，但他心里的诗句仍想表达出来。在无奈的情况下，他就叫别人来代笔，他作口述，而别人则把他的诗句记录下来，然后再给他看或读给他听。就这样，在生命的最后一刻，涅克拉索夫仍在写作，只是写作的方法有所改变而已。

第三，写诗要注意艺术形式。

涅克拉索夫的诗歌创作虽然受到民歌的影响，他本人也很注意从民歌中汲取有益的成分，而且他的诗又和当时的政治有着很多的联系，常有重大的政治内容。但他并不因此而忽视诗歌的艺术形式，甚至还强调艺术形式的重要性。他在《形式》一诗中写道：

给形式以最大的重视，
不怕费时间：与主题相应的风格，
在诗里是很重要的。
诗句，如钱币一样，
要铸造得精确、清晰、真实，
严格地遵守着规范：
使用语言要紧密，
思想——要广阔。

他在这里所说的"艺术形式"，很大一部分是指诗的语言风格。末二句的意思是，要用"紧密"而集中明晰的语言来表达广阔的思想，强调的仍是语言风格，并与思想并重。

除此之外，涅克拉索夫写诗也很注意从民歌中汲取营养，巧妙地

融入自己的诗中。而且，他的诗和当时的革命民主主义思想紧密结合，代表着当时知识分子的进步力量，为反对沙皇的专制制度起到了积极的作用。更有趣的是，普希金习惯于秋天写作，列夫·托尔斯泰习惯于冬天写作，而涅克拉索夫由于编辑进步杂志，工作太忙，便只能利用休息时间较多的夏天来进行自己的写作。久而久之，夏天便成了他进行写作的主要季节。

不过，这还都只是从侧面反映了他的一些写作情况。较能反映出他的写作方法和经验的，似乎还是上面所谈的三点。因为涅克拉索夫是19世纪俄国非常重要的一位诗人，所以我们才竭力反映了一些他的写作经验。最后，我们想以他的一段话来结束本文：

> 谁为时代的伟大目标服务，并把自己的一生献给了为人类兄弟而进行的斗争，谁才是不朽的。

福楼拜写作法

福楼拜(1821—1880)是法国19世纪杰出的小说家。早年曾学医,后又学法律,最后热衷于小说创作。他所写的长篇小说《包法利夫人》《情感教育》等,由于其写作方法的独特新颖,曾引起世人的高度重视。

与巴尔扎克一样,福楼拜也是一位非常认真刻苦的文学家,写作态度非常严肃。在长期的创作生涯中积累了相当丰富的经验,并有着一套与众不同的写作方法。经归纳,大约有四点。

第一,要像画家写生一样,学会准确地描述生活中的某一场景。

福楼拜很重视一个作家的描写能力,认为准确无误地描写出生活中的一人一事、一景一物,这是作家的基本功,就像一个画家写生一样。如果这一关过了,再编造故事、塑造人物就比较得心应手。法国小说家莫泊桑早年曾拜他为师学写作,有一次到福楼拜那儿,给他讲了几个故事。福楼拜听完,却不主张他写这些故事,而是希望他骑马出去跑一圈,一两个钟头之后回来,再把自己所看到的一切记下来。又有一次,福楼拜对莫泊桑说:

当你走过一个坐在自己店门前的杂货商面前,走过一个吸着烟斗的守门人面前,走过一个马车站面前时,请你给我描绘一下这个杂货

商和这个看门人，他们的姿态，他们整个的身体外貌，要用画家那样的手腕传达出他们全部的精神本质，使我不至于把他们和任何别的杂货商人、任何别的守门人混同起来。还请你用一句话就让我知道，马车站有一匹马和它前后五十来匹是不一样的。

莫泊桑很听福楼拜的话，自此便经常外出观察生活，并准确练习自己的描写能力。结果，锻炼了一年之后便写出了著名的短篇小说《点心》，以后又写出了中篇小说《羊脂球》。后来成为法国历史上非常著名的小说家。

第二，在文学作品中不要暴露自己的感情。

浪漫主义在冲击古典主义方面曾起过不小的作用，特别是拜伦、雪莱、雨果等人的作品，把浪漫主义推到了一个前所未有的高峰。但浪漫主义创作中的一些弊端也随之出现。他们太放任感情的喷涌，以致满纸都是感情的语言，作家的感情或在小说中对某一人物的赞美或否定，一眼便可看出。福楼拜对这样的表现方法似乎很不满意，他认为作者对小说中人物的态度，不应该在文字中亮相。作家在叙述时应该以客观的语言陈述，不要流露出自己的感情，而应控制住自己的情绪。他在给女作家乔治·桑的信中说：

说到我对于艺术的理想，我以为就是不该暴露自己，艺术家不该在他的作品里面露面。

当乔治·桑在信中希望他改变创作方法时，他表示不能接受，并给乔治·桑写信说：

至于泄露我本人对我所创造的人物的意见：不，不，一千个不！我不承认我有这种权利。

所以，他在写《包法利夫人》时，明明内心对包法利夫人充满同情，但他却在小说中不暴露出来，以一种冷峻的态度来加以处理。有人以为福楼拜这样写包法利夫人未免太残酷，希望他能在语言中流露出一些同情，但他坚决不这样做，而是以一种全新的现实主义方法来加以抒写。后来莫泊桑写《漂亮朋友》《一生》等作品，基本上也沿用了这一方法，把法国的小说创作大大推进了一步。

第三，追求语言的完美。

有人曾对法国19世纪的三位小说家作过这样的评价和区别："雨果伟大，巴尔扎克深刻，而福楼拜完美。"的确，福楼拜在文学创作上对自己的要求非常高，对每部小说的创作都精心设计和构思，在语言和修辞上更是追求完美，反复推敲，一丝不苟。他曾经说：

> 我们不论描写什么事物，要表现它，唯有一个名词，要赋予它运动，唯有一个动词，要得到它的性质，唯有一个形容词。我们必须继续不断地苦心思索，非发现这个唯一的名词、动词和形容词不可，仅仅发现与这些名词、动词或形容词相类似的词句是不行的，也不能因为思索困难，就用类似的词句敷衍了事。

也许就是为了发现这些词汇，准确地运用好每一个名词、动词、形容词或其他词句，福楼拜即使离开书桌，头脑中却仍在思考着这些词汇。他在给别人的信中曾说：

> 有些夜晚，文句在我脑子里像罗马皇帝的辇车一样滚过去，我就被它们的振动和轰响的声音惊醒。
>
> 即使在游泳的时候，我也不由自主地斟酌着字句。
>
> 有些句子在我脑中黏着，像是乐曲似的缭绕着我，令人又是痛苦

又是喜爱它们。

接着他又写道：

转折的地方，只有八行……却费了我三天。

已经快一个月了，我在寻找那恰当的四五句话。

在给友人的另一封信中，他又说：

我不知道今天何以生气，许是为了我的小说。这部书总是做不出，我觉得比移山还更困倦。有时我真想哭一场。著书需有超人的意志，而我却只是一个人。

我今天弄得头昏脑晕，灰心丧气。我做了四个钟头，却没有做出一句来。今天整天就没有写成一行，虽然是涂去了一百行。这种工作真难！艺术！艺术！你究竟是什么恶魔，要咀嚼我们的心血呢？为着什么呢？

由此可见，福楼拜为了语言的完美和小说的精致，已达到了呕心沥血的地步。当然，我们并不是要人们也像他那样为写小说而生气，影响情绪或弄到头昏脑晕的程度，但是他那种为小说语言反复推敲、精益求精的精神，仍是值得我们学习的。

第四，主张以科学态度来进行文学创作。

巴尔扎克虽然在写小说前已经注意社会研究，但到了福楼拜，他更主张要以科学态度来写小说，这样才能“使艺术具有自然科学严格的方法论和精确性”。在创作长篇小说《包法利夫人》时，他曾对书中的主要人物包法利夫人进行了细致的心理分析和生理实证，以便使这个人物令人可信无误。当时有一幅漫画就是以福楼拜解剖包法利夫人的情景为题的。他并说：

越往前进，艺术越要科学化，同时科学也要艺术化。二者从底基分手，回头又在顶尖结合。

当时雨果并不注意文学创作中的科学论证问题，而福楼拜则认为：“不过当我们是巴尔扎克和狄更斯的同时代人的时候，就不许可这样错误地描写社会。题材虽然很美，可是多需要心平气和、多需要科学胸襟！”

为了不致“错误地描写社会”，无论是写历史题材或现实题材的小说，他都以一种科学精神来严格要求自己的写作。如为了写历史小说《萨朗波》，他查阅了一千多卷史书和古代文献，以便如实反映古罗马与迦太基之间的斗争，为了写景，他还亲临突尼斯等地实地调查和观察；他为寻找长篇讽刺性小说《布瓦尔和佩居榭》的结构和配合人物活动的环境，在临终之前还打算到各地去旅行和考察三次；他为完成长篇小说《情感教育》，以反映 1840 年至 1848 年的法国社会生活，曾进行了七年艰苦的创作。

不仅在创作前和创作中如此认真仔细而富有科学态度，即使在写完以后，他也往往将作品读给别人听，征求别人的意见，对手稿进行一遍又一遍地修改。像他这样以如此严谨的科学态度来进行文学创作的作家，即使巴尔扎克也无法与他相比。

有关福楼拜的创作方法，他的严谨风格和丰富经验，早已成为法国文学史上的美谈。这里只是择要归纳了四点。实际上他对于主题的确定、关于典型人物的综合与创造、对人民语言的吸收等方面，也都发表过许多良好的经验，也都值得我们参考，并有待于我们的总结。最后，我们想以莫泊桑最初拜他为师，他对莫泊桑所说的一段话作为

本文的结束：

我不知道你有没有才气。在你带给我的东西里面表明有某些聪明。但是，青年人，你永远不要忘记，照布封的说法，才气就是长期的坚持不懈。你努力干吧。

陀思妥耶夫斯基写作法

陀思妥耶夫斯基(1821—1881)是俄国19世纪著名的作家。有一个时期,外国评论家把他与列夫·托尔斯泰竞相高下,两人几乎到了并驾齐驱的地步。他所写的小说《白痴》《穷人》《死屋手记》《罪与罚》《被侮辱与被损害的》等,都被翻译成中文,受到中国读者的广泛欢迎。他善于描写人物的内心活动,甚至是变态畸形的心理状况,对广大受欺压的普通劳动人民,始终有一种极其深厚的同情心。

陀思妥耶夫斯基作品的风格是独特的,他的写作方法也是较为独特的。这里综合了各方面的材料,对他的写作经验和方法大致归纳为三点。

第一,喜欢用一种带暗格的厚实的信纸写作。

每个作家都有自己的写作习惯和方法。这种习惯和方法不仅表现在写作的时间、地点上,有时也表现在写作所用的文具上,如纸张和笔等。陀思妥耶夫斯基也有自己的写作习惯和方法,他喜欢用一种带暗格的厚实的信纸写作。他的夫人安娜·陀思妥耶夫斯卡娅在回忆其丈夫的写作生活时,曾有以下一段记载:

> 四点来钟,我告辞了,答应第二天十二点将记录稿送来。临走时,费多尔·米哈依洛维奇交给我一叠那种带暗格的厚实的信纸,他平时

总爱用这种纸书写,他还叮咛我,誊写时该留出多宽的页边。

费多尔·米哈依洛维奇是陀思妥耶夫斯基的姓。他的妻子说他平时喜欢用这种特殊的纸张写作,总应该是比较可靠的。他关照她誊写时要留出一定的页边,那是为了使他修改起来方便,因为陀思妥耶夫斯基也有修改稿件的习惯。我们从他现存的《罪与罚》手稿中的字迹来看,他修改稿件的幅度也是相当大的。

第二,来不及写作时,就用口授的方法。

所谓"口授"的写作方法,就是作者用口说,请另一人在旁记录,然后再将记录稿誊清润色(或修改)后即成文章或作品。这种方法在20世纪中期以后的美、英诸国不乏其人,如有些畅销书作家来不及写,就用口授。但在19世纪采用这种方法写作的人还不多。1864年,陀思妥耶夫斯基的哥哥突然去世,他为承担其兄创办的《世纪》杂志所欠的全部债务,答应了出版商的苛刻要求,在出卖自己三卷本全集的版权之后,再在短期内另写一部新小说给他。为了赶写这部新小说,无奈之下,陀思妥耶夫斯基采用了口授的写作方法,聘请了安娜来为自己作记录。由于安娜聪明、认真、负责,两人配合得十分默契,很顺利地完成了这次任务。从此,陀思妥耶夫斯基就把安娜留了下来,继续配合他的口授写作。最后两人产生爱情,结成夫妻,白头偕老。所以,陀思妥耶夫斯基自从认识安娜以后,他后来的许多著名小说如《赌徒》《白痴》《少年》《卡拉马佐夫兄弟》等,几乎都是用口授的写作方法,并在安娜的配合下完成的。他俩在写作上的默契配合,一时成为美谈。就连与他们同时代的名作家列夫·托尔斯泰也曾感慨地说:"如果许多俄罗斯作家的妻子都能像陀思妥耶夫斯基夫人那样的话,他们会更好些的。"

第三，重视生活和必要的写作素材。

陀思妥耶夫斯基的文学作品素以描写人的内心活动和心理状态著称，一个普通人的内心活动，他可以不厌其烦地大段大段地描写下去，且能抓住人心，甚至令人的灵魂震颤。他虽擅长于人物的心理描写，但也极其重视深入生活以收集必要的写作素材。他与安娜结婚以后，两人曾到法国、意大利、德国等国的一些地方旅行，并在旅行中继续写作。然而，因长期在国外逗留，他逐渐感到由于离开了俄罗斯，写作陷入了困顿，于是他打算回国重新熟悉生活和素材。他在1869年给C.A.伊凡诺娃的信中说：

我务必返回俄罗斯；在这里，手边没有经常和必要的写作素材，也即俄罗斯的（赋予思想的）现实和俄罗斯人，我竟连写作的可能性都丧失了。经常需要多多地了解情况，但是无处可了解情况。

为了写作，为了写作的素材，为了俄罗斯的现实和俄罗斯人，陀思妥耶夫斯基夫妇忍痛烧毁了《白痴》《不朽的丈夫》《群魔》等小说的手稿，顺利通过俄国边境的检查，于1871年回到了阔别四年的祖国，又重新寻找素材，开始了他的写作。

当然，作为一位卓有成就的知名作家，除了以上三点以外，陀思妥耶夫斯基的写作经验和方法还有一些，如他很强调作品的简洁，喜欢夜里写作，作家应该忠于现实，强调以夸张、幻想、象征等形式来刻画人物心灵深处的奥秘等。凡此，都是他写作方法和经验的组成部分，而这里所介绍的三点，前两点可见出他的写作个性，最后一点则可见出他对生活素材的重视，似乎更能引起初学写作者的兴趣，故作简述，以便参考。

凡尔纳写作法

凡尔纳(1828—1905)是法国19世纪著名的科幻小说家。早年热衷于了解各项科学的新发现,常跑图书馆,系统地研读地理、数学、物理、化学等。后转入科学幻想小说和冒险小说的创作。所写的作品如《格兰特船长的儿女》《海底两万里》《神秘岛》《地心游记》《从地球到月球》《环绕月球》《八十天环游地球》等,都很出名,受到世界各国青年学生的喜爱。

不过,凡尔纳的写作道路却不是一帆风顺的,有过失败和挫折,他的写作方法也与众不同。这里结合他的生平经历,大致归纳为三点。

第一,初学写作的人,不要怕碰到失败和挫折。

在任何一个领域中要想获得荣誉和成功,难免都要遭受失败和挫折,写作也是如此。凡尔纳在未成名前,所写的第一部科幻小说是《乘气球五周记》,写完以后,他就寄到出版社去,可是出版社不愿出版这个默默无闻的作者所写的作品,退给了他。他再寄给其他出版社,一连寄了十五家,都被退回。后来在妻子的鼓励下,他放弃了烧毁稿件的念头,又将这一大包原稿寄给了第十六家出版社。恰好这家出版社的经理赫哲尔先生是个很有眼光的人,他读完原稿,立刻断定凡尔纳这个青年人是个很有天赋的作家,他的作品中有一种与众不同的独特魅

力,并能为他的出版社带来不小收益。于是,他不仅决定出版这部书稿,而且还与凡尔纳签订了一份20年的出版合同:在这20年内,凡尔纳所写的小说,要全部交给他这个出版社出版。

果然不出赫哲尔所料,凡尔纳的这部处女作《乘气球五周记》出版以后,立即受到西方各国读者的欢迎,顷刻风行全球。而凡尔纳在连遭失败之后所获得的成功,也极大地激发了他的创作热情,接连又写下了许多著名的科幻小说,终于成为全世界著名的作家之一。

第二,科幻小说要有科学依据。

科幻小说和科学作品在今天已不算稀罕,但在当时却很新鲜。如何写好科幻小说,对凡尔纳来说不能不说是一个新的考验。虽然凡尔纳写的科幻小说富于幻想,但他的写作态度仍很严肃认真,认为写科幻小说并不是上天入地的胡编乱造,而必须要有可靠的科学依据。为了写好自己的科幻小说,他研究了许多科学问题,阅读了数量惊人的科学资料。不说别的,仅为了写《月球探险记》一书,他就研读了500多册相关的图书资料,其认真的写作态度,由此可见一斑。

第三,勤劳而有规律的写作生活。

凡尔纳的写作态度虽然如此严肃认真,但并未影响到他的写作数量。他一生共写了104部科学幻想小说,平均每年写二至三本,总字数达七八百万之多。这样的奇迹不是从天上掉下来的,而是他通过勤奋而又有规律的写作生活所取得的。

自从凡尔纳第一本小说获得成功以后,他并没骄傲自满,相反,却以更加勤奋刻苦的态度投入创作。他每天早晨五点钟起床开始写作,除了吃饭和片刻的休息,一直要写到晚上八点钟。也就是说,他每天工

作几乎多达十几个小时。他曾对他的朋友说：我需要工作，工作就是我的生活机能。没有工作，我就感觉不出生命。

1905年，凡尔纳去世，终年77岁。在他长达40余年的科幻小说创作生涯中，他从未间断过自己的写作。正因为如此，他成了世界上第一流的多产作家。

他的作品不仅赢得了广大青少年的喜爱，也引起了不少著名作家的喜欢，如屠格涅夫就非常喜欢凡尔纳的作品，列夫·托尔斯泰不顾年老体迈，还饶有兴趣地为《八十天环游地球》画了插图，并介绍给他的孩子们看。鲁迅早在1903年至1906年间，就翻译介绍了他的《月界旅行》和《地底旅行》两部名著。

现在，凡尔纳的作品已被译成50多种文字。我们在读他作品的时候，不妨也可想想他的写作态度和写作方法。

易卜生写作法

易卜生(1828—1906)是挪威19世纪著名的剧作家。出生在一个破产的商人家庭,所以他很早就出外独自谋生,备尝人间艰辛。后积极参加社会政治生活和民族解放运动。20岁起开始写作,共写剧本26部,其中《玩偶之家》《社会支柱》《群鬼》《人民公敌》《布朗德》等都有一定影响。特别是他的《玩偶之家》,在中国五四运动后曾引起广泛的重视,对中国当时提倡妇女解放、批判封建伦理道德起过积极作用。

易卜生以问题剧驰名于世,并对当时的黑暗社会现实进行了无情的批判。对于他的写作方法,经过梳理,大致归纳为三点。

第一,在动笔写剧之前,总要先把人物性格想透。

与狄德罗等剧作家一样,易卜生写剧本之前,考虑得最多的也是人物性格,而且必须考虑成熟了再动笔,只要有了人物便有了一切。他说:

> 我坐下来写一个字之前,总得把人物的性格在我心里想透了。我一定得把握他灵魂的最后一条皱纹。我永远是从人物性格写起,舞台背景、戏剧效果等一切会油然而生,不会叫我操心,只要我掌握人物性格的每一个方面。但是我心里也没有他的外部形象,要想到他最后的一个纽扣:他怎样站着,怎样走路,怎样行动,他的声音又是怎样等等,把他的命运写尽了,我才罢手。

他的这种写剧特点，对后世的影响很大，像中国的剧作家洪深、曹禺等，几乎都受到他这种观点的影响。剧情的展开以及情节的设置为塑造人物的性格而设计，这些道理后来几乎成了中国戏剧创作方面的原则，而易卜生似乎特别强调。毋庸置疑，这可以说是剧本写作的一大诀窍。

第二，剧本通常写三遍完成，每遍的情况各不相同。

剧作家写剧本的具体操作过程，因人而异，相差很大。就易卜生来说，他写剧本通常为三遍，每遍的情况和意义则各不相同。他说：

> 一般说来，我的剧本写三遍，每遍与每遍大不相同。不同不在动作，而在性格。写第一遍的时候，我仿佛感到，我对我人物性格的熟悉程度，如同火车上结识的朋友：我遇到了，说说这，说说那。写第二遍的时候，我看得更清楚了，我熟悉人物性格，就像我们在疗养的地方相识了好几个礼拜：知道他们性格的基本特征，以及他们一些细微的特点，然而我还是可能在某些主要的地方看错了。写最后一遍的时候，我终于用尽了知识：我熟悉他们，像是有过长期密切交往——他们是我的知心朋友，万万不会叫我失望；我现在怎样看待他们，将来也永远是怎样看待他们。

由此可见，易卜生所谓“写三遍”，其每一遍的核心仍在人物性格，每写一遍，都是对剧中人物性格的进一步了解，也是一个对人物性格的把握和设计日益完善的过程。从初识到“相识了好几个礼拜”，最后成为像是有过长期密切交往的“知心朋友”，这个递进过程，正可以见出他写作的重心。把人物性格写深刻了，一个剧本大致上也写好了，这就是易卜生写剧方法给我们的启示。

第三,把另一个剧作家的头像放在台前激励自己。

易卜生是驰名世界的剧作家,他的剧本的艺术魅力和以上两点写剧方法,都是无可非议,颇能令人接受的。但他还有一个写作方法,却很奇怪,那就是:每当他写作时,必须把瑞典剧作家斯特林堡的头像放在他的写字台上,才能写出好的剧本。究其原因,也很简单。

原来斯特林堡虽然比易卜生要小21岁,但才华横溢,很早就写出了剧本《在罗马》《被放逐者》《父亲》等,在当时很有影响。易卜生好胜心强,颇有竞争意识,一直把斯特林堡视为自己戏剧创作上的竞争对手,所以有意识地把他的头像放在自己的写字台上,以此来与他一争高下。这实际上也是一种心理上的竞争,也许对易卜生写作剧本能带来一定的激励作用,否则他也不会这样去做。

易卜生是一位有经验的剧作家,这里虽择要谈了他的三点写作方法,却可以见出他的写作风格和特色,特别是第一、第二点,尤可供我们参考。

列夫·托尔斯泰写作法

列夫·托尔斯泰(1828—1910)是俄国19世纪著名的作家。他所写的《复活》《战争与和平》《安娜·卡列尼娜》早已驰名世界,成为世界文学宝库中的经典。他之所以能取得如此巨大的文学成就,除了广泛阅读、勤奋写作之外,与他独特而良好的写作态度和方法也是密不可分的。

概括起来,托尔斯泰的写作方法大约有六点。

第一,写作,一定要在强烈的愿望支配下动手才好。

托尔斯泰一生都在考虑写作,构思作品,但他并不轻易动手,总在有了强烈的写作愿望和创作冲动感以后才拿起笔来。他在二十几岁时所写的日记中就说:“正如果戈理在最后一篇小说中所说的那样,作品要写得好,就必须从作者的内心唱出来。”他是很赞赏这个观点的,并发展了这种观点,把它作为一种写作方法来加以运用。直到晚年,他仍反复谈到这一问题。如他在1908年给友人的信中说:

> 要表达的思想萦怀在心,当它尚未得到完美的表现之前,你无法摆脱它,只有在这种情况下才应该写作。

在这一年12月6日的日记中,他又写道:

> 很想创作,但我不动手,因为没有写作的强烈愿望,没有非写不可

的东西，这和结婚一样，我只能在不得不结婚的时候才结婚。

在1909年，也就是他临终的前一年，他仍在日记中写道：

如果要写，只因为那时你不得不写。

由此可见，这种写作观点和方法几乎贯穿了他的一生。如他在写长篇小说《战争与和平》时，常常是怀着激情在写的。他的妻子在日记中描述托尔斯泰"整个冬天肝火旺盛，他流着眼泪，满怀激情地进行创作"。托尔斯泰在给妻子的信中也说："而如果缺乏激情，我们作家的创作是搞不好的。"

第二，独特的写作程序和方法。

每个作家在自身的经历中，都会形成自己独特的写作程序和方法。托尔斯泰也不例外，他曾说：

应当草草地写，不去考虑思想表达的正确与否以及放在什么地方。第二遍抄写时删去一切多余的东西，并把每个思想放在它该放的地方。第三次抄写再斟酌准确的表达。

由此可见，在打第一遍初稿时，托尔斯泰的草稿是比较凌乱潦草的，只是先把思想或想法写下来，正确与否或放在什么地方，暂且还顾不上；在第二遍誊抄时，才注意到这些思想应放的地方，也就是妥当的安排，并删去一切不必要的文字或句子，甚至段落；第三次誊抄时，才考虑"准确的表达"。这里的"准确"，既有思想的准确，也包括文字的准确。当然，这是他在1854年的日记中所写的。至少在26岁以前的他是用这种方法来进行写作的，至于以后有些什么变化，那是另一个问题了。

第三，强调修改，特别强调删除。

托尔斯泰除了对《战争与和平》写得比较顺利以外，对《复活》《安娜·卡列尼娜》等一些小说，以及其他文章，都是反复修改、反复审阅，直到自己满意为止。如他在1852年10月8日的日记中就曾写道：

> 写作而不加以修改，这种想法应该永远摈弃。三遍，四遍——那还是不够的。

这时他还只有24岁，可见他从青年时代起就已注意到文章必须反复修改和审阅。所谓"三四遍"，其中当然包含有改写或修改的成分。他还说："主要的是：不要急于写作，不要讨厌修改，而要把同一篇东西改写十遍、二十遍。"有一次，他为了写《安娜·卡列尼娜》的结尾，一张纸头说修改好即给其妻，结果写得密密麻麻，只得另换一纸。本来说好改罢马上交稿，结果又给写得密密麻麻。据他的小女儿托尔斯泰娅在《父亲》一书中回忆：

> 他对自己的创作，也像对自己的思想发展一样，总感到不满。从早期的手稿中便可清楚地看出他那埋头苦干、细致耐心的工作精神了——在页边空白处和行间增补的文句，标题的更改，因为某种缘故，与小说中故事发展不协调的好多地方都被毫不惋惜地删去了。

说到删除，可以说这是托尔斯泰对自己作品进行修改的重点，他曾不止一次地强调删减多余文字的重要性。他的朋友尼·古谢夫曾说："托尔斯泰认为，压缩删去多余的、不是非要不可的地方，是对语言进行艺术加工的基本方法。"1853年10月16日，托尔斯泰在日记中写道："重读和修改作品的时候，只要没有发现主要的思想不是不明确或不是没有根据，就不必考虑需要增加内容（不管出现了什么好思想），而要考虑，在不损坏作品思想的情况下（不管多余的地方是写得如何

美),尽可能多删节。”半个月后,他在日记中又写道:

任何潦草写完的文章要反复审阅,删掉一切多余的东西,不要增补一星半点,这是第一个过程。

像这一类强调修改中的删减问题,在他的日记中还可以找到一些。如他在1852年的日记中写道:“一切模糊、拖沓、不当之处,一句话,一切不满意之处,必须消灭干净,毫不手软,即使这些文字本身是美妙的也罢。”他在1853年10月16日的日记中又写道:

无论怎样高明的增补,也不能像涂掉那样使作品大为增色。

我们之所以大量引用了托尔斯泰有关删减文章的一些原话,无非是为了说明删减的重要性。因为有不少作家的修改,只知增补而不知删减。托尔斯泰则是把这视为一种写作方法和窍门来看待的,并且一生都奉行这一准则。他告诫自己和别人:

要永远抛弃写作可以不加修改的思想,修改三四次还太少。

第四,重视作品和文章的开头。

托尔斯泰主要以小说驰名,但他创作小说,从萌生想法、开始构思到正式动笔写,其中往往有一个较长的酝酿期。如他写《安娜·卡列尼娜》,有关构思的情节,早就与他妻子谈过,但正式动笔写作,却是在3年之后;如他想写《复活》,是在听了检察官柯尼讲了有关案件并受到震撼后才萌生的,但在两年半以后,他才在此案件基础上开始动笔写这部长篇小说。而为了写一篇短篇小说《科尔涅依·华西里耶夫》,他竟整整构思酝酿了15年之久!不过,更有趣的是,托尔斯泰在构思和酝酿过程中,更重视作品的开端。例如,他写长篇小说《战争与和平》,仅开端就写了15次。一次不行,再写一次,直至相对满意为止。

又如写《安娜·卡列尼娜》,开端部分也写了10次之多。再如他写《复活》,尽管经过两年半时间的构思才动笔,但写了5年,仍写不下去。后来才恍然大悟,是自己的开篇不对。他在日记中反省道:

> 我理解了我的《复活》写不下去的原因。小说的开始写得不对头。在构思短篇小说《谁有理》的时候,我明白了这一点。我明白了,我应当从农民的生活开始,他们是小说的对象,是正面人物,而其他不过是阴影,是反面现象。

由于他最初动笔写的几次《复活》草稿,都是从贵族聂赫留朵夫处开始写的,而后来反复考虑以后,才从来自社会底层的人物卡秋莎·玛丝洛娃处着笔,终于使小说获得了极大的成功。

第五,注意从民间搜集丰富的语汇。

托尔斯泰是个大文豪,驾驭语言的能力很强,尽管如此,他还是非常注意从民间和普通民众的口中学习语言,并运用到自己的创作中去。他有个习惯,凡听到生活中一段生动有趣的俗语、谚语和口语,就随时把它记在日记本或摘记本中,在写作中感到有必要时就灵活地用上。在高加索,当他听到有人说"心房像鸽子那样抖动"时,他感到很新鲜,就把它记下来。在写中篇小说《童年》时,当描写到自己对索涅奇卡·科洛希娜的天真爱情时,就把这句话给用上了:"我的心房像鸽子一样抖动。"像这样一类的例子很多。他曾对高尔基等人说:

> 应当写得简洁。老百姓讲话就很简洁,甚至好像不连贯,但讲得好。

正因为他注意向民众学习语言,感到人民语言的优美,并切实运用到作品中,这不仅使他的作品十分生动并充满生活气息,而且也很容易为广大民众所接受,从而拥有广大的读者群。

第六,喜欢在秋天和冬天全力以赴地进行创作。

每个人的写作习惯和方法各有不同,如巴尔扎克喜欢晚上写作;普希金喜欢秋天写作,秋天是他创作的黄金季节,特别多产,有"金色的秋天"之称。有趣的是,托尔斯泰写作也有他的季节选择,这就是秋季和冬季。据古谢夫回忆:

> 在创作长篇巨著《战争与和平》《安娜·卡列尼娜》的年代里,托尔斯泰几乎从来不在夏天写作,他把时间花在料理经济事务和体力劳动上。而秋天,特别是冬天则是他紧张的、全力以赴的创作季节。

当然,除了以上六点以外,托尔斯泰还有一些写作方法也是值得我们借鉴和学习的,例如他的刻苦勤奋和对作品无休止地思考和写作,他对写作时间有规律的、有条不紊的安排,他为了写好某些不熟悉的内容而去深入生活、熟悉生活等,都值得我们很好地总结。只是以上六点更为重要而已。

左拉写作法

左拉(1840—1902)是法国19世纪著名的小说家,也是自然主义小说的代表人物。早年曾受法国浪漫派文学的影响,写过一些诗,后致力于小说创作。特别是在28岁时,他准备像巴尔扎克写《人间喜剧》那样,也想写一系列长篇小说,题为《卢贡—马卡尔家族》。结果他用了25年时间终于完成这一创作任务,共写出20部小说,长达600万字,出场人物多达1000多个。其中《小酒店》《萌芽》《金钱》《娜娜》等都很有名。在长期的辛勤写作中,左拉也积累了相当丰富的经验和方法。这里结合他的文学观点,大致梳理和归纳为四点。

第一,喜欢在安静的环境中按时写作。

左拉住在离巴黎不太远的一个清静的名叫梅塘的地方,大多时间都在思考和写作。为了避免干扰,除了到福楼拜、龚古尔和都德等作家那里去以外,他平时尽可能少出门,这样可以有更多的时间安静写作。他的写作生活很有规律。他说:

> 我按钟点:早晨坐到书桌边去,仿佛商人进事务所似的,慢慢地写,一天平均写到三页光景,不重抄的。……自然也要写错,有时候要抹掉,然而我写时,总等到一句句子在心里完全想好了之后,才写到纸上去。

由此可见,虽然左拉写的小说很多,但他的写作速度并不快,甚至是比较慢的,他完全是靠持之以恒的毅力和有规律的写作生活才使他成为一个多产的作家。

第二,提倡用自然主义的方法进行创作。

左拉是自然主义理论的创立者,提倡用自然主义的方法进行文艺创作,但这种方法又是怎么回事呢?左拉说:

自然主义意味着回到自然;科学家们决定从物体和现象出发,以实验为工作的基础,通过分析进行工作,这时候他们的手法便意味着自然主义。相应地在文学方面,自然主义是回到自然和人;它是直接的观察、精确的解剖、对存在事物的接受和描写。作家和科学家的任务一直是相同的,双方都须以具体的代替抽象的,以严格的分析代替单凭经验所得的公式。因此书中不再是抽象的人物,不再是谎言式的发明,不再是绝对的事物,而只有真实历史上的真实人物和日常生活中的相对事物。一切都从头再来过,首先须从人生的真源来认识人,然后才像一些发明典型的理想主义者那样来作出结论;因此作家们只须从基础上把握结构,尽量提供有关人的文献并在逻辑的秩序中呈现它们。这就是自然主义。

实际上,自然主义的有些理论观点都是针对浪漫主义而发的,因为浪漫主义一味夸张,任意地驰骋想象,有时难免异想天开,是否符合实际,就很难说了。所以后起的左拉等人就主张"回到自然和人"的实际情况中去,认为书中所写的自然与人物,都必须有"精确的解剖","以严格的分析代替单凭经验所得的公式",要"在逻辑的秩序中呈现它们",而不是随心所欲地胡编乱造,想怎么写就怎么写。应该说,自然

主义文艺理论和创作方法的提出，在当时法国的历史条件和文坛状况下，也有其合理性。

当然，这种新的创作方法的提出，在当时也曾受到指责，认为左拉等人的自然主义是“想单纯地做摄影师”，对此，左拉也曾加以解释和声明，说明“我们必须修改自然，而又不背离自然”。不过，对于这些思潮论争，这里就不展开了，我们只是把左拉的自然主义创作方法向大家说清楚就行了。

第三，要用科学的态度写作。

过去的作家写作，多强调想象，或是表达对社会和生活的看法，甚或是对政治和国家制度的看法，而很少强调科学的一面。有个别作家甚至还把文学与科学对立起来，认为文学与科学是两种思路、两种思维方式，自己懂不懂科学并不重要；不懂科学照样能写作，能当名作家；只要有感情冲动，有灵感就行；科学知识懂得太多，反而抑制了灵感的产生。对此左拉却有不同的看法，他认为，如果一个作家仅有对政治、社会、哲学的理解和知识是不够的，还应该有科学知识，并要以科学的态度来加以写作。他在《我与巴尔扎克的分别》一文中写道：

> 我的作品，社会的成分没有科学的成分那么多。……对于我，最重要的是做一个纯粹的自然主义者，纯粹的心理学家。我没有什么原则［如巴尔扎克的国王政权，天主教］，而只有公律［遗传性，天赋性］。我不像巴尔扎克似的，要决定哪一种制度应当是人类生活的制度，我不要做政治家、哲学家、道德家。我只要做一个学者就满意了，我将要表现现实，而且寻找现实的内部隐藏的基础。而结论我是没有的。

从以上的这段话中可以看出，左拉对创作的认识和方法，已与前

人有很大的不同。以往许多作家都激于对社会、政治等一些腐败和黑暗现象的不满才动笔写作,有些则通过作品表现出对社会和政治制度的看法,如司汤达的《红与黑》、雨果的《悲惨世界》以及巴尔扎克的一些小说,几乎都有这一倾向。而左拉则明确表态,“我不像巴尔扎克似的,要决定哪一种制度应当是人类生活的制度,我不要做政治家”,政治制度等都与他无关,也无所谓干预政治,他只想用科学的态度和方法来写他的小说,能符合社会真实和人物心理的真实就够了,“而结论我是没有的”。像这样脱离社会政治的写作方法实在也很罕见,也可以说是他的独创。

第四,写作之前要有充分的准备,有些方面最好有点感性认识。

既然左拉主张要用科学的态度来进行写作,其中科学的成分又要多于社会的成分,那他对所写东西必须有较多的了解和准确的把握。如果要达到这一点,那就必须在动笔之前作好充分准备,对有些东西最好能亲自体验一下,有点感性认识。他在《论小说》中说:

> 他首先关心的是从他的笔记里收集他对自己所要描绘的领域所能掌握的一切知识。他结识过某位演员,他观看过某场演出,这就是一些材料,也是最好的材料,这些材料在他思想里酝酿成熟。然后,他开始活动,和最内行的人交谈,收集有关的词汇、故事和肖像。这还不算:此后,他还要参考成文的材料,阅读一切对他有用的东西。最后,他要参观故事发生的地点,为了看清楚每一个细小的角落,在一个剧院里住上几天,在女演员的化妆室里度过几个晚上,尽可能地沉浸在周围的气氛里。

左拉认为,如果一个作家能做到这些,准备到这般地步,那就可以

开始动笔写小说了,而且一部小说的大致模样也就形成了。实际上他所说的这些要求,与中国现当代有些作家所说的体验生活、观察生活有着类似之处,只是在思考、综合、选择、挖掘、提炼题意和人物方面有着较大的差别。

由于左拉的自然主义主要是一种文学思潮,这里不作充分讨论,只是在与写作方法相关的几个方面作了点总结,希望大家在了解自然主义的同时,更能注意到左拉的一些写作方法。

莫泊桑写作法

莫泊桑(1850—1893)是法国19世纪著名的小说家。他曾先后拜布耶和福楼拜为师,刻苦学习写作,特别是小说创作。经过10年努力,终于写出中篇小说《羊脂球》,使他一举成名。但他并不因此停步不前,而是再接再厉,依然辛勤创作,从1880年至1890年的10年时间里,共发表了近300篇短篇小说,汇集成16本短篇小说集,另有6部长篇小说,其中包括《漂亮朋友》《一生》《温泉》等。此外,他还写了3本游记和许多报刊文章。其刻苦用功的程度,是一般常人所难以想象的。

尽管莫泊桑的长篇小说也很有成就,但他的短篇小说的造诣似乎更高,素有世界短篇大王之称。他的《项链》《我的叔叔于勒》等短篇小说,早已脍炙人口,成为经典之作。契诃夫曾感叹地说:“自从莫泊桑凭自己的才华为创作定下那么高的要求以后,写作就变成难事了。”所以,莫泊桑的写作方法很值得我们学习。经过归纳,大致有四点。

第一,作品中明明有自己的设计和意图,但你不要把它暴露出来,而要十分巧妙地隐蔽起来,使人不易察觉。

也许是受到福楼拜创作思想和表现手法的影响,莫泊桑也主张作者只让他的作品说话表态,而不要把自己的观点暴露在作品中,甚至连自己的设计布局也不要让别人发现,这才是最好的。他曾说:

为了激动我们，像他自己被生活的景象所激动一样，他就该把它惟妙惟肖地再现在我们眼前。然而，他写他的作品应该使用一种十分巧妙、十分隐蔽，看上去又十分简单的手法，使人看不出斧凿的痕迹，指不出作品的设计，发现不了他的意图。

因为浪漫派作家的作品，如雨果的《悲惨世界》《九三年》，乔治·桑的《木工小史》《康苏爱萝》等，他们的爱憎在字里行间可以处处显现。而莫泊桑却不赞成这样的写法，认为自己的意见应该“隐蔽”起来，使读者“发现不了他的意图”。所以读他的《漂亮朋友》《一生》等小说，读到最后，虽然对《漂亮朋友》中男主人公杜洛瓦的品行十分憎恶，对《一生》中女主人公约娜的遭遇十分同情，但那只是读者的情绪，作者本人的感情和意图却始终不暴露，这正是莫泊桑改换了写作手法在艺术上所取得的客观效果。

第二，写作时应把那些有“明确意义的可信的小事”留下，进行巧妙的组合，而把那些“无用的东西”删去。

浪漫派作家如雨果、大仲马等，都比较注意用小说中一些惊心动魄的场面或引人入胜的故事来吸引或煽动读者的激情，而莫泊桑却与左拉的想法差不多，认为小说的成功未必在于激动人心的大场面或大起大落的大事件，而在于一些有“明确意义的可信的小事的巧妙组合”。他在《小说》中说：

他的布局的巧妙决不在于有激动力或者令人可爱，决不在于引人入胜的开端或者惊心动魄的收煞，而在于那些表现作品明确意义的可信的小事的巧妙组合。如果他要把十年的生活写在三百页的书里，指出它在环境之中所具有的独特的意义是什么，那末，他就必须懂得在

无数日常琐事中,把对他无用的东西统统删去,并且以一种特殊的方式突出表现那些被迟钝的观察者所忽视的,然而对作品却有重要意义和整体价值的一切。

在莫泊桑看来,写小说不在于所取事件的大与小,而在于是否有“重要意义和整体价值”,如有,再小的事也可取;如无,再大的事也不可取。那些对小说主题构成“无用的东西”,统统都应删去。如把无用的东西全都删去了,那些有用的东西自会突现出来。他本人也觉得,“这样一种创作方法和过去有目共睹的方法完全不同”,人们读他的小说,也自会感觉到这一点。

第三,尽可能根据自己的需要去理解、观察和构思自己的作品,不同的流派必然有不同的写作方法。

与雨果、左拉等作家一样,莫泊桑也认为每一个人都有自己写作的绝对权利。正是在这一起码的人权基础上,莫泊桑不主张每个作者或作家一定去套用前人所遗留给我们的写作方法,而希望每个作者或作家尽可根据自己的需要采用自己的方法。他说:

只要他是一个艺术家,他爱怎么样去理解、观察和构思,就由他自由自在地去理解、观察和构思吧。

完全不同的流派必然要运用绝对相反的写作方法,这是很明显的事。

至于每个人或每个作家喜欢什么流派,选用什么写作方法,莫泊桑认为这是他们自己的事。总之,他在写作方法上是给予充分的自由的。

第四,作家要有独创性。

莫泊桑尽管在写作方法上给予了充分的自由,认为每个人都可根

据自己的需要来理解和构思自己的作品,但他不喜欢人云亦云,千篇一律,而主张一个作家应有自己的独创性。福楼拜在教他写作时曾给过他几个原则,其中一个原则就是:

> 如果一个作家有他的独创性,首先就应该表现出来,如果没有,就应该去获得。

长期以来,莫泊桑就照这一写作原则去做,终于取得了成功,使自己成为有独创性的作家,并把这一写作原则传授给他人,希望别人也能成为一个有独创性的作家。

对一部分人来说,莫泊桑的写作方法也许还不能一目了然,不过,如果我们读了他的作品,再细细咀嚼和对照他以上所持的四点写作方法,一定会有新的收获。因为他的作品的成功,肯定与他所持的这些写作方法是分不开的。

契诃夫写作法

契诃夫(1860—1904)是俄国19世纪著名的小说家和剧作家。早年学医,因酷爱文学和看戏,在行医的同时也利用业余时间进行文学创作。他以短篇小说驰名于世,一生共写下了约500篇短篇小说。他与莫泊桑都是世界公认的短篇小说大师。契诃夫所写的《小公务员之死》《变色龙》《带阁楼的房子》《第六病室》《套中人》等中短篇小说,都已成为世界文学中的经典之作。此外,他在戏剧的内容和形式方面也都作了创新。

在长期的写作生涯中,契诃夫形成了自己的写作方法。经过各方面的综合和梳理,大致归纳为八点。

第一,写作应该天天进行。

契诃夫对青年和友人勉励最多的一点,便是反复关照他们应该经常写作。他在与朋友布宁交谈时曾说:

> 头一条是必须写得多。总会有成就的,必须写、写、写,一篇小说没发表,那您就写第二篇、第三篇,总有一篇会发表出来……只是得不屈不挠地顽强地写。

又据费多罗夫回忆,他曾听契诃夫说:

> 必须多工作!每天一定得工作。我以前每天写一篇小说,后来就

成了习惯。

对于初学写作的新手,契诃夫尤其强调经常写作的重要性。他在给叶若夫的信中说:

> 新手要多写,“在一个很长的时期里天天训练自己”,“用尽力气鞭策自己”,“让自己的手和脑子习惯于纪律和急行军”。

有一次,他还对一位新作家说:

> 您得写,尽量多写,要是您完全没写好,也不要紧,日后自会好起来的。……您的字汇少,就得搜集字眼和表现方法,这就非每天写东西不可。

在他看来,一个作家如果写得少,这就如同一个医生缺少诊病的机会一样不利。医生经常诊病,才会有丰富的诊断经验;同样的,一个作家只有经常写作,才会有丰富的写作经验。于是,他反复说:“我们大家都应该写、写、写,写得尽量多。”并认为:“艺术家得永远工作,永远思考。”

第二,把生活中一切对写作有用的见解和印象用笔记本记下来。

契诃夫非常注意观察生活,凡遇到有趣的人和事,或者自己对某一事一物的见解和印象,就把它记在笔记本上,以便有空时为自己写作所用。有一次,他曾对加陵说:

> 您知道我在做什么?十多年来我一直在这笔记本上记下我自己的一切见解和印象。铅笔字已经开始淡了,于是我决定用墨水笔把它重描一遍;您看,我已经描完了。……还没利用的材料,足够写大约五百个印张。足足可以写五年呢!

正由于他平时勤记笔记,又注意观察生活,所以在他的脑子里储

存着许多写作的素材。他在给别人的信中说:“我的脑子里聚集着许多素材,够写五个中篇和两个长篇小说,其中一个长篇已构思很久,以致有些人物因未写出而变得苍老了。人物在我的脑子里排成了队伍,纷纷要求出世。”他在给妹妹的信中也说:“许多题材闷在我的脑子里发酸了。”

别人写不出,而他却来不及写。契诃夫之所以能有如此丰厚的题材和众多的人和事需要写,这无疑与他平时勤记笔记和善于观察生活、积累素材的良好习惯是分不开的。

第三,一个人应在冷静下来时,才可坐下来写作。

古罗马诗人贺拉斯曾说:“你自己要先笑,才能引起别人脸上的笑容。同样的,你自己得哭,才能在别人脸上引起哭的反映。”也就是说,作者必须先动感情,写出来的东西才能感动人。事实上,有许多作家也都是在情不自禁或感情不能自抑时才动笔写作,满含热泪或是泪水打湿稿纸的写作故事屡见不鲜。但是,自从福楼拜、波德莱尔等人出现以后,情景却大为改观,他们认为一个人在感情太热烈的情况下是不宜写作的。契诃夫也不主张在太激动、太兴奋或太动感情的情况下写作,恰恰相反,他认为一个人在冷静的情况下写作,效果会更好。他说:

要你觉得自己像冰一样冷的时候,才可以坐下来写。

他的有些文学主张和写作方法实际上与福楼拜、莫泊桑十分相近,认为作者的写作态度和感情倾向不要在字里行间暴露为宜。他在给阿维洛娃的信中说:

有一回,我写信给您说,人在写悲惨的小说时应当冷淡。您没明白我的意思。人可以为自己的小说哭泣、呻吟,可以跟自己的主人公一

块儿痛苦,可是我认为这应该做得让读者看不出来才对。态度越是客观,所产生的印象就越有力。我要说的就是这个意思。

他在给阿维洛娃的另一封信中又说:

> 您描写苦命人和可怜虫,而又希望引起读者怜悯时,自己要极力冷心肠才行,这会给别人的痛苦一种近似背景的东西,那种痛苦就会在这背景上更鲜明地显露出来。

总之,契诃夫所反复强调的,就是要人们在头脑冷静下来时才写作,而感情达到高潮时,未必就是写作的最佳状态。随着现代社会的发展和现代派文学作品的增多,与契诃夫相近的这种写作方法似乎大有增加,契诃夫只不过是先行了一步。

第四,写作者最好能经常亲自去熟悉生活。

契诃夫自己是个医生,但他爱好文学写作,他想描写更多的人和事,可生活的圈子总是有限的。在这种前提下,他主张应尽量去亲自熟悉生活。他说:

> 谁要描写人和生活,谁就得经常亲自熟悉生活,而不是从书本上去研究它。

也就是说,如仅从书本上去研究生活,总是有局限的,只有自己亲身体验和经历过的,才会留有更深的印象,与书本上所获得的是不一样的。当有个叫节列肖夫的友人要去远方旅行以取得创作题材,契诃夫就建议他可到农民的草屋里过夜,坐车要坐三等车,尽量和普通人生活在一起,这样至少可以听到更多有趣的谈话,对自己的创作有利。

第五,学会简练是一种才华。

众所周知,契诃夫有许多短篇小说都写得相当简练,题意明确集

中,实际上这与契诃夫的写作手法有关。在他看来:

简洁是才力的姊妹。

他有些观点与列夫·托尔斯泰如出一辙:

写作的艺术就是提炼的艺术。

他甚至认为能否精练也是衡量一个作家是否有才华的标志之一。他说:

写得有才华就是写得短。

正是在这种思想指导下,他就尽量使自己的作品言简意明,尽量缩短自己小说和文章的篇幅。他在给自己兄弟的信中说:“顶重要的是尽量清醒,抱定宗旨,埋头苦干,把每篇小说都改写五次,缩短它。”在某种意义上说,“缩短”“简洁”几乎可以说是契诃夫写作上的诀窍之一。

第六,写作,特别是写剧本,不要怕失败。

就如其他不少作家一样,契诃夫成为著名作家也不是一帆风顺的。他最初写作也常失败。年轻时他在给友人的信中曾说:“我在报刊上前后写了五年稿子,大家认为我在文学方面毫无成绩。”但是他并不灰心,继续写下去,失败接踵而来,特别是写剧本,失败的次数更多,而他并不气馁。在给友人的信中说:“需要十分紧张的精力和坚韧的精神才能担起俄罗斯剧作家的担子。……要知道,每个剧作家写十个剧本,总有八个失败,人人都得经历失败,这失败有时又一拖好几年。”在给另一位友人的信中又说到写剧本的事:

艺术,特别是舞台,是一个往前走的时候不会不栽筋斗的地方。前面还会有许多失败的日子和整个失败的季节,也会有巨大的错误和深沉的失望。应当为这些做好准备,应当预料到这些,而且应当不顾

一切,顽强热烈地追求自己的目标。

正由于契诃夫有着“坚韧的精神”,“做好准备”,预料到失败的可能,并不顾一切,“顽强热烈地追求自己的目标”,最后终于获得了成功。在成为著名小说家的同时,在剧本创作上也屡获殊荣,成为俄罗斯著名的剧作家,当时还成立有“契诃夫艺术剧院”,其剧本创作的成绩和影响之大,由此也可想见。

第七,大作品写完后应当先放一段时期。

和有些作家一样,契诃夫写完一部作品,特别是大的作品,并不急于发表,而是先放一个时期,他认为这样做有好处。他曾对友人说:

反正,赶忙是要不得的。那个剧本搁上一年反而有好处。大作品永远应当摆一个时期,在这个时期甚至不妨写点别的东西,然后再回到那个作品上去。务必要工作,多工作,作品越是有价值,对待它就越得小心。

关于这个方法,不少作家都谈到过,实际上就是暂时跳出这一作品的环境氛围,以旁观者的身份再来审视一下,这样也许可以发现当初写作时发现不了的问题,以便再进行修改。

第八,写毕的东西要进行修改和删削。

契诃夫写东西的速度并不算很快,他自己说:“一部小说应该写五六天,写时始终想着它……应该让每个句子在写到纸上以前先在脑子里盘桓两天光景。”尽管如此,写完以后,他还是主张要大力修改和删削。如他在给友人的信中曾说:

而且我知道一切真正的大师的手稿都涂改很多,删削的地方纵横交错,涂掉之后用许多补丁加进去,然后这些补丁又被删削,又被涂改。

在这里,我们可以看到,他对作品修改的一般方法,实际上就是反复修改。有时还会从音乐性的角度来加以修改。如他在给另一位友人的信中说:“我通常在校样上最后完成我的小说,而且不妨说,是从音乐性的一面来修改它。”

不过,在修改中,他运用得最多的方法仍是删削。他说:“凡是跟小说没有直接关系的东西,一概得毫不留情地删掉。要是您在头一章里提到墙上挂着枪,那么在第二章或者第三章里就一定得开枪。如果不开枪,那管枪就不必挂在那儿。”他还一针见血地说:“写作的技巧,其实并不是写作的技巧,而是……删掉写得不好的地方的技巧。”

总之,契诃夫有着非常丰富的写作经验,这些经验和方法大多体现在他给朋友的信中,有时则在与友人的交谈中。除了以上归纳的八点,他对小说、戏剧的开头、结尾问题,细节描写问题,创作灵感问题,写作的语言问题,写作的勇气问题等,都发表过自己的意见和看法。这里就不再一一论述,而是就他平时强调较多的问题,以及较能代表其写作个性的经验和方法,进行了一些初步的总结,希望能对大家有一些帮助和启发。

高尔基写作法

高尔基(1868—1936)是苏联著名的作家。他的《母亲》《童年》《在人间》《我的大学》等书在中国广为流传。他本是一个木工的儿子,当过学徒、码头工、面包师等,为谋生计曾到处流浪。他能成为一位著名的作家,除了刻苦勤奋、有自学能力以外,还与他所掌握的写作方法是分不开的。

归纳起来,高尔基的写作方法大约有四点。

第一,注意寻找新主题,描写新人物。

高尔基生活的时代,正是俄罗斯从沙皇帝制到苏维埃政权建立的时代,而且他亲历并投身革命。因此,他一直把文学事业作为革命事业的一部分来看待。反映到他的文学创作和具体方法上,他也就非常注意新主题的寻找和新人物的塑造。他曾非常明确地说:

> 你们应该寻找新的主题。

但是,他所说的新主题,并不是追潮流、赶时髦,凡是新出现的东西都是新主题,而是经过思考和选择的,是那些"更亲切""更有意思"的东西。并且,"题材的社会意义越重大,它所要求的形式就越严谨、精密和鲜明"。

同样的,他也建议人们多关注时代潮流涌现出来的新人物,甚至包

括社会主义时期的妇女和儿童,然后“应该提出、寻出和揭露出新人物的正面性格”。他所说的新主题和新人物的处置方法,由此可见一斑。

第二,语言必须朴素、简洁、明确。

也许是受了列夫·托尔斯泰的影响,也许是他本人在长期创作和写作实践中的体会,高尔基也一直非常注意和强调写作的语言问题。他说:“文学创作的技巧,首先是在于研究语言,因为语言是一切著作、特别是文学作品的基本材料。”既然如此,那么,他对写作的语言有些什么具体要求呢?那就是朴素、简洁、明确。他在给一位作家的信中说:

> 语言必须是朴素、明晰、精确,然后语言才优美和明白易懂,然后您用这种语言所写的一切听起来才有力量和清楚。

为此,他向这位作家建议:“一切您都必须压缩、压缩!只要做到这一点,您就可以学会简练、明白、有力。”在给另一位作家的信中,他又说:“您必须在语言上顽强地多下功夫,读读优秀的文体大家,读读契诃夫。必须写得朴素、明白,写得‘文字紧凑,思想奔放’。”总之,他一再强调:“我们都应写得更简洁、更经济,写得‘言简意赅’。世界上没有不能用简单明了的话语来表述的事物。”

第三,主张浪漫主义和现实主义相结合。

浪漫主义和现实主义都是文学艺术上的基本创作方法,在文学艺术史上,也是两大重要思潮。我们即使撇开绘画等艺术不论,单论文学,浪漫主义的作家和诗人就有歌德、拜伦、雪莱、雨果等,现实主义的作家则有巴尔扎克、司汤达、狄更斯、列夫·托尔斯泰等。他们以各自的创作方法铸成了自身作品的辉煌。高尔基也看到了这一点。但不少人却把这两种方法对立起来,甚至互相排斥,而高尔基却认为可以把

这二者结合起来,形成一种新的创作方法。他说:

> 我想,必须把现实主义和浪漫主义结合起来。

在《论文学及其他》中他又说:

> 把现实主义和浪漫主义结合成为第三种东西,即能够用更鲜明的色彩来描写英雄的现代生活,并用更崇高更适当的语调来谈论它的第三种东西。

他认为"普希金是使浪漫主义和现实主义汇合起来的奠基人",后来又有人把高尔基的长篇小说《母亲》称为社会主义现实主义文学的奠基作。

第四,初学创作者应从短篇小说开始,反对一开始就写长篇小说。

1928 年,高尔基在国外疗养后回到国内,受到苏联人民的热烈欢迎,许多青年都向他请教有关写作的问题。不少青年作家一开始就想写长篇小说,他不赞成,劝他们可以先从写短篇小说学起。他在《和青年作家谈话》中说:

> 一开始就写大部头的长篇小说,是一个非常拙笨的办法,我国所以出了大堆语言的垃圾,正由于这个缘故。学习写作应该从短篇小说入手,西欧和我国所有最杰出的作家几乎都是这样做的。因为短篇小说用字精练,材料容易合理安排,情节清楚,主题明确。我曾劝一位有才能的文学家暂不要写长篇,先写写短篇再说。他却回答说:"不,短篇小说这个样式太困难。"这等于说:制造大炮比制造手枪简便些。

几乎所有的老作家都曾这样告诫过青年作家。应该说,从打基础和长远的眼光来看,高尔基提倡的这种写作方法和程序还是比较科学

和合理的,也有利于青年人避免急于成名或浮躁心理的产生。

当然,作为一位著名作家,高尔基所谈及的写作方法还有一些,如写作与生活的关系,如何从民间学习语言的问题,甚至还具体地谈到了怎样写诗、写特写、观察人等一些问题,这些都值得我们注意。这里只是就高尔基反复强调、反复论述的几个写作方法,提出来供大家参考。应该说,他所强调的这四点,都有一定的借鉴意义,特别是对于那些有志于从事文学创作的人来说,似乎更有参考价值。

罗素写作法

罗素(1872—1970)是英国20世纪著名的思想家和哲学家。他所撰写的《哲学原理》《哲学问题》《西方哲学史》《论教育》等许多学术著作,都曾发生过深远的影响。与此同时,他也爱好文学,在90岁高龄时还以笔名发表小说。但他在文学写作中成就较高的还是散文。他的散文与蒙田、培根一样,都以深刻的思想和丰富的智慧取胜。同时也以清新流畅、条理清晰而受人喜欢。他在文章上之所以能取得如此的成功,除了智慧和聪明以外,还与他有效可行的写作方法和经验是分不开的。

早在罗素初涉文坛的青年时代,曾受到过英国散文家洛根·史密斯的影响,但他后来又凭着自己的能耐,"逐渐地摸索到一些无需多少烦恼与焦急便能奏效的写作方法"。概括起来,他所说的写作方法大约有四点。

第一,如发现内容有重大错误,就全部重写一遍。

罗素在最初写作时,史密斯曾向他再三忠告"你往往必须重写一遍",罗素照办不误。后来他发现自己的第一稿并不差,于是,他将史密斯的忠告"用于文章形式而非文章内容"。只是在内容有误时,才加以重写。他在《我是如何写作的》一文中说:

每当我发现内容有重大错误,我总是全部重写一遍。我未曾发现的是,即使我对一个句子表达的内容满意,这句子也是可以改进的。

"全部重写一遍",这对于理清文章的思路,的确是大有好处的。而且对于文中的有些句子,又可加以特别地修饰和改进。因此,重写一遍尽管麻烦一些,却也有其有益的地方。

第二,尽量用短词。

罗素所写散文以议论性的居多,他曾把如何写议论性散文拟成几条"简单的准则",推荐给别人。其中第一条就是:

能用短词的时候绝不使用长词。

因为议论性散文思想性和逻辑性较一般散文为强,有时为了深文周纳,可能会用上一些长句或长词。罗素凭他多年的写作经验,知道议论性散文中长词或长句过多,会令读者感到冗长枯燥,甚至有晦涩之弊,令人难以卒读。所以,他觉得如能用短词表达和说清问题时,就尽量用短词,绝不使用长词。因此,罗素的许多议论性散文,都有简洁明快的特点,较之其他思想家的同类作品要流畅得多,也较容易读懂,这也是原因之一。

第三,尽量将附加语分散到几个句子中去。

所谓附加语,是指一句句子后的附加说明,这种附加说明的话通常都用小括号括起来,以显示是一种对前面句子起说明性质的附加语。这种情况在中国古代的汉语中并没有,但在英文中却常能见到,甚至在英文诗歌中也不乏其例。后来传入中国,使得现代汉语中也常能见到这种括号中的附加语。罗素从自身写作的经历中发现,文章中要尽量少用附加语,因为附加语的使用往往会影响到文气的流畅。为

了使自己的文章通畅,就尽量少用或不用附加语,尽可能地将附加语中的意思分散和化用到正式陈述的句子中去。也就是说,宁可多用几个陈述句,也不要用附加语。所以,罗素的议论性散文通常都很明快通畅,这与他不用或很少用附加语也有一定关系。

第四,文章的开头与结尾意思要一致。

议论性散文讲究逻辑性,又存在一个中心议题,因此,文章题意的首尾连贯和前后一致性相当重要。有些初涉这类文章的人,写到一半有时会放起野马,远离题意,有的则自相矛盾起来。为了防止这些现象的产生,罗素向初学写作,特别是写议论性散文的作者发出了如下的忠告:

别让你的句子开头部分给读者某种期待,而末尾的意思又与之相反。

他的意思是说,既然你在文章的开头提出了一个有意义的话题或一个简要的题意和立论,那么当你进行议论之后,在文章行将结束时,最后的结论也得与开头的话题或题意和立论相一致,以做到首尾呼应,避免出现前言不搭后语的结果。

罗素在回忆自己的写作生涯时,曾坦率地说起他"有一段时间雄心勃勃,追求辞藻,讲究修饰",尔后又沉醉于弥尔顿的散文风格。但他后来发现,"模仿总是有危险的",于是就决心摸索自己的写作方法,形成自己的文章风格。以上四点,便是他写作经历中的点滴经验。我们从中可以发现,罗素虽为思想宏博、体系庞大的哲学家和思想家,但他所总结的写作经验,却一点也不夸饰,不故弄玄虚,都是实实在在的具体方法。可以相信,如果有人在写议论性散文的时候能接受他的忠告,运用他的方法,多少是会尝到甜头的。

杰克·伦敦写作法

杰克·伦敦(1876—1916)是美国20世纪著名的小说家。他出身于农民家庭,从小就上街卖报,14岁进罐头厂当童工,后来又当过水手等。到处流浪,还曾被警察当作“无业游民”抓起来罚做苦工。后来他一边拼命干活,一边发愤读书,并开始写作。他的长篇小说《马丁·伊登》《海狼》《铁蹄》等都很有名,使他成为美国当时有影响的小说家。

杰克·伦敦在40岁时便因疾病等原因而自杀,所以他的写作生涯并不长。但他的有些写作方法很有特色,可简要地归纳为四点。

第一,写作不能粗制滥造。

杰克·伦敦虽然写过许多著名的小说,在当时也相当有名,但他的生活却相当贫苦,有时连房租也交不起。有人曾建议他多写些文章,这样可以多拿些稿费,以改变自己的生活状况。可是他依然保持自己认真写作的习惯,不愿粗制滥造。为了保证自己的写作质量,以对读者负责,他规定自己每天只写1000字,每星期写6天。直到1900年初,他因穷困而被迫变卖了自己的书和衣服,在迫不得已的情况下,才把每天写作的规定字数提高到1500字至2000字,以便用稿费改善自己的生活。这时有朋友劝道:“你生活这么苦,为何不可以一天写它个三、五千字呢?”杰克·伦敦回答道:

如果只从个人名利出发，开快车，粗制滥造，那一定写不出好作品。好的作品不是从墨水瓶中流出来的，要像砌墙一样，每块砖都得经过郑重的选择，这样砌出来的房子才结实牢靠。

于是，他又继续保持他每天认真写作的习惯和方法，绝不肯粗制滥造，在他看来，用自己马虎草率的劣质产品拿到社会上去，这既有害于读者，也是对作者自己的一种不负责任。

第二，小纸条的妙用。

杰克·伦敦有一个非常独特而奇怪的写作方法和习惯，凡是自己头脑中闪现出的一个词汇和比喻，或是对自己写作有用的各种文字资料，或是对一个人物的素描，他都喜欢用小纸条记下来，然后贴在自己房间的墙壁上、窗帘上、橱柜上、衣架上，甚或是床头上或镜子上。所以，来到他的写作室，人们首先看到的就是这些形形色色、写满文字的小纸条，仿佛来到了一个小纸条的世界。

而杰克·伦敦就凭借着这些小纸条，每天思考着自己的写作内容。在临睡前，他默念着贴在床头的小纸条上的文字，进入梦乡；第二天一早起来，他一边穿衣，一边又读着贴在其他地方的小纸条；刮脸时，他又看贴在镜子上的小纸条；在房内来回踱步时，他也到处寻找可以启发自己写作灵感和思路的小纸条。如果需要用上哪一张，他就把它随手取下，非常方便。

更有趣的是，在家里时，他仿佛生活在这样一个小纸条的世界里；即使外出，他也不忘这些小纸条，会根据自己的需要取下几张，装进自己的衣袋里，抽空随时随地地掏出来看看、想想，又把自己随时想到的句子、细节或构思写在小纸条上，然后再放入衣袋中。总之，这种小纸

条几乎成了他写作的一个重要组成部分,也成为他写作方面的一种重要方法。

第三,作家应该懂得一些人生哲学。

过去不少作家谈到写作,一开口便是如何表情达意,如何布局构思,如何修辞或塑造人物形象等,而对于一般的哲学命题却不感兴趣,以为这与创作无关。而杰克·伦敦却认为,一个作家除了掌握一般的写作技巧外,也应懂得一定的人生哲学。为此,他特意撰写了《论作家的人生哲学》一文,在文章的开头就说:"这篇文章不包括怎样编排手稿,怎样加工素材这样的建议;也不包括对编辑的大笔的任意所为,对副词与形容词变化的评论加以分析",而是建议作家和一般的写作者们去了解或探索一定的人生哲学,并坚信"每一个获得持续成就的作家都有这样的哲学"。虽然他没对人生哲学下一个明确的定义,但不外包括对生活、人生、道德、经济诸问题的态度与理解。杰克·伦敦认为,一个作家有没有这个"人生哲学",区别是很大的。他说:

> 作家应当掌握生活的脉搏,而生活便给他个人的工作哲学,借助于这种哲学,他本身便开始评价、衡量、对比并向世界说明生活。

在他看来,如果懂得了一些"人生哲学",一个作家的立意就会高了,他对世界也就有了自己的分辨能力,在创作上也就可以更上一个层次。"每一个人从自己个人的仓库里、从自己的工作哲学中挖掘,又按照自己个人的理想创造自己的作品",这便是他对自己和其他作家所希望和所要求的。

第四,写作完毕必须认真修改。

杰克·伦敦早期的写作态度已相当认真,每天写作都有定量。尽

管如此,他在写完以后,仍都细心地加以修改,一篇小说和文章改个七八遍,早已是家常便饭,不足为奇,基本上都要修改到自己满意为止。

总之,杰克·伦敦的有些写作方法是很有个性的,特别是以上所说的第二点"小纸条的妙用",尤为新鲜奇特。至于他所主张的,作家应该懂一些"人生哲学",这不仅对搞好写作十分重要,同时也启发我们不要把文学和哲学对立起来。

莫里亚克写作法

莫里亚克(1885—1970)是法国20世纪著名的作家。刻苦勤奋,一生著述丰富,各种体裁的作品多达百卷以上,其中以小说、戏剧和日记为主。代表作有长篇小说《给麻风病患者的亲吻》《爱的荒漠》《蛇结》《黛丽丝·戴斯基鲁》等。其小说以深入刻画人类生活场景时所展示的社会洞察力和艺术激情而获得盛誉。1952年获诺贝尔文学奖。

在写作方法和技巧问题上,莫里亚克始终坚持自己的看法,有他自己的个性。经初步的梳理,大致归纳为四点。

第一,好的作家不依赖任何人,只依靠自己。

自从乔伊斯、卡夫卡、福克纳等人在文坛上登台亮相以后,许多青年人蜂拥而起,都有意识地去学他们的写作技巧。对于这种现象,莫里亚克却并不赞成。他认为一个优秀的作家首先是依靠自己,而不能依赖别人。他说:

> 我认为我的年轻一代的小说家同行对技巧考虑过多。他们似乎认为,一部优秀的小说应该遵循外界强加的某些规则。其实,这种成见妨碍他们的创作,使他们手足无措。杰出的小说家不依赖任何人,只依靠自己。普鲁斯特不同于他的任何前辈作家,而且他没有任何继承者,也不可能有任何继承者。伟大的小说家是打破框框的。

在这里,莫里亚克实际上希望青年作家们不要太多地去考虑技巧问题,也不要有太多的条条框框,而应相信自己,依靠自己,打破各种前人设置的条条框框,走出自己的路来,成为一个有个性有自身风格的作家。

第二,写作时不要考虑哪些能写,哪些不能写,而是自然而然地写下去。

通常说来,莫里亚克在构思作品时,一般都有一个出发点和一些人物形象,然后便开始动笔。他认为在写作时,不要预先考虑哪些能写,哪些不能写,也不去考虑技巧等各种问题,而是自然而然地写下去。他说:

> 我自从写小说以来,极少自问所用的技巧。我开始写小说后,并不停下笔来思考自己是否过分直接地干预了故事,也不考虑自己对笔下的人物是否了解过多,也不考虑自己是否应该对他们作出判断。我是完全不加雕饰地写,自然而然地写,我从来不预先考虑哪些自己可以写,哪些不能写。

一句话,莫里亚克认为当一个作家对作品考虑成熟以后,进入动笔写作的状态中,他唯一的任务就是写,自然而然地写,而不要再去考虑太多的、各种各样的问题。这与有些喜欢边想边写的作家恰成鲜明的对比。

第三,在写作过程中,人物的确立应视情况而发生变化。

莫里亚克虽然主张人们写作时不要太多地考虑其他问题,但在实际写作过程中,他也不得不承认,有些人物的位置会发生变化,使他不得不加以重新考虑。他说:

> 常常有这样的情况：第一批人物再也写不下去了，而另一方面，比较模糊和比较不一致的人物在故事发展的过程中显示出新的种种可能性，并占有了我们事先没有预见到的地位。以我的一个剧本《阿斯莫德》为例吧，刚开始动笔时，我丝毫不知道库蒂尔先生会怎样发展下去，也不知道他在剧中会变得如何重要。

这说明，莫里亚克在具体写作过程中，实际上仍会碰到一些问题，仍得思考一些与写作直接相关的问题，一点也不思考实际上也是不可能的。当然，像他以上所说的预想人物在写作过程中发生了变化的情况，那是很多的，法捷耶夫等都有过这样的经验。

第四，把电影技法巧妙地运用到小说创作之中。

莫里亚克虽然自称写小说"极少自问所用技巧"，并希望青年作家能摈弃乔伊斯、卡夫卡、福克纳等人"手中握有小说技巧的条条框框"，但当有记者问他："难道你从来没有自觉地使用过一些确定的小说创作技巧吗？"他也不得不承认："小说家自然而然地会摸索出适合自己气质的技巧的。"并谈起了自己曾把电影技法移用于小说创作的经验。他说：

> 在《黛丽丝·戴斯基鲁》中，我采用了无声电影的一些手法：不用铺垫，开门见山，倒叙。当时这些手法是新颖、奇特的。我不过是使用了我的本能暗示给自己的技巧。我的小说《命运》在创作时也同样注意运用了电影技法。

把电影技法运用于小说创作，这种方法不要说在当时比较新颖奇特，就是从现在来看，也是比较新颖奇特的。因为尝试着用这种方法来写小说的人，毕竟是少而又少。很少人敢于去做这样的冒险，毕竟小

说和电影是两码事。

除了以上四点以外，莫里亚克在《小说家及其笔下的人物》等论文或论著中，也不同程度地谈到过一些写作方法的问题，有些则涉及一些文学观念和思潮流派的问题，这里就不作展开。但就以上四点来说，也足以看出他的写作个性，同时也足以让我们在写作中予以参考和借鉴了。

克里斯蒂写作法

克里斯蒂(1890—1976)是英国20世纪著名的侦探小说家。她从小就喜欢听家人讲福尔摩斯侦探破案的故事,从那时起就立志于也要写侦探小说。功夫不负有心人,在30岁时她就发表了第一部侦探小说《斯泰尔斯庄园的疑案》,以后又陆续写下了《尼罗河上的惨案》《东方快车上的谋杀案》《云中奇案》等一系列侦探小说,使她成为驰誉世界的著名小说家,并有侦探小说"女皇"之称。

如同其他许多著名小说家一样,克里斯蒂也有自己的写作习惯和方法。根据各方面的综合归纳,其写作方法大约有三点。

第一,写作要有胆量和勇气。

克里斯蒂很小的时候就喜欢听大侦探福尔摩斯破案的故事。有一次,她听姐姐麦琪讲了福尔摩斯的故事后突然说道:"我也要写侦探小说。"她姐姐当头就给她一盆冷水:"你写不了的。"克里斯蒂坚持道:"我想试试看。"但姐姐就是不相信,望着自己的妹妹说:"我打赌你写不了。"

克里斯蒂不服气,她把这个赌一直放在心上,一直暗暗地下决心要写出侦探小说来给姐姐看看。因此,她处处留心,终于在30岁时发表了侦探小说《斯泰尔斯庄园的疑案》,初试了锋芒,使姐姐对她刮目

相看。以后,她又以非凡的勇气和勤奋,写下了《尼罗河上的惨案》等著名侦探小说,使她成为著名的侦探小说家。从 1920 年到 1975 年最后一部侦探小说《帘幕》的问世,她在 55 年的创作生涯中,共写下了 70 余部侦探小说。她的姐姐赌输了,而克里斯蒂的成功,首先就来自于她写作的胆量和勇气。

第二,要到各地去走走,并作详细记录。

克里斯蒂写了这么多的侦探小说,却从不将自己关在屋子里一个人苦思冥想,而是喜欢外出,到世界各地去旅游,在旅游途中搜集和发现题材。飞机、火车、轮船、汽车、马车,甚至是骑毛驴,各种交通工具她几乎都坐过。

当她出门在外时,手头总是带有半打练习本,把想到的情节或收集到的资料随时记下来。旅游生活的确为她的创作提供了许多素材和背景,有不少侦探小说的情节就发生在一些交通工具上,如《东方快车上的谋杀案》发生在火车上,《云中奇案》发生在飞机里,《尼罗河上的惨案》则发生在轮船内……

旅游给克里斯蒂的生活带来了无穷的乐趣,同时也给她带来了不少创作灵感。

第三,有了构思和腹稿,才关起门来动笔写作。

当克里斯蒂在旅游途中获得了题材和灵感,有了构思和腹稿以后,她才回到家里开始写作。她也没有专门的写作工作室,而是随便地关进一间小屋里,里面放着一张结实的大桌子和一台打字机,这便是她的全部工作设施。坐定以后,她先是咬着铅笔,眼睛盯住稿纸,等到想好开头,开始动笔了,就不再停顿,一口气往下写。

当她动笔写作时,最讨厌别人来打扰她,因为这时的她已完全沉浸在紧张惊险的侦探情节中,任何打扰都会打断她的思路,影响她的写作。

克里斯蒂就是以这种写作方法,写下了70余部侦探小说,使她成为世界驰名的侦探小说家。她有不少小说还被拍成电影,流传世界各国。

尽管如此,她却总以家庭主妇自居。在她看来,写作只是家庭生活的副产品,每当需要填写什么表格,她在职业一栏中总是自豪地填上“已婚妇女”几个字。

这位“已婚妇女”的寿命很长,一直活到87岁才去世。即使在她晚年,仍基本保持一年一本的出书速度。由于她在文学上的创作成就和独特的写作方法,英、美一些研究者将她的写作习惯和方法称之为“克里斯蒂式创作方式”。

赫胥黎写作法

奥尔德斯·赫胥黎(1894—1963)是英国20世纪著名的小说家。一生创作丰富,有长篇小说《滑稽环舞》《针锋相对》《美妙的新世界》《感觉之门》《加萨的盲人》等。此外,他还写有相当数量的诗歌、戏剧、论文、游记和历史著作。他的一些讽刺文章,为当代的某些生活方式留下了鲜明的记录。1938年,他移居美国,后加入美国籍。

由于赫胥黎涉及的文体颇多,在当时的文坛也有不少影响,因此他的写作经验和方法也理所当然地受到别人的关注。这里根据他本人与记者的交谈和对话,大致归纳为五点。

第一,有规律的写作生活。

赫胥黎的写作生活相当有规律,通常是上午写作,并在晚饭前再写一点。当记者问:"首先请你谈谈自己的工作方式"时,他回答说:

> 我工作规律,总是上午工作,晚餐之前再工作一会儿。我不是晚上工作的那种人。晚上我喜欢念书。通常一天工作四五个钟头。只要能写下去,我就继续写到疲倦为止。

不过,他也承认,他"几乎可以在任何情况下写作"。也就是说,他虽然通常是有规律地写作,但又可以在任何情况下写作,不受环境的干扰和限制。

第二，写不出时就读书，目的则是重整旗鼓，继续往下写。

每个作家几乎都有写不下去的时候，即使像列夫·托尔斯泰、福楼拜这样的大作家也不例外。赫胥黎自然也在所难免。不过，他写不下去了就看书。他说：

写不出东西来的时候就读书，小说、心理学、历史，读什么都无所谓，不是为了吸收观念或材料，只是为了重整旗鼓。

由此可见，赫胥黎写不下去时就读书。通过读书，既是一种调剂休闲，也是一种学习和补充知识的方法，同时也很可能对自己的写作带来一些新的信息和灵感。用他的话来说，就是“重整旗鼓”。

第三，对自己写的东西，总要进行大改和重写。

赫胥黎的写作态度相当认真，尽管他下笔前总要再三思考，但仍经常进行大改或重写。当读者问他：“你常常重写吗？”他回答说：

通常每件事情都写上许多遍。我所有的念头都经过三思。每一页的文稿不是大改过，就是重写过几遍。

每一页的文稿都有“大改”或“重写”，其认真态度已可见一斑。

第四，喜欢“一边写一边找路”。

克里斯蒂的写作方法是喜欢打定腹稿，然后关起门来一口气写下去。赫胥黎可不是，他是“一边写一边找路”。当记者问他：“你开始写长篇小说时，是逐章拟定大纲，还是有通盘的计划？”他回答说：

我一次完成一章，一边写一边找路。动笔前心中只有个概念，动笔时事情便自然发展出来。有时写了一大篇，发现毫无用处，必须完全割舍，这种情形发生不止一次了。我喜欢写完一章后再写下一章。但是，在着手下一章之前，我一点也不知道会发生些什么，一直到写出

来之后才知道。一旦动笔,点点滴滴的事件纷至沓来,这时就得费心使它们协调一致。

应该说,像赫胥黎这种“一边写一边找路”,动笔前心中只有个大概,“动笔时事情便自然发展出来”的作家还是有相当数量的,如海明威、马尔克斯、法捷耶夫等几乎都有这种情况,只不过赫胥黎把这种“一边写一边找路”的写作方法说得更为具体一点罢了。唯其如此,或许对我们的启发和帮助也更大一些。

第五,广交三教九流各种各样的人,对写作十分有利。

赫胥黎虽然很清楚巴尔扎克、普鲁斯特等一些大作家都有闭门著书的习惯,但他还是主张一个作家要广交朋友,熟悉社会上的各种人物。当记者问他:“你认不认为某些职业对写作比较有利?”他竟回答:

我想最好的职业莫过于广交三教九流,看看那些人的兴趣。

他说这话,实际上也就是建议一个作家应该深入了解社会的各个方面,多接触各种各样的人,多了解他们的性格,这样才有利于自己的写作。

赫胥黎虽然不是什么文学思潮的代表人物,也没有提出过什么有轰动效应的文学主张,但他所谈的一些写作方法,都很实在,看得见,摸得着,也便于人们学习和操作。对于那些有志于写作的人来说,不妨一试。

福克纳写作法

福克纳(1897—1962)是美国20世纪著名的小说家。在西方文坛被视为现代经典作家,为美国"南方文学流派"的主要代表人物。共写了19部长篇小说和70多篇短篇小说,有人称他为"约克纳帕塔法世系"。他的重要作品有《喧嚣和骚动》《我弥留之际》《圣地》《八月之光》《押沙龙,押沙龙!》等。1949年,52岁的福克纳获得诺贝尔文学奖。

生前,声名鹊起的福克纳并不很喜欢谈论自己,但他还是接受了个别记者的采访,谈到了一些有关写作经验和方法的话题。我们从他有限的资料中,经过梳理,大致归纳为三点。

第一,写作要自律,在对自己不满意的同时,又要相信自己能写好。

记者曾经问福克纳:"要成为好的小说家,有什么可以遵循的法则吗?"福克纳的回答很有意思:

> 百分之九十九的才华……百分之九十九的自律……百分之九十九的工作。必须对自己的成果永远不满意,自己的作品永远可以写得更好,要求自己要有超水准的表现。不要只求胜过同辈或前人,应该尝试超越自己。

初看上去,福克纳的这些话似乎很难理解,但仔细分析下来,他的

意思不外是说，要成为一个好的小说家，才华、自律（即对自己的约束和严格要求）、工作（即勤奋的工作，包括采访、积累素材、构思和动笔写作）都很重要，而且对自己的作品要永远不满意，同时又要自信，相信自己可以写得更好，不断地超越自己已取得的成就。他把这些作为一个好的小说家的基本"法则"，应该说也是有一定道理的。

第二，写作时所需要的东西尽可能简单一些。

当记者问福克纳："你认为作家的生活必须宽裕吗？"他马上予以否定：

> 不需要。他只需要一支铅笔、几张白纸。我从来没听过接受别人的津贴能写出好作品来。好作家忙着写作，从来不向基金会乞援。差劲的作家就会给自己找借口，说什么没有时间啦、生活拮据啦，其实是在骗自己。

实际上，福克纳本人在写作时的要求也极简单。他曾对记者说："作家唯一需要的环境就是宁静、孤独的快乐——只要代价不太高的话。……我自己写作时需要的有纸张、烟草、食物和一点威士忌。"由此可知，他写作时除了笔墨纸张外，还抽一点烟，喝一点酒。但这种要求是很有限的，也是很低的。

第三，写作没有机械式的方法和捷径，但从自己的错误中可以汲取经验。

根据福克纳本人的体会，在写作上是没有机械的方法和便当的捷径的，有时从自己的错误和失败中，反倒容易得到一点经验教训。所以，当记者问他："你用什么技巧来达到你的标准？"他回答：

> 如果作家对技巧有兴趣，那么就干脆去开刀或砌砖算了。写作没

有机械式的方法,也没有捷径。年轻作家服膺理论的话就成了笨蛋。应该从自己的错误中汲取经验,只有从错误中才能学到东西。

他的意思是:写作毕竟不像开刀、砌砖那样有固定的技巧和"机械式的方法",而是各人有各人的写作技巧和方法,不能强求一律,也没有什么捷径好走,更不要去相信那些纯理论的条条框框,如果能从"自己的错误中汲取经验",就已经很不错了,也就能从中学到一点东西和技巧了。

不过,福克纳是个才子型的作家,他有时说话也仅凭自己的才情和直觉,说到哪儿算哪儿,未必深思熟虑和有严密的逻辑。如他上面所说的,作家如能从自己的错误中汲取经验就能学得技巧和东西,这话固然不错。但有时仅从自身的错误中学技巧和东西仍是不够的,有时还会在错误的泥沼中越陷越深。实际上他本人仍经常从别人和前辈的经典作品中学习写作经验,如他所说的自己每年都读《堂·吉诃德》,也读福楼拜、巴尔扎克、陀思妥耶夫斯基、列夫·托尔斯泰等人的作品,虽然不是从头到尾地读,却有一种遇上"老朋友闲谈几分钟一样"的感觉。所以,对于福克纳所谈的一些写作方法和经验,最好不要偏执一端、简单理解,而是要有一个比较全面的、整体的把握。

当然,福克纳也谈到过他写小说时的感觉以及小说创作与电影剧本改编的关系,由于他只谈经过,并无总结性的体会,同时又否认自己有创作灵感的存在,认为"我对灵感一无所知,因为我不知道灵感是什么"。所以有关这些方面的经验,这里就不再归纳。不过,就以上三点来说,都是很有特色的,也足以代表了福克纳的写作个性。

海明威写作法

海明威(1899—1961)是美国20世纪著名的小说家。他的小说《老人与海》《永别了,武器》《太阳照样升起》等,在中国拥有许多读者,流传很广。1954年获诺贝尔文学奖。

他是一位相当勤奋的作家,一生的绝大部分时间都用在写作上,从而也积累了不少写作经验。除了文章以外,他在接受记者采访时还讲述了自己特有的创作原则以及写作的技巧和方法。归纳起来,大约有五点。

第一,每次都写到知道下面将写什么时才停下,以便第二天继续写。

众所周知,有不少作家都是在写不下去的时候才停笔,所谓"写不出的时候不硬写",也就是指思路僵住的时候就停笔。海明威的停笔情况却与众不同,他是在知道下面该写什么东西的时候才停笔。也就是说,他并不是因为写不出,而是在明明知道能写下去的情况时才停笔。他说:

> 你把你已经写过的东西读一遍,因为你一向在你知道下面要写些什么的时候停下笔,你就从那儿继续写下去。你写到你还有活力的地方,而且知道下面要写些什么,你就停下笔,力图捱过一个晚上,到第二天才去碰它。

实际上,海明威的这种写作方法也有一个很大的好处。这就是,当他知道下面要写什么时,第二天早晨开始写作时,就不会受阻,能够马上顺利地继续写下去,使第二天的写作计划和任务能够圆满地完成。如果非写到写不下去时才停笔,那第二天很可能仍然写不下去。从这个意义上说,海明威的适当停笔也是一种比较聪明的选择。

第二,为了使写作一气呵成,在动笔前可将前面写就的稿子读改一遍后再继续写。

当然,这一方法主要是针对长篇小说或一天内不能完成的文章而设置的。由于海明威的写作态度认真而严肃,即使一篇短篇小说也得写几天,这就有个次日接写的问题。当有记者问他每天在动笔写作之前读多少旧稿时,海明威回答:

> 最好的办法是每天把前两天写的稿子从头读一遍,边读边改,然后接着往下写。如果太长,不能天天做到这一点,那你就往回读两三章;然后每个星期从头读一遍。这样你能做到一气呵成。记住,这是让小说继续进行。

应该说,这是海明威所特有的一种很好的写作方法。他在动笔之前先把前面的书稿读改一遍,至少有两个好处:首先,能使语言上的文气贯通;其次,使小说的人物和情节能有一种更合理、更紧密的连贯性。

第三,要写出前人没有写过的作品。

海明威虽然喜欢并拜读过福楼拜、莫泊桑、司汤达、列夫·托尔斯泰、陀思妥耶夫斯基、屠格涅夫、马克·吐温、乔伊斯、托马斯·曼等许多前辈或同时代人的作品,但是他并不心甘情愿地跟在别人后面爬,而是鼓励人们和自己要超过前人,写前人没有写出过的作品。他对记

者说：

> 听着。你写前人已经写过的东西，那是没有用处的，除非你能够超过它。我们这个时代的作家，要做的事情是写出前人没有写过的作品，或者说，超过死人写的东西。

从这些话中可以看出，海明威是一个很有胆量、很有勇气的作家，他所说的要超过前人，要“写出前人没有写过的作品”，这说明他在创作上很注重独创性和开拓性。

第四，写完以后要删改。

与许多著名的作家一样，海明威也有删减和修改文稿的习惯。他对记者马埃斯说：“必须把你写的东西进行加工。”在接受另一位记者的采访时又说：

> 我一向是每天修改到我停下笔的地方。等到全部写完以后，自然你会从头到尾再去润色一遍，当别人用打字机把它打出的时候，你又有一个机会去修改它、重写它，然后你看到很清楚的排印稿。最后的机会是看校样。

这还仅是他对文稿的一般修改情景，碰到特殊的情况，他的修改幅度还要大。如他说：“《老人与海》本来可以写成一千多页那么长。”后来，他把“没有必要向读者传达的一切事情”都删去了。至于《永别了，武器》的结尾处的最后一页，他改写了39遍才感到满意。由此可见，海明威对文稿的修改也是相当认真和不厌其烦的。

第五，采用站着写的姿势。

一般作家都是坐着写作，而海明威则是站着写作。他之所以采取这一奇特的写作姿势和方法，也是出于无奈。因为在第一次世界大战

期间,未满19岁的海明威放弃了报社记者的职位,以志愿兵的身份参加了欧洲远征军,不幸在一次战斗中身负重伤,全身嵌进许多弹片,一条腿的膝盖也被打碎,以致长期难以行走,只好坐在轮椅上。而他站着写作,则可减轻一些受伤部位的痛苦。久而久之,也就养成了站着写作的习惯。有记者曾问他:“你那简洁风格的秘诀在哪里?”他马上回答:“站着写的。”他并坦率地说:“我站着写,而且是用一只脚站着。我采取这种姿势,使我处于一种紧张的状态,迫使我尽可能简洁地表达我的思想。”

海明威是一位很有个性,同时也是一位很有写作经验的作家。在这方面,他还有许多独特而宝贵的经验,如他能从画家的作品中得到许多启发,“因为关于怎样学习写作方面,我向画家学习的地方跟我向作家学习的地方同样多”;如写作中的想象力问题、象征问题等,他都有很好的见解。

不过,就以上五点而言,这些写作方法也已经能足够引起我们的兴趣。特别是第一、第二点的写作方法,可以说是海明威所特有的,尤其值得我们记取和效法。其中的第一点海明威曾对记者说:“这是我可以告诉你的最宝贵的一条,你得记住。”我们也不妨牢牢地记住它。

辛格写作法

艾萨克·巴什维斯·辛格(1904—1991)是美国20世纪著名的作家。主要作品有长篇小说《卢布林的魔术师》《肖沙》《庄园》等,短篇小说集《傻瓜吉姆佩尔及其他故事》《市场街的斯宾诺莎》等。他继承了犹太文化和美国文化的双重传统,对于挽救行将衰亡的古老文化作出了独特的贡献,是美国犹太作家中最有代表性的人物。1978年获诺贝尔文学奖。

在辛格漫长的写作生涯中,也积累了不少写作经验和方法,其中不少也代表着他的写作个性。经过梳理,大约概括为四点。

第一,在写作上没有奇迹,唯一产生优秀作品的方法就是艰苦工作。

有记者采访辛格,在谈到写作中是否存在奇迹时,辛格认为在生活的其他领域中或许有奇迹,但写作上却不存在。他说:

> 经验告诉我,在写作上是没有奇迹的。唯一产生优秀作品的是艰苦工作。揣只兔子脚在你兜里是写不出一个好故事的。

他的意思是说,优秀作品不是奇迹般地从天上掉下来的,而都是艰苦写作的结果。所以,谁要想在写作上出现奇迹,拿出令人信服的优秀作品,谁就必须付出代价,坚持长期的艰苦工作。

第二,坚持每天写作,不怕干扰。

当记者问辛格是否每天写作,天天如此,辛格表示确实如此。并说:“我早晨起床后,总想坐下来写作。”

不过,他也承认,在他写作时,有时会接到电话或者有人来访,从而打断他的创作思路,但这一切并不妨碍他的写作,他总能设法坚持写下去。对于有些作家只能“到一个遥远的岛上才能写作”,他倒不以为然。并认为有时受到一些干扰还是好事,既可以获得适当的休息,有时还可以改变自己的创作思路,为自己原先的创作思路添进一些新的东西。

第三,为了写好作品,随时带着笔记本。

因为辛格的小说故事性很强,有记者曾经问他:“你是怎样动手写故事的呢?你是不是像一位记者那样一直注意观察?你做不做笔记呢?”辛格回答:

> 我从来不出去寻找故事。我是做笔记的,但绝不像记者那样。我写的故事都是以我生活中经历的那些事情为依据的,根本无需外出寻觅。我做的唯一的笔记就是有关一个故事的想法,但这必须是个有高潮的故事。我不是个描写生活某个侧面的作家。每当这样一种想法在我头脑中出现时,我就把它记在一个总是随身携带的小笔记本上。最后,等到这个故事到了非写不可的时候,我就把它写出来了。

这就是说,辛格虽然也有带笔记本和记笔记的习惯,但他所记的笔记与别人有所不同,别人是记些生活中的点滴,包括一个有鲜明印象而又对写作有利的人或物,不嫌琐屑。而辛格不一样,他说自己“不是个描写生活某个侧面的作家”,所以他所作笔记的唯一内容,就是有关一个故事的想法,而且必须是个有高潮的故事。这种记笔记的方法也

许可以说是辛格的一个特色吧。

第四,最难的是故事构思,有了故事框架,写起来就顺利了。

记者曾经问辛格:"你认为写作上最困难的是哪个方面?"辛格回答:

> 故事的构思。这对我来说是最艰难的方面,也就是如何谋篇布局,使故事引人入胜。对我来说最不费力的就是实打实的写作,一旦有了故事框架,写作本身——描写和对话——就自然而然地流泻出来了。

辛格的意思是,对于他来说,写作最费时、最困难的仍是故事方面的构思,也就是写作前的准备,打腹稿,设计故事框架,一旦酝酿成熟,真正动笔写起来却并不很困难,这与海明威等不少作家的情况大致上差不多。

从以上四点来看,辛格记笔记的方式似乎最有特色。因为有记笔记习惯的作家相当多,但所记的内容都大同小异,辛格的笔记却以记故事为多,而且"必须是个有高潮的故事",这就十分新鲜奇特了,对大家或许会有一定的启发。当然,记笔记也因人而异,各取所需,不能强求一律,这里特意拈出辛格的记笔记方法,也只是供大家参考和借鉴而已。

萨特写作法

萨特(1905—1980)是法国20世纪著名的文学家和思想家。他多才多艺,在戏剧、小说、散文等各个文学领域都有出色的贡献。他的剧作《隔离》《肮脏的手》《毕恭毕敬的妓女》《苍蝇》等上演后,都曾得到人们的关注。长篇小说《厌恶》《自由之路》等也都是他的重要作品。同时,他还是一位著名的思想家,是存在主义哲学的代表人物,著有哲学著作《存在与虚无》《想象》等。他的哲学思想被介绍到中国以后,也曾产生过一些影响。

萨特思想丰富,他的写作经验也同样丰富。由于他的写作思想和方法都散见于他的各种论文中,比较分散,只能稍加组合,针对初学写作者的需要归纳为四点。

第一,首先应为同时代的人而写作。

不少作家写作,或多或少、或隐或现地都想到过传世与否的问题。再坦率一点地说,几乎没有一个作家希望自己写出的作品刚一问世就消亡,多少都希望能流传下去,但萨特的想法却似乎有点与众不同。他认为作为一个作家,首先应该为同时代的人而写作。他说:

> 一直到20岁,我都是非常强烈地相信后世,慢慢地我明白了我首先应该为今天的读者写作。这样,后世就变成一个闪烁于其后的东

西了。我在根本上是为当代的读者写作,同时后世像一种模模糊糊的萤光伴随着我。

这就是说,萨特明白首先要为同时代的人而写作这个道理,也有一个过程,是他20岁以后的事。不过,他也很坦率,“我不是不在乎后世,而是不多想这事。我总是为读我的东西的同时代人写作”。很明显,萨特并不完全否定和废弃一个作家的作品在后世的意义,只是他更多地思考和首先想到了要为同时代人而写作的历史使命感和社会责任感。正因为这样,当他写作时,他所考虑的主题甚至某些方法都可能发生一些变化。

第二,坚持每天写作。

萨特不仅是位文学家,而且是位思想家。他才思敏捷,学识渊博,长于思辨,一生都在思考着人生、社会的各种问题,有所感触,便发而为文。所以他一生都在写作,而且有每天写作的习惯。他在《我:一个与他人相当的人》中说:

没有一天不写作。

这是我的习惯,也是我的职业。长期以来,我拿自己的笔当剑……毫无疑问,我还在写作,我仍将写作。

的确,萨特是极其勤奋的。法国似乎所有杰出的作家,如雨果、福楼拜、巴尔扎克、大仲马、左拉、莫泊桑等几乎都以一种惊人的毅力进行着写作,萨特也是如此。而且据说他一天不写作,还会感到难受。怪不得他的文笔越写越老练,作品可达千万字之多,实在令人惊叹不已。

第三,作家应有自己的风格。

写作达到一定程度,自然会考虑到风格的问题。如歌德、福楼拜

等许多作家和诗人都曾关注过风格的含意和重要性。萨特作为20世纪法国的著名作家、存在主义的代表人物，也很重视写作的风格问题。他在《文学作品与读者》一文中说：

为了写好自己想写的东西，一个作家不能简单地平铺直叙，否则就只是给了纯粹的字义。作家应该有自己的风格，他应透过纯粹的简单的字义，承接着历史流传下来的东西，为读者而不是为自己创造出一种意义来。

许多作家在考虑形成自己作品的风格时，往往都是从自身出发，从自己的主观意向来考虑自己应该怎么写文章，如何才能形成自己的风格或特色等，而很少从读者的立场和角度来考虑这一问题，有些人或许根本就没有考虑到读者。然而，萨特却认为一个作家在考虑风格的时候，首先考虑到的应该是读者，应该是"为读者而不是为自己创造出一种意义来"。这种见解不仅新颖，而且有相当的合理性。

第四，作品应当有悬念，这是一种正当的引诱。

在我们传统的观念中，一部文学作品，即使是一首诗、一篇文章，它们都是一种精神产品。但在萨特看来，"一部文学作品是一个物体，一个有它自己的持续时间的物体，有一个开头和一个结尾"。产生这种看法，萨特是有他的理由的。他认为："人们读到的一切总是归前涉后。这就是作品的必然性。这是一个紧密结合的词语问题。这些词语自身具有某种张力，通过这种张力而使全书具有张力，这是一个人投身于其中的持续时期。"他这里所说的"一个人"，实际上就是指读者。

正因为"人们读到的一切总是归前涉后"，读者在阅读一部文学作品时有"投身于其中的持续时期"，也就是要把一些时间沉浸在作品

中。那么，萨特认为一部作品应该要有头有尾，有一个良好的开头和结尾，用这样的方法来吸引和引诱读者看下去，这是天经地义的。他在《悬念：一种正当的引诱》中说：

为了引诱，一部小说应该是一种期待、一种等待，也就是一个延伸开来的持续时间。

在某种意义上说，这儿总是有悬念，它到最后才得到解决。这样，时间就参与进来。通过这种时间，通过物体的这种结构，我读到了这个世界，这个形而上学的存在。

为了能够使读者来阅读你写的作品，愿意花时间来读到结尾，因此，萨特鼓励作者在写作中设置悬念，以此来引诱读者，他认为"这是用真理来引诱"。至于用什么样的"悬念"，这里的弹性也很大，仁者见仁，智者见智，各人的理解也是千差万别，那是另一个问题了。但这一点可以肯定：萨特所说的"悬念"，总是要能吸引人的，使人愿在时间上持续下去的。

萨特虽然重视文学，把文学看作第一位的，哲学看作第二位的，但他发起议论，写起评论来，总觉思辨性太强，喜欢从哲学的方法上来加以阐述，有时未免不够浅显，哲学气味太重。就拿谈写作方法来说，他写过不少文章，如《风格是怎样产生的》《天才就是写作》《我占有词语》《作家的词语城堡》《给小说以人物自由》《文学是我的上帝》《写作：人对净化自身的要求》等，本都与写作有点瓜葛，但他往往都喜欢以哲学的方法来加以阐述和探讨，因而对于一般的初学写作者来说就显得有些艰涩难懂。好在我们经过多方综合，总算归纳出了以上四点方法和经验，以供各位参考。

西蒙写作法

克洛德·西蒙(1913—2005)是法国20世纪新小说派的代表人物。他的小说不注重情节,时间和场景自由跳动,擅长于描绘各种瞬间的感觉和生活现实中许多交织在一起的事物。其主要作品有《弗兰德公路》《豪华旅馆》《历史》《法尔萨卢斯之战》《事物的教训》等。1985年他以72岁的高龄获得了诺贝尔文学奖。

在西蒙数十年的写作生涯中,也积累了不少写作经验和方法。大致说来,约有三点。

第一,用彩色铅笔标示各种人物和主题,最后组合成一部作品。

1958年的一天,一辆小汽车行驶在法国从埃特雷塔到布雷奥得之间的公路上,车上坐着西蒙和他的出版人林顿。公路两旁的景色在车窗外飞速掠过。突然,在公路和树的触动下,西蒙的创作灵感油然而生,“全部一起迅猛地一阵子卷来”,他想到了要写一部小说。但由于这一切是突如其来地同时涌现,使他一时无法下笔,也难以组织起来。他对记者说:“我工作了几乎一年还不知这一切怎样结构。我想有一种同时性的组合,但不知怎样才能达到目的。”直到有一次回到巴黎时,他才突然找到了一个办法:

用彩色铅笔。对,我给每个人物、每个主题定一种颜色。就这

样，我把整体组成，如同一幅画。

原来，西蒙早年曾拜法国立体派画家安德烈·特洛为师，学过绘画。立体派画家喜欢把形象分解成各种几何图形，用色彩和图形的排列组合来表达画家的感受。他觉得自己可以采用这种现代绘画原理来写小说。于是，他给小说中每一个人物或每一个情节、每一个主题定一种颜色，将小说写成一个个片段。然后用一句话概括一个片段的内容，并标出相应的颜色，用图钉将整部小说的手稿钉在墙上，看看应该在哪里添一点蓝色，在何处增补一点红色或绿色，也就是增补一些与各种颜色相对应的叙述，以取得总体的平衡效果。他这部用各种彩色铅笔写成的小说，就是在 1960 年发表的《弗兰德公路》。

以后，他又用同样的方法创作了几部小说。他曾直言不讳地说："我写小说如同人们作画一样。"

第二，一个作家写作时，不能总是考虑尾随在后的读者。

一般来说，作家写出的作品总要让广大读者明白，易读易懂，但西蒙的写作观念却不是这样。他曾对记者说：

请听我说，梵高和毕加索是否曾思忖过普通人能够毫无困难地鉴赏他们的画！我认为一个作家无需向自己提出这类问题。要是我们力图使自己适合一般读者的理解力，那就完蛋了！

所以，西蒙主张一个人写作时，就应根据自己的思路和想法写下去，而不必老想着读者是否能读懂的问题，他甚至说："我认为只有我不老是考虑读者尾随我的问题时，读者才能理解我。老考虑易懂，那是荒唐、糟糕的事。"

第三，在写对话时，不必让说话人把一切都说出来。

有记者采访西蒙时，曾向他提一个问题："在您所写的对话中往往句子中断，暂时悬着，您不让说话人把一切都说出来……为什么这样？"

西蒙认为，他这是为了让人们的对话更逼真，与生活中的对话更接近。他回答说：

> 我认为我们说话就是这样。……在日常口语中，人们以十分粗略的方式表达自己的意思，而这并不妨碍相互理解。

也就是说，在人们的日常生活中，人们之间的对话并不是很完整或全都说尽的，有时说到一半，对方便已明白了。所以我们的作品在写对话时，也未必要全部写出来，这就是西蒙这样做的理由。

当然，西蒙作为一个新派作家，有些写作方法相当新奇，也未必处处可取。如他写小说，为了加快速度，以便更快地把自己头脑中的东西写出来，往往不加标点符号，甚至经常整页没有一个标点。他的理由是："要是我中途停下加上一个句号、一个逗点，那就会把我的思路切断。"如果他在写作中怕思路中断而不加标点，那还好原谅，可以在写完后修改时再补上。但他写完了也不补，这就很不可取了。所以，西蒙的写作方法，有些值得借鉴，有些则未必可取，应当分而观之区别对待了。

艾利森写作法

艾利森(1914—1994)是美国20世纪著名的黑人作家。出身贫苦,曾做过报童、牙医助手、爵士乐手、文学讲员、职业摄影师等各种活。但他凭自己的兴趣和勤奋,最后走上文学道路。其第一部小说《看不见的人》在1952年出版,立刻引起轰动。1965年,美国200位作家和批评家共聚一堂,投票推选该书为1945—1965年间最杰出的美国小说。

艾利森能获得这么大的荣誉,很不容易。这一方面与他的天赋和刻苦分不开;另一方面,他也有自己独特的写作方法。约略说来,可有三点。

第一,一边研读名家的作品,一边练习写作。

艾利森本来爱好音乐,在做爵士乐手之余,喜欢阅读文学作品,并由此对文学产生了兴趣。开初学过写书评和短篇小说,后因杂志社关闭而未刊用。但他不灰心,并坚持一边研读名家作品,一边自己练习写作,经过实践觉得这一方法不错。他曾回忆:

> 写得很苦,因为那时是1937年,正好碰到经济不景气。我到俄亥俄州,白天和弟弟打猎,靠卖猎物为生。晚上练习写作,研读乔伊斯、陀思妥耶夫斯基、斯坦因、海明威。我猜想当时许多年轻作家都

这么做，不同的是，我连第二天到野外打猎时，都依照海明威的方法来打猎。

他认为，自己当初这样一种学习写作的方法很好，很快把他引上了独立写作并成为一个著名文学家的人生道路。

第二，写小说前，先画一个较详细的图表。

艾利森所写的第一本长篇小说是《看不见的人》。因为是第一次写长篇小说，没有丰富的写作经验，为了把其中的人物、事件、观念都理清楚，他特意画了一张图表。他后来曾回忆过这次写作经历，并说：

> 书中的象征以及象征与象征之间的关系我早就知道了。我开始时画了个图表，里面分三部分。这图表是个概略的架构，列出了大多数的观念和一部分的事件。用肯尼斯·柏克的术语来说，这三部分代表叙事者由目的到激情再到认知的过程。这三大部分又建立在三个细目上，这些细目标示出动作的过程，而且根据全书一贯的动机来发展。……总而言之，这本小说是关于天真与邪恶，由幻想到现实的挣扎。每一部分都以一张纸开始；每张纸都包括了主角对自己身份所下的定义，或别人为他定下的社会角色。

我们只听说过定计划、搞建筑设计、列城市规划时需要画图表，甚至是建立模型，至于写一部文学艺术性质的小说，也先来画一个图表，并且在三大部分上还各列细目，这不能不说是艾利森的一种独创和发明。尽管有不少作家在写长篇小说前也列有详细提纲，巴尔扎克、左拉等甚至还有庞大的、一整套的、一系列长篇小说的计划，其性质、意义和目的固然大致相同，但画图表和拟提纲毕竟是有区别的，我们还不得不承认这是艾利森所特有的而又与众不同的写作方法。

令人不可思议的是，艾利森所用的这一先画图表的写作方法，经过五年的努力写作，还居然获得了巨大的成功。在1952年《看不见的人》出版后，立刻引起轰动，获得了该年度的美国全国图书奖。后来，这部小说也成为战后美国文学中的经典性著作。

第三，要注意从民间传说中选用材料，从而来充实自己的写作。

艾利森作为一个美国普通的黑人公民，在他未成名前曾长期生活在社会的底层，经常生活在黑人的圈子里，由于当时美国的种族歧视很厉害，使他有幸了解了不少有关这方面的民间传说和口头谚语，并有选择地巧妙地运用到自己的小说创作之中，从而获得了不少成功。当记者问他："你谈到运用民间传说，能不能就自己的小说给我们举例？"艾利森回答：

> 我的作品中有些主题、象征、意象根据的就是民间传说中的材料。例如，黑人中流传着这么一句谚语："是黑人就站到后头；是黄人就闪到一旁；是白人就一切都对。"黑人也拿自己开玩笑："黑人长得实在太黑了，在黑暗中根本就看不到。"在我的作品中，这类民间传说和西方神话传统中黑暗与光明的对比合而为一：邪恶与善良、无知与认知等等。

这些民间传说和谚语的运用，不仅在他的小说中起到了一定的象征作用，而且更生动、更集中地体现了他要表达的观念和主题，这比作者自己脑子中想出来的概括语更高明许多倍。

除了以上三点以外，作为美国一位有影响的作家，艾利森另有些写作经验也是值得我们注意的。例如他说："小说本来就是描写少数人：个人就是少数。作家唯有借着描写某一特定环境中的某一特定人物，

才能达到普遍性。”这是他对个别与一般的看法。又如,他有个别小说,写到最后方才更深刻地了解到全书的主题,于是便把犹豫不决的开头部分放到最后才写,也就是写完全书再写开头。再如,关于真实与虚构的问题,他说“写真实的人物太受限制了”,“有些角色是凭空蹦出来的”。凡此种种,也都有它们的价值所在。而这里所列的三点,特别是其中的第二点,似乎更能代表他在写作方法上的一些特色,所以作了较为具体的介绍,但愿能对大家有所帮助。

梅勒写作法

诺曼·梅勒(1923—2007)是美国20世纪著名的作家。他以写小说为主,其长篇小说《裸者与死者》十多年前曾被译成中文,在中国流传很广。其他著名的作品尚有《北非海岸》《鹿园》《美国梦》《刽子手之歌》等。此外,他也写有大量的政论著作,如《总统文件》《黑夜的军队》《食人生番和基督教徒》《月亮上的火焰》等。曾一度被美国认为最有可能获得诺贝尔文学奖的候选人。

关于梅勒的写作方法和经验,根据记者的采访和其他有关材料,大约可归纳为四点。

第一,写作时的环境最好能眺望远景和大海。

有记者曾问梅勒:“你写作时需要特殊的环境吗?”他回答道:

> 我喜欢有视野的房子,最好视野辽阔,不要只能望到花园。我喜欢看海、看船、看远景。说也奇怪,我从没在山上工作过。

不过,这的确有些奇怪。如果说视野开阔,那在山上的视野也是比较理想的,也就是我们通常所说的“登高望远”。而梅勒居然还“从没在山上工作过”,也许他接触大海的机会比较多,也就想不到登山望远了。

第二,每本书的写作方法不一样,或打字,或手写。

当记者问梅勒:“能谈一谈你的写作方式吗?”梅勒回答:“每本书都不一样。”然后他举例:《裸者与死者》是直接用打字机打的;《北非海岸》虽然也用打字机打,但相当麻烦,“一直觉得好像不是自己在写,而是在神差鬼使之下动笔的”,并说:“我完全不晓得该怎么写下去,今天写完不知道明天该怎么接,每天早上起来,满怀恐惧地敲着打字机”,有时还用手写,最后还是完成了;《鹿园》则更难写。他回忆道:

> 然后我动手写《鹿园》,我现在忘了是用什么方法写的,可能是打字、手写一起来。我在修改《北非海岸》时,是用手写的——我打字打不下去时,马上改用手写。《鹿园》全是用手写的:我早上用手写,下午打字誊清,平均一天弄四五页。

因为在科技发展的今天,手写文章已经不是唯一的方法,在当前电脑普及的情况下,打字写作似乎又显得陈旧了,但每个作家因生活的时代和年龄的不同,所以操作和选择的方法也各不相同。如有些作家一提起笔来,便思如泉涌,进入亢奋状态,用电脑操作反而感到思路堵塞;而有些作家一坐到电脑前,便聚精会神,排出的字自然比写的字漂亮得多了。只是看哪一种方法更适合于自己,更能唤起自己的灵感和创作思维了。从梅勒的写作情况来看,他是把手写或打字视为一种方式方法来选择的,有时用打字,有时用手写,有时是打字、手写一起来,在各种情况下采取不同的方法。

第三,写作时间最好应该相对固定一点。

在写作时间的安排上,每个作家几乎都有自己相对固定的规律性,梅勒也是如此。当记者问他:“有固定的工作时间吗?”梅勒回答:“是的,工作时间很固定。”他的工作时间大致如下:

我八点或八点半起床,十点工作到十二点半,然后吃午饭。两点半或三点再写个两小时。下午我通常要喝一罐啤酒。我一天写五个小时,而且写得很多,平均每天写满七张打字纸,一个星期就有二十八张。

他还说:"我习惯一星期工作四天,星期一、二、四、五。"他的写作时间与一般作家不太一样,但基本上是白天写作,有自己一定的规律性。时间是作品产生的必要保证。只要有了固定的写作时间,总会出成果,所以梅勒也写出了相当数量的作品。

第四,写东西前,有时候写笔记,有时候则不写。

梅勒在写作时间上有自己的固定规律,但在写作准备上却没有固定的方法。当记者问他:"你写小说前有没有先写笔记、日记和故事大要?"他回答道:

每本书的情形都不一样。在写《裸者与死者》时,我有一份写满笔记的档案,而且每个角色都有一份详细的卷宗。虽然许多资料并没用上,但是资料愈详细,我愈能掌握角色。我甚至用图表来标示哪些角色还没同时上场。

然而,当他写《北非海岸》时,他事先一点也没有做好计划或准备,"是自己一句句出来的,那时候我根本不知道第二天能不能写出东西来"。

梅勒是个比较复杂的作家,社会主义、存在主义等思潮他都接触过一些。除了在写作时间上有所固定以外,在写作方法和技巧上都没有固定性。他以自己的方式进行写作,并以自己的方式获得成功。

马尔克斯写作法

马尔克斯(1928—2014)是哥伦比亚20世纪著名的作家。他的代表作是长篇小说《百年孤独》,该小说运用魔幻现实主义的手法而为文坛所关注。此外,他还著有长篇小说《爱在霍乱蔓延时》,中篇小说《枯枝败叶》《恶时辰》《没有人给他写信的上校》《一件事先张扬的凶杀案》等。1982年获诺贝尔文学奖。

由于他在文学创作上的成功,人们很自然地关心到他的写作生活,对他的写作方法发生了兴趣。他也的确与别人谈起过一些,归纳起来,可有四点。

第一,在头脑中构思小说的时间特别长。

打好腹稿和构思完作品以后才动笔的情况,在作家身上是屡见不鲜的。但马尔克斯对小说构思的时间似乎特别长。当别人问他,写一部长篇小说要用多少时间?他说:

> 光是写,倒不用很长时间,那很快。《百年孤独》我不到两年就写完了。不过,当我坐在打字机旁动手之前,我花了十五六年来构思这部小说。

用10多年的时间来构思一部小说,时间应该说是比较长了。不过,不仅是《百年孤独》,他对其他小说的构思也都用了相当长的时间。

如他写《家长的没落》,就构思了16年才动笔,而他写《一件事先张扬的凶杀案》,竟考虑和构思了整整30年才开始动笔。在这漫长的30年中,他曾反复构思和酝酿,先是以什么体裁写才好,在新闻报道和长篇小说两种形式之间徘徊,然后又考虑结构问题等,最后才动笔。

第二,写一本书往往先是从目睹了一个形象后才开始动笔。

说来有趣,有些作家是有了一个想法或一个观念后才引起构思或写书的动机,而马尔克斯则是靠形象。当其他作家问他,具备什么条件才能写一本书,马尔克斯回答:

> 一个目睹的形象。我认为,别的作家有了一个想法、一种观念,就能写出一本书来。我总是先得有一个形象。

他有许多小说都是先从生活中见到一个形象,才开始动笔写作的。例如,有一次,他在一个荒凉的小镇上看到一个身穿丧服、手打黑伞的女人领着一个也穿丧服的小姑娘,在火辣辣的骄阳下奔走之后,便写成了短篇小说《礼拜二午睡时刻》;又如,他有一次看到一个老头儿带着孙子去参加葬礼,便动手写了中篇小说《枯枝败叶》;再如,有一次他在巴兰基利亚闹市码头上,看到一个等候渡船的人沉默不语,心急如焚,几年之后,他在巴黎等一封来信也是那么焦急不安,于是联想起了那个等候渡船的人,便动笔写了中篇小说《没有人给他写信的上校》;甚至他的代表作《百年孤独》,也是因为看见一个老头儿带着一个小男孩去见识一下冰块是什么样子的,才开始动笔写成的。

总之,生活中那些能触发他灵感的形象,对于马尔克斯的创作冲动有着难以言喻、举足轻重的奇妙作用。

第三,重视并竭力写好一本书的第一句话。

重视一本书或一部中长篇小说的开局,那倒是常有的事。如列夫·托尔斯泰、茅盾等小说家都很注重小说的开局。有趣的是,马尔克斯非但重视一本书或一部小说的开局,而且特别重视一本书或一部小说开头的第一句话。他曾对作家门多萨说:“第一句话常常比全书其余部分还要难写,费时间。”当门多萨问他为何要重视第一句话时,马尔克斯回答道:

因为第一句话很可能是成书各种因素的实验场所,它决定着全书的风格、结构,甚至篇幅。

把一本书的第一句话看得如此重要,提到这样高的地步,的确是世所罕见。也许有他自己的道理,但我们不得不承认,这是他的一种极个别但也极具个性的写作方法。

第四,喜欢与友人谈论他正在写的东西,以从中吸取有益的意见。

每个作家的写作习惯和方法的确是大相径庭。如歌德、列夫·托尔斯泰在未写成作品时,一般不与别人谈起自己正在写的东西,但马尔克斯却恰恰相反。当门多萨向他证实他喜欢与好友谈论自己正在写的作品时,马尔克斯一口承认:

这倒不假。我是要他们干一件苦差使。我只要写东西,就常常跟朋友们谈论。用这种办法,我就能发现哪儿写得成功,哪儿写得还有缺陷,这是在黑暗中认清前进方向的一个诀窍。

原来他是通过与朋友们谈论,在虚心听取和征求别人的意见呢。而且,他还将这种习惯视为写作的一个“办法”和“诀窍”,真所谓是“满招损,谦受益”“虚心使人进步”在写作上的具体体现了。

以上所列,是马尔克斯比较主要的几点写作方法。其实他的写作

方法和经验还有一些,例如写作的环境、写完后的修改、写作和休闲之间的关系、虚构与谎言之间的关系等,也都有一定的价值。这里只是选择了其中更能代表其写作个性的四种方法,以供他人参考。他的方法不一定适合于任何人,也未必具有普遍性,但参考价值却是客观存在的。